Español
Mundial 2

Español Mundial 2

Sol Garson and Anna Valentine

Hodder & Stoughton

A MEMBER OF THE HODDER HEADLINE GROUP

ACKNOWLEDGMENTS

The authors would like to thank the following for their assistance; for interviews and for appearing in the text: Ana Plans Colomé (Barcelona), Tina Pueyo (Navarra), Cristina Sanjuán (Zaragoza), Marisé Sánchez Blanco (Salamanca), Teresa Pérez Aytés (Murcia), María-José Belbel (Granada), Ana Pérez Montoto (Oviedo), Trini Sánchez (Alcázar de San Juan), Javier Pineda Barragán, Bruce Mellado García, Mari-Carmen Vergara, Eva Suarez, Miguel Guzmán Ibáñez, Helena Tellechea Sanchez, Maribel Solanes González (Madrid), Amina Rachi (London), Sanja Vukelic (Zagreb) and Glen, Carmen, Tina and John; for the invaluable textual guidance of the co-author of Español Mundial I, Barbara Hill, of their Language Consultant, Isabel Pineda, from *La Escuela Oficial de Idiomas* in Madrid, and of the class of 1988–89.

The authors and publishers are grateful to the following for material reproduced in the book: Antena 3, p. 46; Aviaco, p. 115; Avianco, p. 124; Bayer, p. 83; el Corte Inglés, p. 160, pp. 166–7; Escuela Madrileña de Alta Montaña, p. 132; Inter FM, p. 46; Monerris Planelles, p. 102; McDonalds, p. 77; El País, p. 75; Proalsol, p. 31; Radio 80 serie oro, p. 46; Radio RNE, p. 46; Roche, p. 83; SER, p. 46; Sigma-tau España, p. 83; Smith and Nephew, p. 83.

The authors and publishers are also grateful to the following Spanish publications for the reproduction of the title logos: ABC, p.50; AREA, p. 50; Cambio 16, p. 51; El Correo Español, p. 50; Diez Minutos, p. 51; Diario 16, p. 50; Epoca, p. 51; La Gaceta, p. 50; !Hola!, p. 51; El jueves, p. 51; Marca, pp. 50–51; Muy Interesante, p. 51; El País, p. 50; Pronto, p. 51; Semana, p. 51; Twenty, p. 76; La Voz de Asturias, p. 50; Ya, p. 50.

Every effort has been made to trace copyright material reproduced in this book. Any rights not acknowledged here will be acknowledged in subsequent printings if notice is given to the publisher.

The authors and publishers would like to thank the following for permission to reproduce photographs: J Allan Cash, pp. 34, 34, 103 (bottom left), 106, 131 (middle left), 134 (bottom) 152; Rosa María Arpon, p. 102; Catherine Ashmore, p. 186; Barnaby's Picture Library, pp. 103 (bottom right), 180; James Davis Worldwide Photographic Travel Library, pp. 93, 94, 131 (top right); Popperfoto, pp. 92, 92, 173 (bottom); Popperfoto/Reuter, p. 24 (bottom); Sevenoaks Swimming Centre, p. 94; Chris Stewart/Rex Features, p. 26; Trusthouse Forte Photographic Library, p. 198 (right).

All other photos were supplied by courtesy of the authors, with the assistance of Alan Bradley, Consuelo de la Hoz, Dick Gmiterek, Mrs P Kleinlerer, Isabel Pineda, Martin Spafford, Caroline West and Mrs P West.

British Library Cataloguing in Publication Data

Espanol Mundial.
   2
   1. Spanish language — Questions & answers —
   For schools   I. Garson, Sol   II. Valentine, Anna
468

ISBN 0 340 39100 6

First published 1989
Impression number   14 13 12 11 10 9 8 7 6 5
Year   1998 1997 1996 1995 1994 1993

Typeset by Gecko Limited, Bicester, Oxon.
Printed in Hong Kong for Hodder & Stoughton Educational, a division of Hodder Headline Plc, Mill Road, Dunton Green, Sevenoaks, Kent TN13 2YA by Colorcraft Ltd.

CONTENTS

1

Tú y Yo

Bruce

«Me llamo Bruce Mellado García. Tengo dieciséis años y vivo en Madrid,»

Eva Suárez

«Me llamo Eva Suárez. Tengo quince años y yo también vivo en Madrid, en el barrio de Salamanca, no en el centro por donde está la Puerta del Sol, sino un poco más apartado.»

¿Cuántos años tienes?

Miguel Guzmán Ibáñez

«Me llamo Miguel Guzmán Ibáñez. Hoy, 30 de octubre, cumplo dieciséis años. Soy de Madrid y vivo en Argüelles, zona de Moncloa, cerca del centro.»

¿Dónde vives?

Ana Plans

«Me llamo Ana, Ana Plans. Tengo diecinueve años, cumplo veinte el mes de diciembre. Normalmente vivo en Barcelona porque estoy estudiando allí, pero soy de un pueblecito de Cataluña.»

¿Cómo te llamas?

AYUDA

barrio	*district*
cumplo 16 hoy	*I am 16 today*
un poco apartado	*a little distance away from*
cumplo 16 mañana	*I will be 16 tomorrow*
soy de Madrid	*I'm from Madrid*
cerca de	*near*
lejos de	*far*
el mes de	*in the month of*
pueblecito	*small town*
no. . .sino	*but*

A ¿QUIÉN? ¿QUIÉNES?

Contesta:
1 ¿Quién no vive en Madrid?
2 ¿Quién no tiene dieciséis años todavía?
3 ¿Quiénes no dicen en que zona de su ciudad viven?
4 ¿Quién cumple años cerca de Navidad?
5 ¿Quiénes dicen que no viven exactamente en el centro?
6 ¿Quién no vive en su pueblo?

B ESCRIBE

Using the descriptions of themselves given by Bruce, Eva, Miguel and Ana to help you, give your name, the city you live in and where in the city you live in relation to the centre. State your age, the date of your next birthday and where you are studying.

Aprende 56

no. . .sino	not. . .but
	not. . .rather

'but' is normally 'pero' except when it follows a negative statement.

Ejemplo:
No vivo en Buenos Aires **sino** en Montevideo.
I don't live in Buenos Aires but in Montevideo.

No tengo hermanos **sino** hermanas.
I don't have any brothers but I do have sisters.

Aprende 57

el 30 de octubre	**on** the 30th of October
el mes de diciembre	**in** (the month) of December
en diciembre	in December

a   En mi familia somos mis padres, mi hermano y yo. Somos cuatro. También tenemos una abuela, la madre de mi madre, que vive con nosotros. Soy la menor. Mi hermano tiene veinticuatro años.

b   Soy hija única y vivo con mis padres. Mi padre es profesor de matemáticas y mi madre trabaja en casa. Es ama de casa.

c   Nací en Nueva Gales del Sur de Australia, en la cuidad de Sydney. Somos tres hermanos: una chica y dos chicos. Yo soy el mayor. Mi padre es ingeniero, mi madre está trabajando en una academia. Mi hermana tiene un año menos que yo. Luego, mi hermano pequeño, pues . . . tiene diez años y está en sexto de EGB.

d   Nací aquí en Madrid. Tengo dos hermanas. Una vive con nosotros, la otra ya está casada.

AYUDA

somos	we are
el/la mayor	the eldest
el/la menor	the youngest
hija única	only daughter
el ama de casa (f.)	housewife
nací	I was born
nació	he/she was born
un año menos que yo	a year younger than me
casado/a	married
el marido	husband
la mujer	wife
el varón	male
la hembra	female

C LEE

¿Quién es quién?
*Read the descriptions of their families given by Bruce,
Eva, Miguel and Ana. Find out which person made
each statement.*

Clue 1 el/la mayor/menor; hija única.
Clue 2 El chico que cumple años el 30 de octubre
no tiene hermanos sino hermanas.
Clue 3 La chica catalana no es hija única.

D CONTESTA

Who might have said the following?
1 Tengo una hermana que vive con nosotros y otra
que vive con su marido.
2 La madre de mi madre vive conmigo.
3 Mi madre no es ama de casa.
4 Somos tres en casa.
5 Mi hermano tiene cinco años más que yo.

Aprende 58

Soy **el** segundo/**la** segunda   I am the second
(brother/sister)

Ejemplo:
María es la mayor y yo soy la segunda.
María is the eldest and I am the second.

also:
tercero/a, cuarto/a, quinto/a, sexto/a
N.B.   el **primer** hijo **de** la familia
the first son **in** the family
and   el **tercer** hijo **de** la familia

Remember: el/la mayor   el/la menor

LIBRO DE EJERCICIOS ⟩ A   B

E Escucha el ejemplo:

*Look at the form opposite and listen to the tape. Then
turn to the Libro de Ejercicios.*

SOLICITUD PRELIMINAR

Estoy interesado en el Año completo en:

- ☐ America Latina
- ☐ Europa
- ☐ Canada
- ☐ EE. UU.
- ☐ Jamaica

Verano en:

- ☒ EE. UU.
- ☐ Reino Unido
- ☐ Irlanda

Intercambio trimestral en:

- ☐ Holanda
- ☐ Francia
- ☐ Irlanda
- ☐ Italia

Foto

* Indique por favor país de referencia.

1. Primer apellido .....ORTEGA..........
   Segundo apellido .....ALONSO..........
   Nombre .....ELVIRA..........

2. Dirección habitual:
   Calle ...TRES CRUCES........ Núm. 4.
   Ciudad ...VILLACASTÍN........... C.P. —
   Provincia ...SEGOVIA.. Telef. (911). 10 70 53
   Fecha de nacimiento ...13 - ENERO - 1973
   Nacionalidad ...ESPAÑOLA...........

3. Nombre del padre .....ALFREDO.........
   Profesión ...PROFESOR DE IDIOMAS...
   Empresa donde trabaja ...INSTITUTO ESTATAL.

4. Nombre de la madre ...LUCÍA.........
   Profesión ......AMA DE CASA......
   Empresa donde trabaja ....

5. Hermanos (nombre y edades) ....
   ...JOAQUIN ... 12 AÑOS
   ...MERCEDES ... 7 AÑOS...

6. Curso que estudia actualmente ...2º B.U.P.

Nombre:	Fernando
Edad:	16
Ciudad:	Burgos
Fecha de nacimiento:	28 febrero 1972
Lugar de nacimiento:	Valencia

LIBRO DE EJERCICIOS ⟩ C 📼

Ana Plans
«En Barcelona vivo con mi tío, el hermano de mi padre, en una casa con
dos plantas, bastante grande.»

Miguel
«Vivo en el tercer piso. Mi casa tiene cuatro
dormitorios, dos salas de estar, cocina y dos cuartos
de baño. Sí, está muy bien. Está cerca del instituto.
Estudio en el Joaquín Turina.»

Helena Tellechea Sánchez
«Mi piso, para cuatro personas
está muy bien. Tiene una entrada
muy grande, un salón, un comedor,
cuatro habitaciones. Luego
también tiene la cocina, dos cuartos
de baño y una terraza bastante
grande.»

Maribel Solanes González
«Mi piso es más bien pequeño, está en una pequeña
calle y es un primero con una terraza. Se ve bastante
bien toda la calle, toda la gente que pasa y tiene una
cocina, un cuarto de baño, tres dormitorios y un
comedor.»

María José

«Yo vivo en el centro, cerca de una avenida con muchos árboles donde está uno de los cafés más antiguos de Granada. Y la casa en que vivo es una casa que tiene dos cuartos de baño, tres dormitorios, la cocina, un salón y un cuarto de estar.»

Cristina

«Yo vivo en las afueras de Zaragoza, en la carretera de Logroño, a unos dos kilómetros de Zaragoza.

Mi casa está en una urbanización, en una zona residencial, y en una especie de bloque para cuatro vecinos. Tiene un jardín alrededor y en conjunto en la urbanización habrá como unos quinientos vecinos, y la mayor parte de la gente vive allí y trabaja en Zaragoza.»

AYUDA

un primero	*a flat on the first-floor*
se ve	*you can see*
todo la gente	*all the people, everyone*
el cuarto	*room* or *fourth*
cuatro	*four*
el piso	*flat* or *floor*
bastante	*quite/fairly/enough*
la avenida	*avenue*
el cuarto de estar	*living room*
dos plantas	*two floors*
la planta baja	*ground floor*
en casa	*at home*
la entrada	*hall*
antiguo/a	*old*
la terraza	*terrace*
las afueras	*the outskirts*
la carretera	*main road*
la urbanización	*housing development*
la especie	*kind/type*
alrededor	*around*
en conjunto	*altogether*
habrá unos 500	*there will be about 500*

RECUERDA

el piso es pequeño y cómodo
la casa es pequena y cómoda

F LEE Y ESCRIBE

Use the descriptions of homes above to help you. Imagine you lived in the homes below and describe them in Spanish.

1
2 bedroomed flat
2nd floor
kitchen, sitting-room
bathroom and terrace
can't see the street

2
house
3 bedrooms, 2 bathrooms
kitchen,
avenue near the centre
fine for 5 people

3
flat on first floor of 3 storey
house, outskirts of town
small garden
2 bedrooms, bathroom
kitchen, dining-room
neighbours work in the city

G CONTESTA

1 Which room serves a double purpose?

2 Which two rooms have doors onto the terrace?

3 Which room leads into the bedroom?

4 Which rooms can you enter directly from the hall?

5 Is the bathroom separate from the toilet?

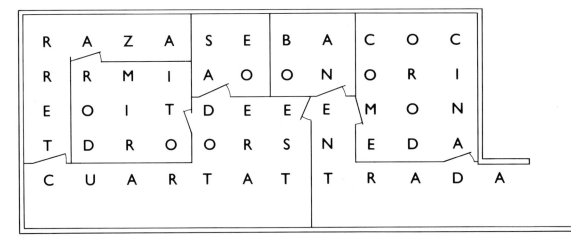

H Une las preguntas con sus respuestas:

1 ¿Cómo te llamas?
2 ¿Cuántos años tienes?
3 ¿Dónde vives?
4 ¿Con quién vives?
5 ¿Cómo es tu casa/piso?
6 ¿A qué instituto vas?

a Tengo quince años
b Vivo con mis padres y mis dos hermanas.
c Me llamo Inés González Heredia.
d Vivo en Salamanca.
e Voy al Instituto Zorrilla.
f Mi casa/piso tiene tres dormitorios, sala-comedor, cuarto de baño y cocina.

I AÑADE Y ESCRIBE

The replies above had the following phrases deleted. Which phrase came from which reply?

— en un piso en la calle San Julián
— somos cinco en casa
— pero cumplo dieciséis el once de mayo
— pero en casa me llaman 'Nené'
— no es muy grande pero es cómodo
— donde tengo muchos amigos y amigas

Aprende 59

1	¿Cómo te llamas?	*or*	¿Cuál es tu nombre?
2	¿Cuántos años tienes?	*or*	¿Qué edad tienes?
3	¿Dónde vives?	*or*	¿Cuál es tu dirección?
4	¿Con quién vives?	*or*	¿Cuántas personas hay en tu familia?
		or	¿Cuántos sois en casa?
5	¿Cómo es tu casa?	*or*	Describe tu casa
6	¿A qué instituto vas?	*or*	¿Dónde estudias?

J Con tu compañero/a.

Interview each other. Answer all the questions in Aprende 59 *about yourself.*

K ESCRIBE

Use the questions in Aprende 59 *as a check list to help you to describe yourself.*

LEE

Miguel

«Mi habitación pues tiene . . . . .
mi cama, un armario ropero, una
estantería, una mesa para estudiar
y algunos posters colgados de la
pared. »

Maribel

«Somos tres hermanas de cuatro,
doce y yo de dieciséis años. Soy la
mayor y comparto mi habitación
con mi hermana la mediana. Tiene
camas literas, algunos cuadros,
algunos posters, fotos y cosas
así. »

AYUDA

la estantería	*set of shelves*
el armario	*cupboard/*
	wardrobe
el armario	*wardrobe*
ropero	
algunos cuadros	*some pictures*
colgado/a	*hanging*
compartir	*to share*
la mediana	*the middle (one)*
cosas así	*things like that*
demasiado	*too/too much*
el vestíbulo	*entrance hall*
así que	*so*

> LIBRO DE EJERCICIOS

D 📼   E

Christine va a pasar quince días con la familia de Juan en Madrid. Lee la segunda página de la carta que escribe Juan, donde describe su habitación.

Voy a describirte mi habitación. Pues tengo una cama individual y a un lado de la cama está mi armario y al otro hay una mesilla de noche con una lámpara para leer y un despertador. Sobre la cama, en la pared, tengo un póster del Real Madrid y dos banderas; una de España y otra de Méjico. La mesa donde hago los deberes y estudio tiene otra lámpara, una máquina de escribir, libros y cuadernos.

Siempre dejo mis zapatos debajo de la cama y mi maleta sobre el armario. La estantería está llena de libros y debajo tengo un espejo. Tengo un tocadiscos y pongo mis discos en el armario donde también guardo tus fotos.

Bueno, nada más, Christine.
Buen viaje y hasta pronto. Recibe un fuerte abrazo de

Juan

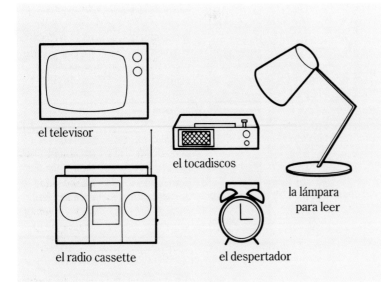

el televisor

el tocadiscos

la lámpara para leer

el radio cassette

el despertador

AYUDA

poner	*to put*
pone	*she/he puts*
pongo	*I put*
tener	*to have*
tiene	*he/she/it has*
tengo	*I have*
la cama de matrimonio	*double bed*
el matrimonio	*married couple*
la cama individual	*single bed*
el espejo	*mirror*
los muebles	*furniture*
un poco desviado de	*a little way away from*

M COMPARA Y ANOTA

*The illustration shows the real state of Juan's room. After reading the letter
list the items that are out of place.*

¡Qué mentiroso, Juan!
¡Si Christine supiera la verdad!

N ORAL/ESCRITO

Mira el dibujo y contesta estas preguntas:
1 ¿Dónde está el despertador?
2 ¿Dónde está la mesita de noche?
3 ¿Dónde están los zapatos?
4 ¿Dónde está el póster?
5 Y las banderas ¿dónde están?
6 ¿Está la maleta sobre el armario?
7 ¿Hay muchos libros en la estantería?
8 ¿Dónde pone las fotos de Christine?

AYUDA

dar a	*to look onto*
creer	*to believe*
la calefacción	*central heating*
la ducha	*shower*
oscuro/a	*dark*
la alfombra	*carpet*

O ORAL/ESCRITO: Con tu compañero/a.

Tú y tu habitación. Contesta las siguientes preguntas:
1 ¿Compartes tu habitación?
2 ¿Qué muebles tienes en tu habitación?
3 ¿Qué tienes en las paredes?
4 ¿Haces los deberes en tu habitación?
5 ¿Dónde pones tus zapatos?
6 Y tus libros ¿dónde están?
7 ¿Tienes espejo en tu habitación?
8 ¿Cuántas ventanas hay?
9 La ventana ¿da a la calle, al jardín o a un patio?
10 ¿Crees que tu habitación es cómoda?

Aprende 60

dar = *to give*
doy
das
da
damos
dais
dan
Remember:
La ventana **da a** la calle
The window overlooks the street

MIJAS
GRAN OPORTUNIDAD
Alquilo casa/chalet julio y agosto. Tres dormitorios, salón, comedor, cocina, cuarto de baño. Piscina, jardín. Playa a diez minutos.
Tfno. Málaga 42611. Sr. Andrés.

CAMBIO: TRES SEMANAS
Navidades 1989
Piso centro Londres, 4 dormitorios, cocina, baño, sala-comedor... igual en Barcelona. Matrimonio, tres hijos, 9 y 7 años, y 8 meses.
Tfno. Londres (1) 789 8593. Mrs Ballantyre

ESCALONA del Alberche. Vendo chalet, 2 plantas, 3 habitaciones arriba, comedor, cocina y baño en la planta de abajo. Tres terrazas, garaje. A 200 m. del río. 5.200.000 ptas.
Tel. 467 53 69

P CONTESTA

1 Which advertisement is
   a selling   **b** exchanging   **c** renting?
2 Which is a Christmas offer?
3 Which is for a period in the summer?
4 How many people are there in the family that wants to exchange?
5 Which is near the beach?
6 Which is near a river?
7 Describe the house in Escalona.
8 Describe the London flat.
9 Describe the house in Mijas.
10 What accomodation does the English family want in Barcelona?

LIBRO DE EJERCICIOS ⟩ F G 📼 H I

BROMA O ROBO

Al volver a casa a las seis de la tarde después de estar todo el día de compras, una señora de nuestro pueblo se da cuenta de que no tiene la llave de su casa en el bolso. Con la ayuda de una vecina consigue entrar por una ventana y recibe la sorpresa más grande de su vida:

Encuentra el cuarto de estar totalmente cambiado. En vez de los muebles halla el horno eléctrico, la nevera, la lavadora automática, el lavaplatos y toda clase de platos y trastos de la cocina. El sofá, los sillones, el televisor y la alfombra se encuentran en la cocina: y el piano en el cuarto de baño. En el pasillo están amontonadas las camas y todos los cuadros y posters permanecen aún en las paredes pero en diferentes lugares.

Tanto los familiares como la policía continúan sin saber quién es el autor de tal hecho. Tampoco se saben los motivos del responsable del hecho ya que no falta nada en absoluto.

AYUDA

la broma	*joke*
el robo	*theft*
de compras	*shopping*
lugar	*place*
todo el día	*all day*
tanto como	*as well as*
se da cuenta	*she realises*
el autor	*perpetrator*
consigue	*she manages*
el hecho	*deed*
la sorpresa	*surprise*
tampoco	*neither*
cambiado	*altered*
no falta nada	*nothing is missing*
se encuentran	*are now*
en absoluto	*at all*
permanecen	*are still*
trastos	*paraphernalia*

 el lavaplatos *dishwasher*

los cuadros *pictures*

 el horno eléctrico *electric oven*

 el sofá *sofa*

 la lavadora *washing machine*

 el sillón *armchair*

Q LEE Y CONTESTA

1 When did the lady arrive home?
2 What had she been doing all day?
3 Her name is not given. How is she described?
4 What was missing from her bag?
5 Who assisted her and how?
6 How had the front room been changed?
7 What had been transferred to the kitchen?
8 What had happened to the piano?
9 Where had the beds been piled up?
10 All paintings and posters were still on the walls, but what had happened to them?
11 What two things are as yet unknown?
12 How can we rule out theft?

Aprende 61

AL + INFINITIVE

Al entrar	*on entering*
Al llegar	*on arrival*
Al salir de la casa	*on leaving home*
Al acostarse nota que son más de las once	*On going to bed she/he notices that it is past eleven o'clock.*

DESPUÉS DE + INFINITIVE
ANTES DE + INFINITIVE

Después de terminar los deberes lee un rato.	*After finishing her/his homework she/he reads for a while.*
Nunca se lava las manos antes de comer.	*She/he never washes her/his hands before eating.*
Antes de peinarme me lavo y me visto.	*I wash and get dressed before combing my hair.*

LIBRO DE EJERCICIOS J K

2

Pasándolo bien

Un estadounidense se casa por octava vez.

Noventa mil personas asisten al concierto de U2

El 'Gordo' en Lugo. Seis familias millonarias.

Nuevo Record Mundial. Un español se come cuarenta tortillas en una hora.

Cumple cien años y lo celebra con un paseo.

España recibe más turistas este verano que el anterior.

Cristina
«Ir al cine suele ser mi hobby principal, también leer, charlar con los amigos, ir a ver exposiciones de arte e ir de compras.»

Exposiciones

Eva

«Lo que más me gusta es leer. Leo todo tipo de libro: de intriga, de animales. . . . . También me gusta mucho la música, sobre todo la clásica. El deporte no lo practico porque no tengo tiempo. También me gusta dar paseos.»

Miguel

«Me gustan los ordenadores y las motos. No tengo moto ahora pero espero tenerla pronto. En España depende de la cilindrada, pero normalmente se puede conducir una moto media a los dieciséis años.

Pues amigos tengo muchos, nos llevamos todos muy bien y lo pasamos muy bien. Solemos ir a tomar algo a una discoteca o hay veces que organizamos una fiesta.»

Aprende 62

SOLER (UE) + INFINITIVE = to usually. . .
Suelo visitar a mis abuelos los domingos.
I usually visit my grand-parents on Sundays.

¿**Sue**les salir sola de noche?
Do you usually go out alone at night?

No **sue**le viajar mucho al extranjero.
He doesn't usually go abroad.

Solemos salir en grupo.   *We usually go out in groups*
¿**Soléis** volver en taxi?   *Do you normally come back by taxi?*

Los tíos **suelen** regalarnos ropa.   *Our uncles usually give us clothes.*

NB   Usted (Vd.) is used for 'you' (polite) }
     Ustedes (Vds.) for the plural.   } 3rd person endings
¿**Sue**le **Vd.** ir a la iglesia los domingos?
*Do **you** usually go to church on Sundays?*
¿**Sue**len **Vds.** pasar el verano en la costa?
*Do **you** usually spend your summers on the coast?*

Aprende 63

Revise

AR	ER	IR
o	*o*	*o*
as	*es*	*es*
a	*e*	*e*
amos	*emos*	*imos*
áis	*éis*	*ís*
an	*en*	*en*

Cuidado con:

hacer	hago	*I do or I make*
poner	pongo	*I put*
salir	salgo	*I go out/leave*
tener(ie)	tengo	*I have*
traer	traigo	*I bring*
venir(ie)	vengo	*I come*

NB   *Salir **a** la calle*   *to go out into the street*
    *Salir **de** casa*   *to go out of the house / to leave the house*
    *Salir **con** los amigos*   *to go out with your friends.*

A   CONTESTA

1   What five things does Cristina enjoy doing?
2   What type of music and books does Eva like?
3   Who likes going for walks?
4   What are Miguel's interests?
5   From what age can you drive a 250 cc motorbike in Spain?
6   What does Miguel say about his friends?

B   ¿QUIÉN?

Who might say the following – Cristina, Eva or Miguel?
1   Me gustan mucho los libros de Gerald Durrell.
2   Me encantan las clases de informática.
3   Cuando estoy en Madrid suelo ir al Prado.
4   Voy con mis amigos a andar por el parque dos o tres veces por semana.
5   U2 no está mal pero prefiero Beethoven.
6   Veo unas cuatro películas por semana.
7   Me gusta ir de tienda en tienda.
8   Quisiera una 'Yamaha' para mi cumpleaños.
9   Leo los libros de Sherlock Holmes en versión castellana.

LIBRO DE EJERCICIOS   A   B   C   D

Ana

«En Barcelona lo que solemos hacer es ir al cine; algunas veces al teatro, pero no mucho. Es realmente muy caro. Es un lujo.

También nos reunimos en un pub donde hay un ambiente familiar e incluso hay muchos instrumentos. Yo toco la guitarra y canto. Tengo una amiga que toca el piano. Ya no voy a discotecas. Me gusta mucho bailar pero en la discoteca hay tanta gente. . . . Y tampoco se ve casi a la persona con quien bailas.»

María José

«Hay una vida nocturna como en toda España, pero en Granada es especialmente fuerte. Los bares están abiertos hasta las dos de la mañana. Y para la gente que todavía quiere seguir en la calle hay una discoteca, 'La Chumbera', que está cerca de Sacromonte, la zona tradicional donde viven las comunidades gitanas, y empieza a llenarse, me parece, a las seis de la mañana. Cuando sales de allí es para desayunar.»

Teresa

«Aquí en Murcia lo más importante para pasarlo bien son lo que se llaman las tascas. En el centro hay una serie de callecitas estrechas en la parte antigua de la ciudad y ha surgido una serie de bares cuyos dueños normalmente son también jóvenes y donde ponen música a todo volumen y allí es donde toman vino, cerveza y tapas, las clásicas tapas que son muy baratas. Las bebidas son también baratas, entonces cualquier estudiante por muy poco dinero que tenga puede perfectamente salir casi todas las noches. Además el ambiente empieza a partir de las nueve o las diez de la noche y a veces la tasca es un lugar de encuentro, donde se ven en una tasca determinada a lo mejor, luego se van a otra, también toman otro vino y cuando ya están un poco más animados entonces deciden lo que van a hacer, si se van a ir a una discoteca, por ejemplo. Pero eso es lo que más suele hacer la gente joven en Murcia.»

AYUDA

algunas veces	*sometimes*
un lujo	*a luxury*
ambiente familiar	*friendly relaxed atmosphere*
toco	*I play (musical instruments)*
vida nocturna	*night-life*
seguir	*to remain/carry on*
el/la gitano/a	*gypsy*
llenarse	*to fill up*
la tasca	*small typical bar*
la callecita	*little street*
estrecho/a	*narrow*
antiguo/a	*old*
a todo volumen	*at full pitch*
a partir de	*starting at*
lugar de encuentro	*meeting place*
a lo mejor	*maybe*
animados	*lively*
nos reunimos	*we get together*
incluso hay	*there are even*
ha surgido	*has sprouted*
cuyos dueños	*whose owners*
determinado/a	*particular*
por muy poco dinero que tenga	*however little money he/she has*

Aprende 64

cuyo(s)   cuya(s)   = whose

NB   The agreement is with what is 'owned' and not with the 'owner'.

Ejemplo:
El señor cuy**a** hij**a** vive en Toledo. . .
Las chicas cuy**os** cuaderno**s** están en la mesa. . .

C LEE LO QUE DICE ANA

Find out how she expresses the following:

a los precios son muy altos

b mucho público

c están tan oscuro que no sé con quién estoy

d nos conocemos todos

e vamos sólo de vez en cuando

D Y AHORA MARÍA JOSÉ:

a What does she say about the nightlife of Granada in comparison to that of the rest of Spain?

b What can people do after 2.00am.?

c What is Sacromonte?

d How do we know that María José is unsure about when the disco starts to fill up?

e What can you do when you leave the disco?

E Y TERESA:

a Where in the city are the «tascas»?

b What reason does she give for the «tascas» owners playing such loud music?

c Why can the students go out almost every night?

d Why do they go from one tasca to another?

Helena

«La música para mí es lo principal. Tengo un grupo favorito que lo llevo siguiendo desde hace tres años. Es un grupo irlandés, U2. Me muevo todo alrededor de este grupo, ese tipo de música. Vinieron a España el 15 de julio. Hubo un concierto que estuvo muy bien. Me han contado unas amigas que han estado en Irlanda que allí U2 es como una religión.

Tengo todos los discos, varias camisetas, tengo posters. Este año, si apruebo, voy a Irlanda a un concierto. Me lo han prometido mis padres si saco buenas notas.

Mi manera ideal de divertirme es escuchar música. Me gusta estar con mis amigos, estar siempre con ellos. Creo que lo típico en España es el ambiente que hay, los bares, las discotecas. Vas a tomar algo y luego te metes en una discoteca: pero siempre con tus amigos.»

Bruce

«Me gusta leer, hacer mucho deporte, el tenis, correr y también la numismática y la filatelia. Me dedico a leer autores de una época, autores de una misma nacionalidad. Me resulta más productivo. En el invierno dedico más tiempo a la lectura que al deporte pero me gusta practicar el tenis, el atletismo y alguna vez, el baloncesto.

Me gusta coleccionar sellos de todo el mundo y respecto a la numismática, también las monedas que están circulando por todo el mundo. Tengo monedas de todos los países, de todos los continentes, monedas muy raras, de muchas formas.»

AYUDA

(lo) llevo siguiendo	*I have been following them*
desde hace	*for (time)*
me muevo todo alrededor	*I just live for*
vinieron	*they came*
hubo	*there was*
estuvo	*it was*
me han contado	*they told me*
han estado	*they have been*
han prometido	*they have promised*
aprobar(ue)	*to pass/do well in exams*
sacar buenas notas	*to get good marks*
la manera	*way*
divertirse	*to enjoy oneself*
te metes	*you go into*
dedicar	*to give time to/concentrate on*
la numismática	*coin collecting*
la filatelia	*stamp collecting*
el/la mismo/a	*the same*
la lectura	*reading*

F LEE Y ANOTA

First read what Helena says and then write notes on what she has to say about the following:
a U2 **b** going to Ireland **c** her friends
Now take notes on what Bruce says about the following:
a reading **b** reading and sport **c** stamps and coins

Aprende 65

Estudio español **desde hace** cuatro años.
Estoy estudiando español **desde hace** cuatro años.   I **have been studying** Spanish **for** four years
NB   Use of *present* and *present continuous* with **desde hace.**

U2: *Rock pacifista para miles de españoles*

Madrid 15 de julio

La música de fondo que suena en ese instante es 'All you need is love' de los Beatles. Entonces aparecen U2. Entra Bono corriendo por un lateral del escenario y chuta un balón de fútbol al público. Bono habla a las noventa mil personas en castellano. Refiriéndose al estadio dice:

«Este lugar es grande pero vosotros y U2 lo son (somos) mucho más»

Comienza la guitarra de The Edge, la batería de Larry Mullen y el bajo de Adam Clayton. Si sus discos son magníficos la presencia en directo es aún mejor.

Bono lleva una bandera blanca. Después de canción tras canción, a las dos menos diez, Bono dice:

«Gracias. Buenas noches» y desaparecen.

Todo el mundo grita, canta y pide que vuelvan a salir. Vuelven y cantan 'With or without you'. Desaparecen otra vez pero todo el estadio a una voz pide «otra, otra». Terminan con 'I will follow'.

Presenciamos el concierto del año y Bono mismo dijo que no comprendía por qué no habían venido antes a España.

AYUDA

la música de ambiente	*background music*
un lateral	*a side entrance*
el escenario	*stage*
chutar	*to kick (ball)*
en directo	*live*

G   LEE Y CORRIGE

Below are the notes made by John A. List, a reporter for an English newspaper. He couldn't get to the concert himself, so he relied on a Spanish friend's account, but between them it seems to have got a bit muddled. Can you correct his mistakes to help him write an accurate story?

U2 CONCERT A FLOP
80,000 SPECTATORS.
BONO COMES ON CENTRE STAGE,
WAVING SPANISH FLAG.
THROWS FLOWERS TO AUDIENCE.
INTRODUCES BAND IN ENGLISH.
SAYS STAGE IS TOO BIG
THE EDGE ON DRUMS
CONCERT FINISHES JUST-
BEFORE MIDNIGHT
ONE ENCORE: MANAGER INSISTS
U2's RECORDS MUCH BETTER
THAN THEIR LIVE PERFORMANCE.
BONO DISAPPOINTED IN RECEPTION
IN SPAIN.

⊟ H   ESCUCHA Y ANOTA

Listen to the following telephone conversations and write down how the people are having a good time

LIBRO DE EJERCICIOS E F G

Aprende 66

(a mí)	me gusta	el fútbol
	me gusta mucho	la filatelia
(a mí)	no me gusta	la lectura
	no me gusta mucho	la moda
(a mí)	me interesa	la poesía
	no me interesa	la música moderna
		clásica
		de U2
		bailar
		salir (con)
		charlar
		coleccionar sellos
prefiero		leer
me vuelvo loco(a) por		dar paseos
dedico mucho tiempo a		hacer deporte
poco tiempo a		
		estudiar
		ir de compras
		viajar
		visitar
		comer
		cocinar
me gustan		los deportes
no me gustan		los toros
me gustan mucho		las motos
no me gustan mucho		los idiomas
me interesan		mis estudios
no me interesan		las fiestas
		los libros de intriga
		animales
		ciencia ficción

NB   Me gust**a** bail**ar** y charl**ar** con mis amigos
No me gus**tan ni** los toros **ni** el fútbol

I ESCRIBE

*Write sentences about your likes and
dislikes using all the expressions in
Aprende 66.*

J ORAL/ESCRITO

1   ¿Te gustan mucho los
deportes?
2   ¿Te interesan tus estudios?
3   ¿Qué prefieres el deporte o la
lectura?
4   ¿Dedicas mucho tiempo a la
lectura?
5   Te encanta ir de compras
¿verdad?
6   ¿Qué libros te gusta leer?
7   ¿Te vuelves loco/a por la
música clásica?
8   ¿Te interesan los toros?
9   ¿Dedicas mucho tiempo a tus
estudios?
10   ¿Te interesa la moda?

K ENTREVISTA: Con tu compañero/a

*Make up 10 questions using
Aprende 66 and find out what your
partner's likes and dislikes are.
Interview each other in turn. Of
course, you need not use exactly the
same questions.*

L UNE

1	Cuando vamos a la costa	a	suelo volver a casa antes de las once.
2	Son los chicos cuyos	b	pero a veces pongo música clásica.
3	Cuando viaja Vd. al extranjero	c	¿a qué países vas?
4	Mi profesor de español es el hombre cuya	d	bicicleta está a la entrada.
5	Hago mis deberes en el comedor	e	suelo pasar mucho tiempo tomando el sol.
6	No suelo utilizar el tocadiscos mucho	f	padres nunca salen de casa.
7	Mi profesora de inglés es la señora cuyo	g	¿qué países suele visitar?
8	Cuando sales de Inglaterra	h	pero suelo estudiar en mi habitación
9	Son los chicos cuyas	i	madres trabajan en el Ayuntamiento.
10	Cuando salgo de noche	j	coche está aparcado fuera del colegio.

Aprende 67

PRETERITE

-ar	-er/ir	ir (a) irregular
é	í	fui
aste	iste	fuiste
ó	ió	fue
amos	imos	fuimos
asteis	isteis	fuisteis
aron	ieron	fueron

NB (i)   Salir is regular in the preterite.
    (ii)   Llegar has lle**gué**, llegaste, llegó etc.
Similarly all verbs ending in **-gar**, e.g. pagar
    (iii)   (me) gusta → (me) gustó
    (iv)   (me) gustan → (me) gustaron
Similarly: (me) encanta(n)   (me) interesa(n)

Aprende 68

ayer	*yesterday*
anteayer	*the day before*
anoche	*last night*
a las seis	*at six o'clock*
esta mañana	*this morning*
la semana pasada	*last week*
el mes pasado	*last month*
el verano pasado	*last summer*
el lunes (pasado)	*last Monday*
hace cinco minutos	*5 minutes ago*
hace dos días	*2 days ago*

M ESCRIBE

Write the following in the preterite and add one of the phrases you have learnt in Aprende 68.
Example: Voy al teatro → Anoche fui al teatro
1 Voy al cine.
2 Como mucho.
3 Me encanta la película.
4 Hablo con sus padres.
5 Compro mucha ropa.
6 No voy a la discoteca.
7 No me gustan los toros.
8 Llego al colegio temprano.
9 Bebo dos cafés.
10 Tomo un taxi.
11 Salgo con mis padres
12 Lo paso muy bien en España.

N ESCRIBE EN EL PRETÉRITO

Write the following in the preterite:
1 (Va) al cine con sus hermanos.
2 (Salimos) juntas muchas veces.
3 ¿(Te gusta) Andalucía?
4 ¿(No hablas) con Fernando?
5 (Voy) sólo al teatro.
6 Sólo (estudio) cinco minutos.
7 ¿(Llegas) a tiempo?
8 ¿(Vais) en metro?
9 (Sale) de casa a las ocho.
10 (Van) con su familia.
11 (Va) al baile con Javier porque no (le gusta) cuando (va) con Ernesto.
12 (Me encantan) las ciudades del sur pero no (me gusta) el norte.

LIBRO DE EJERCICIOS ⟩ H I

Aprende 69

WEATHER: THE PRETERITE

llovió	hizo tanto frío
	it was so cold
nevó	hubo tormenta
hizo calor	hubo niebla

¿QUÉ HICISTE AYER?
Luisa

«Ayer, como hizo tanto calor, fui a
la piscina con unas amigas de mi
clase, porque nos gusta mucho ir
una vez a la semana.»

Jorge

«Ayer salimos a comer a un
restaurante chino toda la familia
porque celebramos el cumpleaños
de mi hermana. Cumplió quince
años y fuimos a un restaurante
chino porque ésta es su comida
favorita. Le encanta.»

RESTAURANTE CHINO

EL DRAGON

COCINA DE ALTA CALIDAD
AUTENTICA COCINA CHINA
AMBIENTE AGRADABLE
PRECIOS MODERADOS

Manuel

«Ayer, domingo, como llovió
mucho por la mañana no salí pero
fuimos por la tarde a casa de
Eduardo, porque sus padres fueron
a visitar a los abuelos el fin de
semana, y aprovechamos para
jugar una partida de mus tras otra.
  Tengo que admitir que gané y me
pagaron una cena entre todos.»

HOTELES CON TRANSPORTE Y A SU AIRE

PROALSOL 87
Vacaciones al sol

Diego

¿Ayer? Bueno, pasé toda la mañana en casa y después de prepararme un bocadillo salí al parque. Allí pasé toda la tarde, sentado en un banco charlando con unos amigos, también del barrio. La verdad es que hizo una tarde estupenda. Lo pasamos bastante bien y aprovechamos la ocasión para completar nuestros planes para las vacaciones de verano. »

Maribel

«Anoche fuimos a la discoteca universitaria, porque no es cara ¿sabes? y el 'dis-jockey' es amiguete mío. Además siempre van muchas chicas de mi clase, todas muy simpáticas. Siempre lo pasamos muy bien y hay mucha 'marcha'. »

AYUDA

aprovechar	to take advantage
el mus	Spanish card game
ganar	to win
sentado/a	sitting
climatizada	heated
el ajedrez	chess
perder	to lose
uno/a tras otro/a	one after the other

⬤ LEE Y CORRIGE

Read the preceding passages and rewrite these sentences, correcting the wrong information.

Luisa
Como hizo tanto frío Luisa fue con sus amigos a una piscina climatizada. Siempre van los lunes y los jueves.

Jorge
Como su primo cumplió veinte años ayer, Jorge salió con sus tíos a un restaurante italiano para celebrar el cumpleaños. A su primo le encanta la comida italiana.

Manuel
Anoche Eduardo fue a casa de Manuel a jugar al ajedrez. Jugaron una partida y luego, como perdió, Manuel invitó a Eduardo a cenar.

Diego
Diego fue por la tarde al parque. Llevó una tortilla y pasó la tarde solo. De pronto llovió y volvió a casa donde habló con sus padres de los planes para el verano.

Maribel
Anoche Maribel fue a una discoteca muy cara y donde no conoce a nadie. Allí siempre lo pasa muy mal.

LIBRO DE EJERCICIOS ▷ J 📼 K 📼 L 📼 M 📼

LA SALIDA TRIUNFAL

Eugenia Baptista Sánchez, residente en Valldemosa (Mallorca) cumplió cien años la semana pasada. Celebró la ocasión saliendo a la calle en compañía de sus once nietos y veinticinco bisnietos. Confesó que había permanecido en casa cinco años sin salir debido a su estado de salud pero que esta excursión para celebrar su cumpleaños iba a ser «la primera de muchas.»

AYUDA

debido a	*owing to, because of*
el/la nieto/a	*grandchild*
había permanecido	*had remained*
el/la bisnieto/a	*great grandchild*
el estado de salud	*state of health*
iba a ser	*was going to be*

P LEE EL ARTÍCULO Y COMPLETA LA SEGUNDA VERSIÓN

sale, con, vive, semana, decidió, cinco, piensa, cumpleaños

Eugenia Baptista Sánchez, que _____ en Mallorca, celebró su _____ hace una _____. No _____ a la calle desde hace _____ años pero ahora, a la edad de cien años, _____ salir _____ sus nietos y bisnietos y _____ celebrar muchos cumpleaños más con más paseos.

VEINTISÉIS VIAJES PARA JUBILADOS

El Ayuntamiento de Madrid está organizando veintiséis viajes para jubilados o pensionistas vecinos de la ciudad. Tienen una duración de quince días y los pensionistas afortunados pueden escoger entre los siguientes destinos: Salou en Tarragona, Palma de Mallorca, Gandía en Valencia y Fuengirola en la Costa del Sol. El alojamiento será en hoteles de dos o tres estrellas con pensión completa y habrá una serie de actividades, distracciones y visitas a lugares de interés en las cercanías. Estas vacaciones tendrán lugar durante los meses de septiembre y octubre.

AYUDA

jubilado/a	*retired*
escoger	*to choose*
siguiente	*following*
el alojamiento	*lodging*
habrá	*there will be*
el lugar	*place*
tomar lugar	*to take place*
en las cercanías	*in the surrounding area*

Q LEE EL ARTÍCULO Y CONTESTA LAS SIGUIENTES PREGUNTAS.

1 Who is being offered what?
2 How long for?
3 How many choices are there?
4 What will they get in terms of board and lodging?
5 What will they do whilst they are there?
6 Who is subsidising this venture?

R ELIGE

To which of the two photos do each of the following statements refer?

1 Javier está de pie con un vaso en la mano.
2 Están bebiendo vino.
3 Hay muchos niños.
4 Son cuatro o cinco familias.
5 Es un grupo de amigos.

6 Están en el campo.
7 Hay alguien en bañador.
8 Están todos a la sombra.
9 Hay muchos mirando al fotógrafo.
10 Hay alguien cantando y tocando un instrumento.

S LEE

Here are the memoranda left for Señorita Valbuena, who has been abroad for a week on a business trip, by her secretary. Read them and then turn to the work in the LIBRO DE EJERCICIOS.

Lunes:
1) Llamaron de la Telefónica para instalar los aparatos nuevos. No tienen modelos azules. ¿Los queremos en gris?
2) El Señor Villalba no llegó hasta las doce. Su mujer telefoneó para decir que fueron a visitar a su hija a la clínica.

Martes:
Fui a Correos a comprar sellos. Pagué la cuenta de la electricidad.

Miércoles:
Nevó toda la noche. Llegué a la oficina a la una y media pero no había nadie. Volví a casa a las tres.

Jueves:
Por la tarde llegaron los clientes suecos. Fui a Barajas. Pasaron la tarde en el Prado y por la noche salimos a cenar. Pagué con tarjeta de crédito.

Viernes:
Asistí a la reunión con los escandinavos, nuestro abogado y el contable. No hubo grandes problemas. Vendimos el material por treinta millones. La reunión terminó a las tres y media. Celebramos el éxito con champán.

LIBRO DE EJERCICIOS ⟩ N O P

PASÁNDOLO BIEN Y DIVERSIONES

F	E	X	P	O	S	I	C	I	O	N
D	I	V	E	R	T	I	R	S	E	E
I	U	L	E	C	T	U	R	A	X	I
S	Q	R	A	T	N	I	P	M	C	B
C	S	A	L	T	A	R	A	U	U	O
O	E	R	E	B	E	B	R	S	R	L
T	R	A	O	N	N	L	R	I	S	R
E	A	P	D	N	I	A	I	C	I	A
C	P	E	L	I	C	U	L	A	O	S
A	R	R	S	E	R	O	L	F	N	A
S	O	P	M	E	I	T	A	S	A	P

T BUSCA Y COMPLETA:

Find words from the 'sopa de letras' that will complete these descriptions of people's interests.

1 *The film buff*/El aficionado a la pantalla

2 *The intellectual*/El intelectual

_____ mucho. Sí, me encanta la _____.
También me gusta la _____ clásica y voy a una
_____ a veces porque es muy importante el ____.
_____.

Voy al _____ cuando ponen una _____
buena.

3 *The nature-lover*/El amante de la naturaleza

4 *The hobbyist*/El de los pasatiempos

Me gusta ir de _____. Cuando hace buen
_____ voy al campo a _____ las _____ y
el paisaje en general.

Los _____ son muy importantes para _____
cosas. Tengo muchos sellos, me encanta la
_____.

5 *The active type*/El activo

6 *The lover of good living*/Señorita Buena Vida

Tengo suerte porque mis _____ viven en
Granada y allí en invierno practico el _____.
Me gusta _____ por las montañas y de noche ir
a la _____. A veces vuelvo constipado y
_____ de allí.

Para mí, el estómago es muy importante. Para
_____ _____ me gusta _____ carne a la
_____, de postre _____ y _____ un
_____ de botellas de vino.

3

Infórmate, entérate

A *Find the signs for the following:*

ENTRY	DANGEROUS DOG
SHOE REPAIR SHOP	PLEASE DO NOT SMOKE
STAIRCASE	PRIVATE
OUT OF ORDER	SECOND FLOOR
GENTS	LADIES
ELECTRICIAN	MANAGEMENT
ON HOLIDAY	INFORMATION
PULL	CHANGE
LADIES HAIRDRESSER	RENT A CAR
WAREHOUSE	LOST AND FOUND
NO TIPS	BARBER
DO NOT SMOKE	TOILETS
PLEASE DO NOT SMOKE ON THE STAIRS	LOUNGE
MAGAZINES	BELL
FIRE SERVICE ONLY	POST OFFICE
THANKS FOR YOUR VISIT	PUSH
NOTICES	CLOAKROOM
COME INTO THE WAITING ROOM	CLOSED
CARETAKER	DRESSMAKER
LIFTS	MENS HAIRDRESSER
OPEN	LETTERS
5TH FLOOR	

B *Which notice or sign(s) from those on pages* **38–39** *would you see in the following places?*

1 En la consulta del médico.
2 En una carretera privada.
3 En las puertas de cristal de unos almacenes.
4 En una casa donde hay un "animal" feroz.
5 A la salida de un museo.
6 A la entrada de un banco.
7 En un lugar que no está abierto.
8 En 'Correos'.
9 Donde el público deja sus abrigos.
10 Entre el primer y el tercer piso.

C ESCUCHA

You hear the following announcements over a loudspeaker system of a department store. Listen carefully and answer the questions.

1a What has gone wrong?
1b What are you advised to do?
2 What are you being reminded of?
3a To what are the shoppers being invited?
3b Where and when and by whom?
4 What departments will not be open after 3 o'clock and when?
5a What is the shopper being asked to do?
5b Why?
5c How does the announcement end?

CATEDRA

Letras Hispánicas
RESIDENCIA EN LA TIERRA
Pablo Neruda
Edición de Hernán Loyola

POETA EN NUEVA YORK
Federico García Lorca
Edición de María Clementa Millán

Blanche Mertz: *Pirámides, catedrales y monasterios* — 825pts
Nicolas Capo: *Cómo ver bien sin lentes* — 850pts
Guías de la Naturaleza: *El cielo de la noche* — 460pts
Geneviene Roux: *La mujer y su cuerpo* — 325pts
Paul Johnson: *Después de los cuarenta* — 180pts
Dr. Osvaldo J. Brusco: *¿Qué debemos comer?* — 1085pts
Ruffie, Dr. J.E.: *Gimnasia diaria práctica* — 1100 pts
Beranye Talhon: *101 consejos para vencer la timidez* — 909pts
Catta, Rene Salvador: *Cómo hablar en público* — 380pts
Sweetland, Ben: *Hágase rico mientras duerme* — 600pts

D *Which book would you choose for each of the following people?*

a Una persona que ya va para viejo.
b Una chica que tiene tres telescopios en casa.
c Una persona que tiene dificultad para hablar con la gente.
d Una persona que desea hacer dinero fácilmente.
e Una chica que quiere saber cómo funciona biológicamente.
f Una persona que no quiere utilizar gafas.
g Un chico que se preocupa por su dieta.
h Una persona que quiere hablar en reuniones y congresos.
i Una persona que tiene mucho interés en monumentos históricos.
j Una persona que desea mantenerse en forma.

AYUDA

quisiera	*I would like*
más bien	*especially*
la novela policíaca	*detective novel*
la obra de teatro	*theatrical play*
poner(se)	*to start*

AYUDA

ir para viejo	*to be getting on (in age)*
los lentes	*glasses*
preocupar(se)	*to worry about*
el consejo	*advice*
el congreso	*conference*
vencer	*to overcome*
mantener(se) en forma	*to keep fit*

LEE

Maribel
«No leo tanto como quisiera; más bien revistas y el diario. Cuando tengo tiempo una novela, libros de historia y sí, me interesan mucho las biografías.»

Eva
«Las novelas policíacas me encantan.»

Cristina
«Leo mucho. Autobiografías, obras de teatro, poesía y libros de humor también.»

Marisé
«A mí me gustan los diccionarios y leo bastante en inglés.»

María José
«Yo siempre que paso por una librería, entro y me pongo a mirar. El jueves fui a una a comprar regalos para la familia para Reyes. Salí con libros de deportes, novelas, ciencia-ficción, biografías, libros de historia. Gasté miles de pesetas y todo para otra gente, para mí no compré nada.»

E ORAL/ESCRITO

Y ahora, tú: *Say that:*

1 You read a lot at the weekends.   Leo . . .
2 You love science fiction books.
3 You do not read enough in Spanish.
4 You like novels and sports books.
5 Say which type of reading you enjoy and which you do not.

LIBRO DE EJERCICIOS ⟩ A◻ B◻

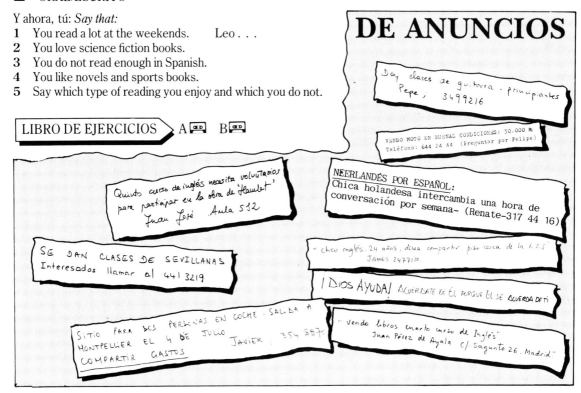

DE ANUNCIOS

Day clases de guitara - principiantes Pepe, 3499216

VENDO MOTO EN BUENAS CONDICIONES: 30.000 R. Teléfono: 644 24 44 (Preguntar por Felipe)

Quinto curso de inglés necesita voluntarios para participar en la obra de 'Hamlet' Juan José. Aula 512

NEERLANDÉS POR ESPAÑOL: Chica holandesa intercambia una hora de conversación por semana- (Renate-317 44 16)

SE DAN CLASES DE SEVILLANAS Interesados llamar al 441 3219

"chico inglés. 24 años, desea compartir piso cerca de la E.O.I." JAMES 2477110

¡DIOS AYUDA! ACUÉRDATE DE ÉL PORQUE ÉL SE ACUERDA DE TI

SITIO PARA DOS PERSONAS EN COCHE. SALIDA A MONTPELLIER EL 4 DE JULIO. JAVIER. 354 897. COMPARTIR GASTOS

"Vendo libros cuarto curso de Inglés" Juan Pérez de Ayala C/ Sagunto 26. Madrid."

F Lee el Tablón de Anuncios

Decide which notice is for you.

a Eres un chico español. Vas a pasar dos años en Amsterdam por razones de trabajo de tus padres y quieres aprender el idioma. ¿A qué número llamas?

b Te interesa la música española y deseas aprender a tocar un instrumento. ¿A quién llamas?

c Eres una chica española. Estudias inglés desde hace tres años. Necesitas el material para el próximo año y no tienes mucho dinero. No to importa comprarlo de segunda mano. ¿Qué haces?

d Estás en Madrid y quieres viajar acompañado/a a Francia lo más barato posible. ¿Con quién necesitas hablar?

e Te interesa el teatro y deseas hacer amistades. ¿Con quién te pones en contacto?

f Las cosas te van mal. Necesitas consuelo y esperanza. ¿Qué te recomiendan?

g Te gusta el baile. Estás en España y quieres aprender algo típico. ¿Quién puede ayudarte?

h El chico con quien compartes tu casa tiene que volver a Inglaterra. Quieres encontrar a un compañero pronto para compartir el alquiler y los gastos de la casa. ¿A quién llamas?

i Estás cansado/a de los autobuses y del metro. Tienes dinero. ¿Qué haces?

AYUDA

el tablón de anuncios	*noticeboard*
el neerlandés	*Dutch*
el curso	*year of study, course*
el sitio	*place, space*
acordar(se) de (ue)	*to remember*
la obra	*theatrical play*
se dan	*are offered*
sevillanas	*flamenco type of dance*
el principiante	*beginner*
por razones de	*for reasons of*
de segunda mano	*second hand*
la esperanza	*hope*
el alquiler	*rent*
el consuelo	*consolation, comfort*

LA TELEVISIÓN

TVE-1			
08.45	CARTA DE AJUSTE		
08.59	APERTURA		
09.00	BUENOS DIAS: Noticias nacionales e internacionales, información meteorológica y entrevista con el personaje del día.		
10.00	SANTA MISA: En directo desde la Basílica de San Pedro en Roma.		
12.15	CONCIERTO DE AÑO NUEVO		
13.30	SALTOS DE ESQUÍ: Los concursos de hoy y resumen de los resultados del lunes.		
15.00	TELEDIARIO:		
15.35	LA SEÑORITA MARPLE. «Se anuncia un asesinato» La famosa creación de Agatha Christie soluciona un nuevo misterio.		

16.35	MORTADELO Y FILEMÓN: Largometraje de dibujos animados.		
18.00	BARRIO SÉSAMO:		
18.30	EL QUIOSCO: Un programa musical con todos los mejores vídeos musicales de los últimos tres años.		
19.00	TOCATA: Musical dedicado a la gente joven.		
20.00	SESIÓN DE NOCHE: «La Guerra y la Paz» Primera Parte (1956) con Audrey Hepburn.		
21.30	TELEDIARIO:		
21.50	ESPECIAL INFORMATIVO: Entrevistas con los Presidentes de los gobiernos del Mercado Común Europeo.		
22.00	SESIÓN DE NOCHE: «La Guerra y la Paz» (segunda parte)		
24.15	DESPEDIDA Y CIERRE		

TVE-2 UHF
miércoles 1 de enero

19.00	DIBUJOS ANIMADOS
19.45	MÚSICA PARA USTED
20.00	PROGRAMACIÓN REGIONAL: DOCUMENTAL: Veranear en Euskadi. Vacaciones en Tierra Vasca.
20.30	INVIERNO 8.30 PM MAGAZINE: Cuatro reportajes. Temas de gran interés.
21.00	TELEDIARIO 2
21.35	CONCIERTO 2: Orquesta Sinfónica de RTVE en directo desde Madrid.
23.30	CON MUCHO GUSTO: Entrevista
24.00	TELEDIARIO 3
00.30	TELEDEPORTE: Fútbol. Los partidos de primera y segunda división.
00.50	DESPEDIDA Y CIERRE

AYUDA

las actualidades	*current events*
el concierto	*concert*
los dibujos animados	*cartoons*
el documental	*documentary*
la entrevista	*interview*
la información meteorológica	*weather forecast*
el largometraje	*full length feature*
las noticias	*news*
el avance telediario	*news headlines*
la película	*film*
los programas de información	*documentaries*
programas sobre la naturaleza	*nature programmes*
la programación regional	*regional programming*
la serie	*series/'soap'*
la sesión de noche	*film showing after 8*
el teatro	*theatre/play*
el telediario	*news*
el teledeporte	*sports news*
el telefilm	*film made for TV*

AYUDA

la cadena	} *channel*
el canal	
la apertura	*start of programmes*
la carta de ajuste	*test card*
despedida y cierre	*closedown*
en directo	*live*

H VERDADERO O FALSO

1 La segunda cadena empieza hoy a las siete de la tarde
2 El primer programa de TV-1 nos da muchos datos informativos.
3 En el primer canal el Telediario es a las tres y media.
4 Hay dos programas de música en el canal 1.
5 Hay un largometraje de dibujos animados en el canal 2 a las siete de la tarde.
6 En TVE la mayoría de los programas de música clásica los ponen en el canal 1.
7 El concierto que transmiten a las diez menos veinticinco no es en directo.
8 Hay un programa de fútbol y otro de natación.
9 Los dos programas de deportes aparecen en el mismo canal.
10 El canal 2 cierra antes que el canal 1.

I Con tu compañero/a:

Pregunta ¿a qué hora es?
1 El Concierto de Año Nuevo.
2 El Telediario en TV-1
3 Barrio Sésamo
4 La sesión de noche
5 El telefilm en inglés.

G Lee la página de programas y escribe el nombre de. . .

1 . . . un programa de noticias
2 . . . una película
3 . . . un programa para niños
4 . . . un programa de música clásica
5 . . . un programa de deportes invernales
6 . . . otro programa de deporte
7 . . . un programa de información regional
8 . . . un programa de interés político

PROGRAMACIONES REGIONALES

MUSICAL
Festival Pop
Rosa de Oro de Montreux
Domingo 5. Primera Cadena, **22.25 horas.**

TEATRO
Isabel, reina de corazones
De Ricardo López Aranda.
Martes 7. Primera Cadena, **21.35 horas.**

TELEFILM
Ludwig
De Luchino Visconti.
Viernes 10. Primera Cadena, **22.30 horas.**

GALIZA
LUNS, 2

12,05 Entre nós. 13,40 Magnum. 14,30 Telexomal. 15,00 Deportes. 15,15 Xulía. 19,00 Boas tardes. 19,05 Amigos. 19,30 Guillermo Tell. 20,00 Visions. 20,30 Camiño de luz. 21,00 Telexomal. 21,45 Longometraxe.

CATALUNYA
DILLUNS, 2

13,00 Universitat Oberta. 13,50 Gol a gol. R. 14,30 Migdia. 15,00 T/N. 15,30 Bona Cuina. 15,35 Carson i Carson. 16,15 Ellery Queen. 17,00 Universitat Oberta. 17,30 L'Hora dels contes. 18,15 Els Supersonics. 18,45 Kidd Video. 19,15 El viatge. 19,45 Filiprim. 20,30 T/N. 21,00 Bona Cuina. 21,05 Perry Mason. 22,05 Teatre: «El 30 d'Abril» de Joan Oliver. 23,35 T/N. 23,50 Curar-se en salut.

EUSKADI
EUSKAL TELEBISTA-1
ASTELEHENA, 2

13,00 Kirolez Kirol. 14,30 Telebemi. 15,15 Hitz eta Pitz. 15,45 Carsondaren Legea. 19,00 Simbad. 19,25 Ellery Queen. 21,00 Gaur Egun. 21,30 Ez Baian. 23,00 Adarbarraren Alabak. 00,30 Azken albisteak.

12.20 AVANCE TELEDIARIO

12.25 TELETEXTO

21.00 TELEDIARIO 2
Presentación: Paco Lobatón, Ángeles Caso y Frederic Porta (deportes)

19.30 ALICIA EN EL PAÍS DE LAS MARAVILLAS
(52 EPISODIOS)
Episodio n.º 35

LEE

La televisión española tiene dos canales, el primer canal y el UHF, que transmite del mediodía en adelante. Este último canal no se consigue ver en algunos sitios porque están muy aislados o por el terreno o por problemas del clima. El más popular es el primer canal porque tiene una programación más extensiva. Ahora comienza a las siete de la mañana, con programas matinales parecidos a los programas con que se despiertan los ingleses y los franceses; programas de información, luego algún telefilm de tipo "DALLAS" o "DINASTÍA" a las once, luego empieza la información regional. A las tres conectan con la central para transmitir las noticias del Telediario. Luego una película seguida de un programa informativo . . . . . los acontecimientos de la semana, culturales, de moda, dibujos animados para los niños y otros programas infantiles y luego una novela o serie de muchos capítulos, normalmente inglesa o americana. El sábado por la noche hay una película que suele empezar a la una o a las dos y la programación al igual que los viernes, no cierra en toda la noche.

Los anuncios de propaganda son de productos de limpieza, de comida, de coches, de perfume e incluso, a veces, de alcohol y tabaco a pesar de que dicen que van a prohibirlo totalmente. En octubre, noviembre y diciembre hay un bombardeo hacia el telespectador de colonias para hombre y para mujer, de juguetes para los niños, todo dirigido a las compras de Navidad.

✳ Más de 100 modelos para Jugar y para Regalar

En cuanto a la música, hay programas de los cuarenta discos más vendidos y a veces, concursos musicales. De música clásica hay más bien menos, pero el UHF transmite conciertos u ópera de algún teatro importante del mundo.

AYUDA

transmitir	*to transmit*	los aconteci- mientos	*events*
en adelante	*onwards*	la moda	*fashion*
aislado/a	*isolated*	infantil	*for children*
el terreno	*lie of the land*	el capítulo	*episode*
parecido/a	*similar*	reciente	*recent*
algún	*some*		
seguida de	*followed by*		

J CONTESTA

1 Which channel starts at midday?
2 Why is its reception limited?
3 What time does Channel 1 begin?
4 How does the speaker refer to its early morning programmes?
5 What is on after the regional programmes?
6 What do they show in the afternoon News Magazine?
7 What type of programme is shown in episodes?
8 At what time is closedown on Saturday?

K LEE Y ESCRIBE

Use the description of Spanish Television above to find ways of saying the following

1 in isolated places
2 because of difficult weather conditions
3 programmes for children (×2)
4 a "soap" opera (×2)
5 on Friday nights
6 it usually starts at 8.00p.m.
7 in the early morning

19,40: ☐ **CURSO DE INGLÉS.** (Unidad 7, lección 2.)

20,00: **AGENDA INFORMATIVA.**

20,30: **MÚSICA Y MÚSICOS.** *Claudio Arráu (I).* Dirección: Bernardo Fuentes.

En tres emisiones consecutivas, «Música y músicos», ofrece un recital del pianista Claudio Arrau, grabado en Avery Fisher Hall, Lincoln Center, en Nueva York, con motivo del ochenta cumpleaños del distinguido artista. En el programa figuran obras de Beethoven, Debussy, Liszt y Chopín. En la primera emisión de esta producción contratada, Claudio Arráu interpreta la «Sonata núm. 21 en do mayor», de Beethoven.

21,00: ☐ **COMICOS.** «*Emma Penella*». (Ultimo.)

El deporte abunda, especialmente el fútbol. Los sábados y a veces los miércoles, hay partidos transmitidos en directo y siempre hay información deportiva después de las noticias.

00,15: VUELTA CICLISTA AL PAIS VASCO.
00,25: TELEDIARIO. TELEDEPORTE.

18.30 ATLETISMO

Campeonato de Europa de Atletismo desde Stuttgart.
Comentarios: José Ángel de la Casa y Gregorio Parra

En la segunda cadena, los domingos suelen poner películas en versión original, pero normalmente las películas extranjeras suelen ser dobladas.

00.20 TELEDEPORTE

AYUDA

el anuncio de propaganda	*advertisement*
a pesar de	*in spite of*
el bombardeo	*bombardment*
el telespectador	*television viewer*
dirigido/a	*directed towards*
en cuanto a	*with regard to*
el concurso	*competition*
más bien	*rather*
abundar	*to be plentiful*
doblado/a	*dubbed*
la central	*RTVE in Madrid*
en versión original	*in the original*

01.20 FILMOTECA TV. Película alemana. B / N
Intriga política. Duración: 77 minutos

L LEE Y CONTESTA

1 What are they going to ban?
2 What is said about foreign films?
3 What does the speaker think is shown too often?
4 What does the viewer have to put up with in the latter part of the year?
5 What does Channel 1 rarely show and how does UHF compensate for this?

M RELLENA

Complete and write out in full:

1 Antes de _____ el telespectador recibe un _____ de _____. Unas de las cosas que figuran mucho son _____, _____ y _____.
2 No hay tantos programas de _____ aunque a veces el canal 2 _____ conciertos o algún _____.
3 Hay _____ programas de deporte, sobre todo de _____. Transmiten partidos _____ dos veces por semana y después de las _____ también hay información _____.
4 Las _____ americanas e inglesas suelen ser _____. Ponen películas en ____ en la _____ cadena _____ por la noche.

N ORAL/ESCRITO

1 ¿Cuántos canales hay en tu país?
2 ¿A qué hora empiezan a transmitir?
3 ¿Hay muchas series americanas?
4 Las películas extranjeras, ¿suelen ser dobladas?
5 ¿Hay buenos programas sobre la naturaleza?
6 ¿Abundan los programas de música moderna?
7 ¿Hay mucha violencia en la televisión?
8 ¿Cuándo ponen programas infantiles?
9 ¿Qué tipo de programa transmiten los sábados por la tarde?
10 ¿Hay anuncios de propaganda en todos los canales?

LIBRO DE EJERCICIOS C D E F

LA RADIO

Hay muchísimas emisoras en España. Hay cuatro bandas: frecuencia modulada, onda corta, onda larga y onda media. En la onda media son programas dirigidos al ama de casa, concursos donde regalan productos de cocina, de alimentación, electrodomésticos. Las amas de casa llaman y dan su opinión sobre ciertos temas. Hay radio-novelas. Son 'novelones' que duran años y años y que tienen miles de capítulos, diez minutos al día.

La onda corta es muy útil a la hora de sintonizar emisoras de otros países para personas que, como yo, por ejemplo, están interesada en aprender otras lenguas.

En frecuencia modulada, aunque hay programas informativos como en casi todas las emisoras, abunda la música, sea moderna, inglesa o española, y hay emisoras donde pasan de un disco a otro sin decir palabra.

También tenemos la Universidad a Distancia (UNED), que utiliza una emisora para dar sus lecciones que los estudiantes van siguiendo por radio, y a veces se reúnen con los profesores. Hay también buenos cursos de lenguas: de francés, italiano, inglés y alemán.

Pero hay tantas emisoras que se produce mucha interferencia y se dificulta la sintonización, no siempre se oye bien y el gobierno va a poner un 'tope'.
Por causa de la competencia de la televisión, la radio ha ganado mucho en calidad y en variedad en los últimos años. Hay programas día y noche y no es como la televisión, que no te deja hacer otras cosas porque tienes que estar sentado delante de ella.

AYUDA

la emisora	*radio station*
la banda	*wavelength*
la frecuencia modulada	*FM*
la onda corta	*short wave*
la onda larga	*long wave*
la onda media	*medium wave*
dirigido	*directed towards*
la alimentación	*food*
el electro-doméstico	*electrical domestic appliance*
el tema	*subject, theme*
de mal en peor	*from bad to worse*

● CORRIGE

Read the passage on Spanish Radio and rewrite these sentences giving the correct details.

1 Hay muy pocas emisoras en España.
2 En onda media hay programas para los niños.
3 Hay concursos donde regalan helicópteros y tanques.
4 Los novelones duran todo el día.
5 Es más fácil sintonizar programas del extranjero en onda media.
6 En frecuencia modulada no hay noticias.
7 Hay emisoras donde hablan mucho entre un disco y otro.
8 Los bebés escuchan la Universidad a Distancia.
9 Es imposible aprender idiomas por la radio.
10 El gobierno quiere más emisoras.
11 La radio va de mal en peor.
12 No se puede hacer muchas cosas mientras escuchas la radio.

Aprende 70

OIR   to hear

present	preterite		
OIGO	OÍ	no oye bien	*he doesn't hear well*
OYES	OÍSTE	tu madre oyó el ruido	*your mother heard the noise*
OYE	OYÓ	oyen todo lo que pasa en	*they hear everything that goes on in our flat*
OÍMOS	OÍMOS	nuestro piso	
OÍS	OÍSTEIS	oigo la música de los	*I hear the*
OYEN	OYERON	vecinos	*neighbours' music*

For both **Ver** *and* **Oír**, veo, oigo, etc. mean: I see, I hear or I *can* see, I *can* hear.
The preterite of **Leer** and **Caer(se)** have the same spelling changes as **Oír**.

leyó	leyeron
se cayó	se cayeron

Aprende 71

PERFECT TENSE
-AR-ER-ÍR

he hablado	*I have spoken*	he salido	*I have left*
has dejado	*you have stopped*	has vivido	*you have lived*
ha dejado	*he/she has stopped*	ha bebido	*he/she has drunk*
hemos comprado	*we have bought*	hemos bebido	*we have drunk*
habéis llegado	*you have arrived*	habéis decidido	*you have decided*
han llegado	*they have arrived*	han comido	*they have eaten*

The "ar" past participles drop the "ar" for "ado"; "-er" and "-ir" ones drop "er/ir" for "ido". The following are irregular past participles.

poner	puesto	hacer	hecho
romper	roto	abrir	abierto
volver	vuelto	escribir	escrito
cubrir	cubierto	decir	dicho
leer	leído	caer	caído
oír	oído	ver	visto

Eg: He roto un plato   *I've broken a plate*
      ¿Has escrito a tu padre?   *Have you written to your father?*

Don Idiota — VAMOS A ESCUCHAR EL PROGRAMA MÁS INTERESANTE DE LA SEMANA — FÍSICA NUCLEAR DE LA UNIVERSIDAD A DISTANCIA

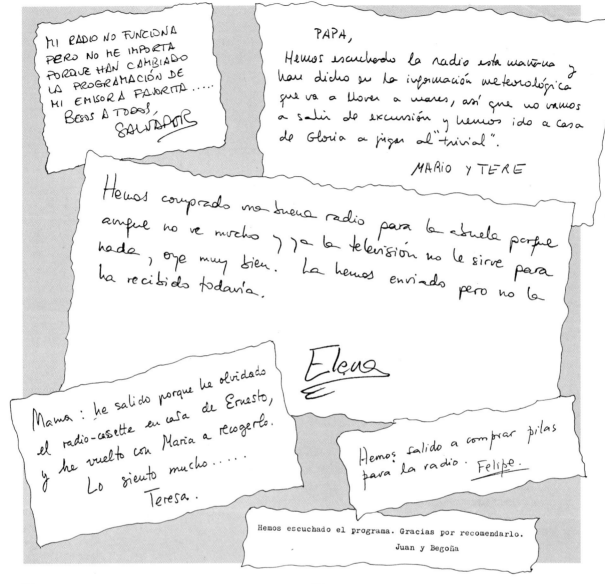

MI RADIO NO FUNCIONA PERO NO ME IMPORTA PORQUE HAN CAMBIADO LA PROGRAMACIÓN DE MI EMISORA FAVORITA .....
BESOS A TODOS,
SALVADOR

PAPA,
Hemos escuchado la radio esta mañana y han dicho en la información meteorológica que va a llover a mares, así que no vamos a salir de excursión y hemos ido a casa de Gloria a jugar al "trivial".
MARIO Y TERE

Hemos comprado una buena radio para la abuela porque aunque no ve mucho y ya la televisión no le sirve para nada, oye muy bien. La hemos enviado pero no la ha recibido todavía.
Elena

Mamá: he salido porque he olvidado el radio-casette en casa de Ernesto, y he vuelto con María a recogerlo. Lo siento mucho......
Teresa.

Hemos salido a comprar pilas para la radio. Felipe.

Hemos escuchado el programa. Gracias por recomendarlo.
Juan y Begoña

P ORAL/ESCRITO

¿Quién?/¿Quiénes?
1   ¿Quién ha ido a Correos?
2   ¿Quién ha ido a la casa de un amigo?
3   ¿Quién no ha visto la televisión últimamente?
4   ¿Quiénes han escrito agradeciendo a otra persona?
5   ¿Quién ha ido a la tienda?
6   ¿Quiénes han cambiado de planes?
7   ¿Quiénes no han podido escuchar la radio hoy?
8   ¿Quién ha comprado un regalo?
9   ¿Quiénes han ido a la casa de una amiga?
10 ¿Quién ha cambiado la programación?

Q RADIO:CON TU COMPAÑERO/A

1   ¿Tienes radio?
2   ¿Te gusta la radio?
3   ¿Qué prefieres la radio o la televisión?
4   ¿Qué emisora te gusta?
5   ¿Cuándo escuchas la radio?
6   ¿Cuántas horas al día?
7   ¿Crees que las emisoras inglesas son buenas?
8   ¿Qué programas tiene tu emisora preferida?
9   ¿Qué programas te gustan?
10 ¿Es popular la radio entre tus amigos/as?

Aprende 72

-IR   RADICAL-CHANGING VERBS
Pedir(i)   *to ask for*

present		*past*
pido	estoy pidiendo	pedí
pides		pediste
pide		pidió
pedimos		pedimos
pedís		pedisteis
piden		pidieron

Similarly:
servir	*to serve*
repetir	*to repeat*
impedir	*to prevent*
vestir(se)	*to dress (oneself)*
reír	*to laugh*
seguir	*to follow*
conseguir	*to manage*

NB   **(i)**   Only **-ir** radical verbs change in the past and present continuous.
   (ii)   For **o (ue)** and **e(ie)** see grammar section
   (iii)   decir is an irregular verb, see *Aprende 53*, Book I.

Use *Aprende 72* and the following *Ayuda* to help you with the listening exercises in the LIBRO DE EJERCICIOS.

AYUDA

beneficiar	*to benefit*
opinar	*to think/have an opinion*
perderse(ie)	*to get lost/to miss*
informarse	*to find out*
relajarse	*to relax*
escoger	*to choose*
la forma de vivir	*the way of life*
además	*also, moreover*
por el contrario	*on the other hand*
sus pros y sus contras	*its pros and cons*

Nos piden ir a las urnas por segunda vez

Felipe no nos cuenta lo que ocurrió

No duerme desde hace tres semanas

Un perro-lobo muerde a un bebé

El Barcelona pierde en Liverpool

R   ELIGE

Decide where each situation is taking place.
1   Se vistió y salió.
2   El niño se rió muchísmo
3   Elige la respuesta.
4   ¿Pido la cuenta?
5   ¿Qué le sirvo?
6   ¡No le oigo! Repita, por favor.
7   Siga todo recto
8   Nos impidieron entrar.

a   En la calle
b   Por teléfono.
c   Al salir del cine.
d   En un restaurante después de cenar.
e   En un café.
f   En el estadio.
g   En casa.
h   En «Español Mundial»

LIBRO DE EJERCICIOS   G 📼   H

Juan
«Leo las páginas deportivas del diario y además compro el Marca, que sólo trae deportes.»

Cristina
«Buena, el diario sí. Pero las revistas que se dedican exclusivamente a las vidas de los artistas, las familias reales, los millonarios y las estrellas de «Pop», las odio.»

Marisé

«Leo el diario porque hay que enterarse de lo que está pasando en el mundo. Siempre leo todos los reportajes nacionales e internacionales.»

Trini

«No leo la prensa mucho porque las noticias me deprimen. No quiero deprimirme leyendo detalles de accidentes, de muertos, heridos. . . . Además siempre hay una guerra en algún sitio o un desastre. Me pongo triste cuando leo estas cosas. En la radio y en la tele es lo mismo. Y los crímenes. . . »

---

1 DIVISION

ATHLETIC-ESPAÑOL

SAN MAMES

2 0

Español, muy mal, navegó en la mediocridad durante todo el partido

Athletic puso los goles y poco más

Un penalti dudoso abrió el camino de la victoria a los rojiblancos

ANGEL MORENO
Enviado especial ■ Bilbao

La pregunta que se hace la gente para saber cuál es, actualmente, la tarea de los entrenadores, a cada jornada que pasa tiene una respuesta más clara. La cuestión es conocer si aquellos que se sientan en el banquillo buscan los resultados o que sus equipos jueguen bien. Mayoritariamente, porque en ello les va la cabeza, quieren lo primero. En el caso de Kendall y Clemente, sobre todo el primero, es que no les queda más remedio. Pero si el de Baracaldo ha conseguido, en alguna ocasión, que su Español, en el colmo de la osadía, juegue alguna vez al fútbol, por Bilbao se preguntan cuándo va a convencer totalmente el Athletic de Howard Kendall.

ATHLETIC		ESPAÑOL	
2 Urtubi		**0**	
Uralde			

PUNTOS MARCA

Biurrun	–	N'Kono	1
Ferreira	1	Urquiaga	1
Andrinúa	1	(Losada, 66')	1
Liceranzu	1	Francis	1
Alcorta	1	Iñaqui	0
Gallego	2	Soler	1
Aguirre	1	Zúñiga	0
Elguezábal	1	Zubillaga	0
(Lizarralde, 67')	1	Gallart	0
Urtubi	1	Orejuela	0
Uralde	1	(Lauridsen, 52')	1
Sarabia	1	Valverde	1
(Ayúcar, 72')	1	Pichi Alonso	0

ARBITRO: Calvo Córdova (1). El colegiado castellano-leonés no realizó un mal arbitraje. Sólo queda la duda, para lo que vimos en directo el encuentro, de la señalización del penalti. Mostró tarjeta amarilla a Gallart y Zubillaga.

SAN MAMES, 17,00. Decimoquinta jornada

de Liga, con tarde muy agradable y terreno de juego en buenas condiciones. Más de tres cuartos de entrada. Andrinúa y Zúñiga actuaron de capitanes, y antes de comenzar el partido se le hizo entrega al capitán bilbaíno de un trofeo como jugador más destacado de la pasada campaña. La salida del Español, aplausos generalizados en las gradas. Una ovación que continuó, aunque también se oyeron algunos silbidos, cuando Clemente apareció en el terreno de juego para sentarse en el banquillo.

● PRIMER TIEMPO

5. Remate de cabeza de Aguirre que va a las manos de N'Kono.

7. Centro de Valverde y despeja, sin problemas, Biurrun.

12. Sarabia pasa el balón a Urtubi quien dispara y N'Kono envía a córner.

20. Tarjeta amarilla a Gallart por agarrón a Gallego.

21. Disparo muy desviado de Uralde.

23. Regates continuados de Sarabia, que, al final, pierde la pelota.

31. Disparo muy desviado de Gallart.

32. Tarjeta amarilla a Francis por entrada a

Uralde.

1-0. Jugada dentro del área españolista. Sarabia intenta, repetidamente, el disparo, saliendo rechazado de la pelota en distintas ocasiones por N'Kono y sus defensores visitantes. Finalmente, el colegiado señala penalti, creemos que por supuesta mano de Gallart que estaba en el suelo. Protestas españolas con tarjeta amarilla para Zubillaga. El máximo castigo lo lanza Urtubi, a la izquierda de N'Kono, consiguiendo el primer tanto (35 min.).

46. Contragolpe del Español con balón que llega a Valverde, quien centra retrasado para que Orejuela dispare fuera.

46,15. Fin del primer tiempo.

● SEGUNDO TIEMPO

12. Disparo flojo y fuera de Valverde.

18. Golpe franco a favor del Athletic, lo lanza Elguezábal y el balón sale desviado a córner.

25. Ferreira dispara fuera, al saque de un córner.

2-0. Saque del séptimo córner a favor del Athletic. El balón va al segundo

palo desde donde remata Uralde de cabeza, sin que N'Kono pueda hacer otra cosa más que tocar la pelota antes de que entre dentro de su portería (29 min.)

32. Al saque de un córner, Losada remata con la coronilla y Alcorta despeja cuando Pichi Alonso iba a rematar.

35. El árbitro anula un gol a Losada, por claro fuera de juego del delantero españolista.

39. Falla N'Kono y Uralde remate fuera.

43. Internada de Ayúcar, cuyo centro es despejado finalmente a córner.

44. Uralde, completamente solo, remata de cabeza alto.

47 min. 35 s. Final del segundo tiempo y del partido.

ESTADISTICA	Athletic	Español
Tiros a puerta	2	0
Tiros fuera	3	3
Golpes francos	2	1
Córners	9	6
Faltas cometidas	4	11

UNOS SESENTA INCENDIOS SIMULTÁNEOS SE REGISTRARON EN GALICIA:

Responsables de los servicios forestales gallegos consideran que muchos de los incendios de este fin de semana fueron provocados. El calor y el viento en algunas partes de la región contribuyeron a la expansión rapidísima de las llamas.

S BUSCA

Find the phrases for the following from the story.

they believe	this week end
started on purpose	in some places
the rapid spread	the area
many of the fires	

AYUDA

las fuentes	*sources*
mientras	*while*
la cifra	*number/total*
alcanzar	*to reach*
advertir(ie)	*to warn*
ocurrir	*to take place*

EN GALICIA INCENDIOS

El 80% de los incendios forestales que se producen en Galicia son provocados, según fuentes del Ministerio de Agricultura. En 1986 se registraron 187 incendios forestales, mientras que hasta finales de septiembre de este año la cifra ha alcanzado ya los 192.

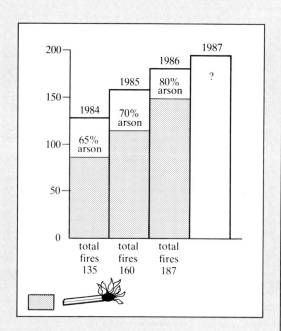

LIBRO DE EJERCICIOS I J

Peligro en un hotel de cinco estrellas

A las tres de la mañana había ciento cincuenta personas en el hotel de lujo que se incendió en el centro de Valencia. Afortunadamente los bomberos llegaron rápidamente y lograron rescatar a la mayoría de los clientes, mientras que los demás salieron sin ayuda.

Diez jubilados de Barcelona fueron los únicos que encontraron dificultad en salir a causa de la posición de sus habitaciones cerca del punto de partida del fuego. Solamente veinte personas quedan en el hospital con heridas sufridas al saltar por las ventanas.

Según fuentes de la policía lo más probable es que la causa fuera un cigarrillo.

AYUDA

afortunada-mente	*fortunately*
lograr	*to manage/succeed*
rescatar	*to rescue*
los demás	*the rest*
la herida	*wound*
herido/a	*injured/injured person*

T Contesta estas preguntas:

1 How many people were in the hotel?
2 Describe the hotel
3 What did the firemen succeed in doing?
4 Who found it difficult to escape and why?
5 What was the probable cause?

6 ¿A qué hora empezó el incendio?
7 ¿Dónde se encuentra el hotel?
8 ¿Cómo salieron los clientes?
9 ¿Cuántas personas quedan en la clínica?
10 ¿Por qué?

1 El «GORDO» entre dieciocho amigos

2 Siete explosiones en Santiago y Valparaíso

3 Choque en el metro de Londres

4 Jóvenes protestantes producen nuevos disturbios

5 Jirafas gemelas

6 Un muerto y veinte heridos en un incendio en la Costa del Sol

7 Accidente de avión en Gran Bretaña

8 Huelgas

9 Más de cinco días mecanografiando sin cesar

10 Una aventura en 'metro'

11 Representante griego herido en el Líbano

12 Sangre en el estadio

13 Talgo vende trenes a Suecia y Méjico

a Un bimotor particular se precipitó contra cables de alta tensión cerca de Oxford.

h Un accidente grave bajo las calles de la capital de Inglaterra.

b Un grupo de una escuela del centro de Barcelona pasó el día estudiando el método de transporte de su cuidad natal. Al terminar todos se reunieron para una gran fiesta.

i La gran compañía de material ferroviario está manteniendo discusiones con varios países europeos y latinoamericanos.

c Más de cinco bombas colocadas en la capital de Chile.

j Un pirómano destroza 35 hectáreas de monte cerca de Ronda (provincia de Málaga) con daño mortal.

d Numerosas protestas en contra de la política del Gobierno. Más de 20,000 obreros dejan su trabajo para salir a la calle.

e Continúa la violencia en Belfast.

k Nació ayer en el parque zoológico de Londres una preciosa pareja de los animales más altos del mundo naturales de los llanos de África.

f Un residente de Nueva Delhi ha batido el record mundial de escritura a máquina. Escribió más de 800,000 caracteres en 123 horas.

l El premio más grande jamás repartido en España. Los amigos, todos de un pueblecito extremeño, han ganado 500 millones de pesetas.

g Un joven aficionado al fútbol cayó víctima de la violencia y fue trasladado a la Clínica de la Paz con heridas bastante graves.

m Según fuentes de la policía las heridas sufridas por el agregado militar del Consulado Griego en Beirut, al hacer frente a sus atracadores, eran leves.

AYUDA

la jirafa	*giraffe*
la huelga	*strike*
escribir a maquina	*to type*
la sangre	*blood*
el Talgo	*Spanish train*
particular	*private*
natal	*where you were born*
colocar	*to place/put in position*
en contra	*against*
el obrero	*workman*
grave	*serious*
el pirómano	*arsonist*
el daño mortal	*loss of life*
el llano	*plain*
jamás	*never*
el/la atracador/a	*attacker*
leve	*light/minor*
el material ferroviario	*railway equipment*
el agregado militar	*military attaché*

U UNE

Match up the headlines with the extra information on each story.

LIBRO DE EJERCICIOS

K L M

CUATRO MILLONES DE PESETAS ROBADOS

Madrid

Cuatro millones de pesetas han sido robados hoy por un grupo de seis atracadores enmascarados que entraron en el Banco de Bilbao poco antes de la hora de cerrar. Armados con fusiles, ataron a los empleados del banco y, sacando los 4.000.000 en el espacio de seis o siete minutos, escaparon en un coche color crema de marca desconocida.

Los dos turistas que sufrieron leves heridas no estaban en el banco cuando entraron los atracadores. Pero al salir el grupo, dos de los ladrones chocaron con dos alemanes de edad bastante avanzada que cayeron al suelo. Después de ser examinados por un médico que acudió a la escena, los turistas han podido volver a su hotel.

AYUDA

enmascarado/a	*masked*
el/la empleado/a	*employee*
atar	*to tie up*
sacar	*to take out*
de marca desconocida	*of unknown make*
acudir	*to rush to*

'RAMBO' EN LA COSTA DEL SOL

Manuel G, de 42 años de edad, fue detenido anteayer por la policía en el parque de atracciones de las afueras de Fuengirola. El detenido, que tuvo que ser reducido por la fuerza, había disparado al menos seis veces con una pistola de aire comprimido en el centro del parque y en medio de una muchedumbre de veraneantes.
Afortunadamente ninguno de los disparos causó daños personales.

Al principio todos creyeron que los tiros provenían de uno de los concursos de fusiles pero la alarma fue dada por una joven que había visto al delincuente salir de los aseos con el arma en la mano. Más tarde la policía comprobó que éste había efectuado dos disparos en los aseos, rompiendo un espejo y algunos de los azulejos.

Según fuentes de la policía, en el piso del susodicho Manuel G. han hallado otra pistola, un machete y dos navajas de grandes dimensiones.

AYUDA

detener	*to arrest*
las afueras	*outskirts*
disparar	*to shoot*
la muche-dumbre	*crowd*
el aseo	*toilet*
comprobar	*to prove/confirm*
el azulejo	*tile*
el machete	*machete/heavy chopping knife*
la navaja	*knife/dagger*

AYUDA

apuñalar	*to stab*
el transeúnte	*passer-by*
el callejón	*alleyway*
la glorieta	*roundabout*
recoger	*to pick up*
el costado	*side*

DOS JÓVENES APUÑALADOS EN MADRID

Ayer noche unos transeúntes hallaron a dos jóvenes apuñalados en un callejón cerca de la glorieta de Atocha. Ambos se hallan en estado muy grave, según informó la policía. Jorge Benavente García, de 18 años de edad, fue ingresado en el hospital Primero de Octubre a las doce y media, con una herida profunda en el abdomen. El otro hombre, sin identificar, de unos veinte años de edad, fue recogido por una pareja algo más tarde, a las dos de la madrugada, en el mismo callejón cerca de la puerta de una discoteca. Tiene una herida sumamente grave en el costado derecho.

AYUDA

el fontanero	*plumber*
la dueña	*owner*
romper(se)	*to break*
la contusión	*bruise*
recuperar	*to recover*

ROBO DE MÁS DE TRES MILLONES DE JOYAS

La Guardia Civil ha detenido a un joven en la localidad de Almería. El detenido, un fontanero de 24 años de edad, había robado unas joyas de un apartamento en el centro de la ciudad. La dueña del apartamento afirmó que el robo ocurrió el martes pasado a una hora en la que normalmente no está en casa pero que en esta ocasión había vuelto temprano a causa de un dolor de cabeza. Entró en su piso, sorprendiendo al joven que saltó por la ventana a toda prisa. Este sufrió numerosas contusiones al caer sobre un árbol y se rompió el brazo izquierdo.

Según la policía se han recuperado todas las joyas robadas, valoradas en más de tres millones.

V Lee y anota

1 What was the crime and where did it happen?
2 When did it take place?
3 Were there any casualties? If so, describe them.
4 Have the police released any further information?

W Coloca los siguientes titulares sobre la correspondiente noticia.

1 ROBO AUDAZ. DOS TURISTAS HERIDOS
2 LA POLICÍA DETIENE AL AUTOR DEL ROBO
3 VIOLENCIA EN LAS CALLES DE MADRID
4 LA POLICÍA DETIENE A UN HOMBRE QUE DISPARÓ SEIS VECES EN UN PARQUE DE ATRACCIONES

X Corrige las frases siguientes:

1a El conductor que encontró a unos jóvenes apuñalados en Madrid los llevó al hospital Primero de Octubre.
b Jorge tiene veinte años.
c El hombre que recibió una herida en el abdomen fue encontrado cerca de la puerta de una discoteca.
2a Los dos turistas estaban cambiando dinero en el banco cuando entró el grupo de ladrones.
b El grupo escapó en un 'SEAT' color crema.
c Los dos turistas franceses tuvieron que quedarse en el hospital.
3a El autor del robo de las joyas es vendedor ambulante.
b Cometió el crimen el jueves pasado.
c La dueña del piso volvió porque había olvidado sus tarjetas de crédito.
4a La policía detuvo ayer a Manuel G. cerca de Málaga.
b Un hombre joven, de unos veinte años, dio la alarma al ver a Manuel salir de los aseos con una navaja en la mano.
c Manuel posee un cuchillo grande.

Y Contesta estas preguntas sobre cada historia:

1 ¿Dónde ocurrió?
2 ¿Cuándo ocurrió?
3 ¿Hubo víctimas? Si las hubo, ¿cuántas?
4 ¿Qué opinó la policía?

Z ESCRIBE

Rewrite these sentences changing the phrases in italics.
1 *Cuando salió* el grupo, dos de los ladrones chocaron con dos turistas *viejos*.
2 Manuel *fue arrestado* por la policía *en las cercanías* de Fuengirola.
3 *La señorita Marina Gijón* dio la alarma.
4 Fue el 14 de agosto y había *muchas personas que estaban de vacaciones*.
5 *Algunas de las personas que andaban por la calle* recogieron al joven herido.
6 La otra víctima estaba en *una calle pequeña*.
7 La policía detuvo a un hombre *cerca* de Almería.
8 Me quedé en casa *porque me dolía la cabeza*.

4

De ahora en adelante

auxiliar de clínica	fontanero/a
auxiliar de vuelo	granjero/a
azafata	mecánico/a
contable	mecanógrafo/a
dependiente/a	peluquero/a
diseñador/a	programador/a
electricista	recepcionista
enfermero/a	soldado

HORÓSCOPO

CAPRICORNIO:
¡Cuidado! No obtendrás lo que
quieres en tu primer empleo.

CANCER:
Aprobarás todos tus exámenes. Irás a
la universidad.

ACUARIO:
Trabajarás para tu familia.

LEO:
Te casarás a mitad de la carrera y
trabajarás en otra ciudad.

PISCIS:
Decidirán tus padres y no tú.

VIRGO:
Tus manos serán muy útiles.

ARIES:
No sabrás qué hacer hasta los veinte
años.

LIBRA:
Dejarás tus estudios pronto pero
volverás a ellos.

TAURO:
Buscarás en tu pueblo pero lo
encontrarás en el extranjero.

ESCORPIO:
No dependerás de nadie. Darás
trabajo a muchos.

GÉMINIS:
Continuarás con tus estudios hasta la
edad de veinticuatro.

SAGITARIO:
No tendrás que trabajar. Lo harás
para matar el tiempo.

Aprende 73

EL FUTURO		
AR- -ER -IR	+ IRREGULAR FUTURES	
trabaja**ré**	salir	saldré, saldrás, etc.
come**rás**	tener	tendré, tendrás,
entra**rá**	poner	pondré, pondrás,
pasa**remos**	venir	vendré, vendrás,
vivi**réis**	saber	sabré, sabrás
decidi**rán**	hacer	haré, harás,
	decir	diré, dirás,

MINISTERIO DE EDUCACIÓN Y CIENCIA

ESCUELA OFICIAL DE IDIOMAS

Helena

«Me gustaría hacer la carrera de mi padre, que es periodista. Creo que los idiomas son muy importantes para el periodismo. »

Maribel

«Mi padre es comerciante y mi madre es ama de casa. Yo pienso estudiar matemáticas en la universidad. »

Las plazas de algunos turnos se agotan pronto. Para horarios concretos, matricúlese enseguida.

INFORMATICA

Estudios: Programador de Ordenadores.
Duración: 3 cursos de 3 meses cada uno.
Materias: Básica, Cobol y Basic.
Horario: Mañana, Tarde y Noche.
Clases: Teóricas y Prácticas.
Un ordenador para cada alumno.

CONTABILIDAD

Estudios: Contable.
Duración: 3 cursos de 3 meses cada uno.
Materias: Elemental, General y Plan Contable Español.
Horario: Mañana, Tarde y Noche.

Eva

«No sé si estudiaré matemáticas como mi padre o física. Una de las dos, algo de ciencias. »

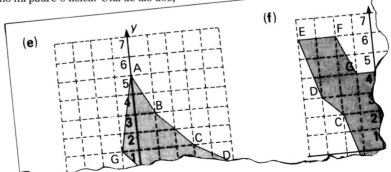

Miguel
«Me gusta mucho la ingeniería y la informática. . . . programación. »

Bruce
«Quiero estudiar ingeniero pero ne tengo claro el tipo de ingeniería. »

C. E. I.

INFORMATICA

Cursos completos de Programación:
BASIC - COBOL - PASCAL
Prácticas con ordenadores desde el primer día, turnos de mañana, tarde y noche.
Cursos Intensivos Sábados.
Profesorado altamente cualificado.

Información e Inscripción:
CENTRO DE ENSEÑANZAS INFORMATICAS, S. L.
SAN BERNARDO, 97-99 - EDIFICIO COLOMINA
(METRO SAN BERNARDO)

GRUPO MULTINACIONAL desea recibir candidaturas de: **INGENIEROS DE CAMINOS**

INTERESADOS, enviar curriculum vitae, teléfono de contacto y fotografía.

INGENIERO QUÍMICO O LICENCIADO EN CIENCIAS QUÍMICAS

Para su fábrica en León
INGENIERO
Con experiencia en técnica frigorista
Dominio del francés e inglés

Javier
«Las asignaturas que tengo que estudiar para esta carrera son matemáticas, economía, contabilidad, derecho e idiomas. Hay posibilidades de trabajar luego, sea en un banco, empresas públicas o privadas o si tienes bastante dinero puedes trabajar por tu cuenta. »

UNIVERSIDAD COMPLUTENSE DE MADRID
RECTIFICACIÓN de la Convocatoria de Plazas Vacantes de Profesores Titulares Interinos para el curso 1987-88 publicadas el día 28 de junio.

ESCUELA UNIVERSITARIA DE ESTUDIOS EMPRESARIALES
Donde dice Departamento de Economía Financiera y Contabilidad (Contabilidad): 6 plazas, debe decir: 5 plazas.

DIRECCION DE EMPRESAS	ESTUDIOS EMPRESARIALES	**MARKETING**
Estudios: Director de Empresas. **Duración:** 3 cursos de 3 meses cada uno. **Materias:** Economía, Organización, Personal, Marketing, Compras, Producción, Administración.		**Estudios:** Técnico en Marketing. **Duración:** 3 cursos de 3 meses cada uno. **Materias:** Mercados, Información, Distribución, Comunicación, Publicidad, Planificación Comercial, Productos, Marcas, Precios, etc.

AYUDA

la informática	*computer studies*
no lo tengo claro	*I'm not sure*
la contabilidad	*accounting*
el derecho	*law*
la empresa	*firm/company*
por tu cuenta	*on your own account*

A LEE

Read the comments about jobs made by Helena, Maribel, Eva, Miguel, Bruce and Javier and decide who might have added the following to their original statements.

1 Tengo un ordenador nuevo en casa.
2 Me gusta la química, y la biología también.
3 Me interesa la contabilidad.
4 No sé, de carreteras, de puentes, . . .
5 Tendré ocasión de viajar.
6 No sé, hay tantas posibilidades. . .

B Y AHORA TÚ

Choose a phrase from each column and imagine what you might like to do in the future.

Column 1	Column 2	Column 3	Column 4
me gusta(n)	la enseñanza	quiero ser	actor/actriz
me gustaría	la medicina	quiero estudiar	médico
me interesa(n)	el teatro	voy a estudiar para	profesor/a
	los coches	quisiera ser	maestro/a
	sacar fotos	voy a hacer la carrera de	fotógrafo/a
	los ordenadores		periodista
	ingeniería		cura/monja
	escribir artículos		dependiente/a
	cocinar		secretario/a
	la religión		programador/a
	trabajar en una tienda		cocinero/a
	escribir a máquina		mecánico
	informática		

C ¿Quién es quién?

Read what the following people say and decide which job each one would like to do.

«Me gustaría trabajar al aire libre en contacto con la tierra y con los animales.»

«Todavía no sé lo que me gusta hacer pero me encanta la moda y me parece que dibujo bastante bien.»

«Siempre he peinado a mi madre, a mis hermanas y a mis amigas de clase, y bien podría seguir con esto.»

«Me gustaría trabajar en un hotel, quizás en la recepción porque me entiendo bien con la gente.»

«Me gustan mucho los deportes y siempre llevo una vida activa. Me apetece hacer algo arriesgado y con bastante acción, con ocasiones para viajar.»

«Me encantan los niños. Bueno, no los niños muy pequeños pero sí los de cinco a diez años. Creo que tengo bastante paciencia.»

«Me gustaría ayudar a la gente, quizás algo relacionado con la medicina.»

«En el instituto siempre me han gustado más las clases prácticas y me gusta mucho trabajar con las manos; arreglar cosas y hacer reparaciones.»

«Todavía no lo he decidido pero mi fuerte son las matemáticas.»

«Me gustaría mucho viajar, sobre todo en avión, y creo que soy bastante independiente.»

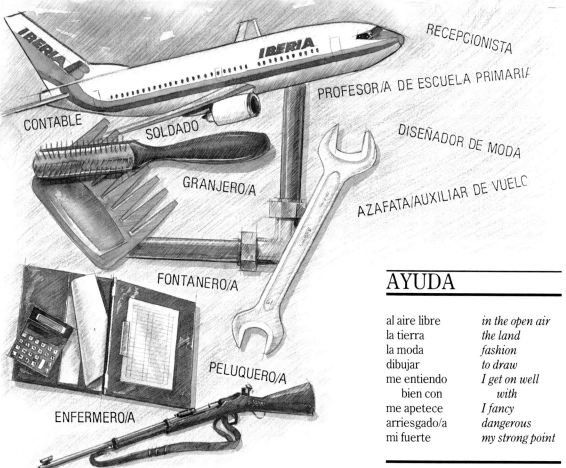

RECEPCIONISTA

PROFESOR/A DE ESCUELA PRIMARIA

CONTABLE

SOLDADO

DISEÑADOR DE MODA

GRANJERO/A

AZAFATA/AUXILIAR DE VUELC

FONTANERO/A

PELUQUERO/A

ENFERMERO/A

AYUDA

al aire libre	*in the open air*
la tierra	*the land*
la moda	*fashion*
dibujar	*to draw*
me entiendo bien con	*I get on well with*
me apetece	*I fancy*
arriesgado/a	*dangerous*
mi fuerte	*my strong point*

LIBRO DE EJERCICIOS A B C

Se necesitan 2 carniceros. Con experiencia, edad entre 20 y 26 años. Servicio militar cumplido. Interesados escribir apartado 66, 885 o llamar Tfno. 441 48 28

Necesito camarero/a barra, julio–agosto, buen sueldo, clientela inglesa, buena propina.
Tlfo: 273143 o escribe a Bar Reino Unido, c/Tomás Urquijo. ALICANTE

Buscamos ingenieros de caminos (Area Gran Bilbao) APARTADO DE CORREOS 6.044 DE BILBAO. Referencia: INGENIERO

Gane dinero sin salir de casa. Envíe 60 pts. en sellos y recibirá nuestra revista gratis. Solícitela. APARTADO 1.823 BARCELONA

Pintor: Necesito empapelador, pintor rápido y económico. Llamar 9 noche. Medina. 442 55 82

Se necesita técnico reparador de frigoríficos, Tel. 403 84 48

Peluquería necesita aprendiza. 16 años. Tel. 436 47 95

Necesitamos albañiles, carpinteros y pintores. Tel. 401 45 28

Para cuidar de dos niños de corta edad se requiere NURSE INTERNA Dominio del inglés. Edad 23/40 años. Dispuesta a viajar. Buen salario, más seguros. Enviar "curriculum vitae" y fotografía, al APARTADO DE CORREOS 60. 186 de Madrid.

SOLICITAMOS REPRESENTANTE.

Somos fabricantes de calefacción doméstica, tostadores y aparatos contra insectos. Deberá estar introducido en los sectores del ramo eléctrico y de electrodomésticos. Escribir con referencias a: COMERCIAL DURÁN, S L. Apartado de Correos 34, Alboraya (Valencia)

EMPRESA INMOBILIARIA necesita SECRETARIA con tres años de experiencia en el área administrativo-comercial. Interesados escribir con historial manuscrito y fotografía reciente al Apartado de Correos número 61. 097 de Madrid.

MULTINACIONAL ALEMANA. LÍDER EN LA COMUNIDAD ECONÓMICA EUROPEA necesita 4 mujeres para cubrir puestos en la sección de informática. Edad entre 25 y 30 años. Alto nivel cultural. Capacidad de trabajo y ambición profesional. Dedicación plena. Ingresos del orden de 95.000 pesetas. Teléfonos 431 78 62 y 431 75 19. Señor Puentes

JÓVENES DE 15 A 24 AÑOS CONVOCADAS PLAZAS GUARDIA REAL

Requisitos: Altura mínima exigida, 1,70 metros. Graduado escolar. Obtendrás: Sueldo mensual. Destino en Madrid. Posibilidades de promoción Información en Gran Vía, 68–4 derecha o Apartado de Correos 65.001 Madrid

AYUDA

el apartado de correos	PO Box
ganar	to earn
enviar	to send
gratis	free
solicitar	apply for
el albañil	bricklayer
dispuesto/a	prepared to
la calefacción	heating
el sueldo mensual	monthly salary

D Lee los anuncios del periódico

Write down the box number or the telephone number you would use if you:

1   . . . were trained to look after small children.
2   . . . were a salesman in electrical appliances.
3   . . . wanted work you could do in your own home.
4   . . . were an engineer.
5   . . . were interested in working for a German company.
6   . . . had previously worked in the meat trade.
7   . . . were looking for a summer job where you would meet people.
8   . . . had just left school.
9   . . . wanted to work in North West Spain.
10   . . . were an electrician with training in household appliances.

E *Quite a number of the advertisements are from the capital. List the qualifications or qualities you would need if you were replying to the following box or telephone numbers in Madrid.*

1   60.186 Madrid.
2   61.097 Madrid
3   65.001
4   431 78 62 or 431 75 19
5   442 55 82
6   441 48 28

Concepción

«Anteayer fui a una entrevista en el centro de la cuidad para un trabajo en la oficina de turismo. Como sabes, hablo francés bastante bien y un poco de inglés. Pero el resultado todavía no lo sé. Me han dicho que me llamarán pasado mañana.»

Carmen

«Ayer fui otra vez a la oficina de empleo. Pero no encontré nada. La verdad es que no tengo ningún título y así resulta dificilísimo encontrar trabajo.»

Jorge

«Bueno, ahora mismo estoy en el paro. Llevo ya así cuatro meses y, claro, me gustaría encontrar un trabajo lo antes posible. Antes he trabajado varias veces como camarero o recepcionista pero son trabajos que no abundan mucho donde yo estoy. En verano o, bueno, en Semana Santa también hay bastantes posibilidades pero aquí, donde vivo, muchos de los hoteles y restaurantes cierran durante el invierno ya que llueve mucho y no vienen turistas.»

CAMARERAS (dos) se ofrecen para trabajar en bar, cafeterías. Experiencia y seriedad. Llamar mañanas.
☎ 4769122
RECEPCIONISTA (28 años) mucha experiencia, referencias excelentes. Busco trabajo sept–abril. Llamar después de las 16.00.
☎ Jaime Germán 4153634

Mari Carmen

«Mi marido trabaja en el ejército como especialista en helicópteros y yo trabajo en una oficina de farmacia desde hace varios años. Me gusta mucho mi trabajo y el contacto con los clientes. Por la mañana traigo a la niña conmigo a la farmacia, y por la tarde se queda en casa de mi madre que vive muy cerca. Pienso pedir un año de excedencia, es decir un año sin trabajar, para quedarme en casa cuidando de la niña porque creo que me necesita mucho y a la vez a mi también me apetece.»

Ana

«Mis padres tienen un restaurante en la costa y estoy con ellos todo el verano y llevo la contabilidad.»

«También doy clases de ballet y de jazz. Me encanta todo tipo de baile y realmente me gusta enseñar.»

«Me gustaría hacer relaciones públicas o turismo porque me gusta mucho la relación con el público. Me llevo muy bien con la gente y luego también me gustan mucho los idiomas. Siempre me ha gustado la traducción. Pero ser traductora es muy difícil. Yo tengo una amiga que es traductora y está ganando un sueldo impresionante pero hay que conocer la lengua perfectamente.»

«Creo que trabajando es como más aprendes. Hay una posibilidad de trabajo de verano en unas oficinas en el delta del Ebro. Hay un parque natural allí. Quisiera un poco de experiencia en ese campo para ayudarme luego a encontrar un trabajo más serio.»

AYUDA

pasado mañana	*the day after tomorrow*
la oficina de empleo	*employment office*
el título	*degree*
llevo 4 meses	*I have been 4 months*
así	*so*
La Semana Santa	*Holy Week (up to and including the Easter weekend)*
ya que	*since/because*
traer (traigo)	*to bring*
es decir	*that is to say*
impresionante	*impressive*
delta del Ebro	*delta of the (river) Ebro*
el campo	*field*

CENTRO INTERNACIONAL DE BAILE

- JAZZ
- CLÁSICO
- ESPAÑOL

Cambia de vida
¡¡ Inscríbete mañana !!

TORTOSA

VINAROZ

EL DELTA DEL EBRO

LEE Y CONTESTA
Read what the people have to say about their work, and their future plans.

F Concepción

She has just applied for a job. Give the time, place, job applied for, her qualifications and when she expects to have a decision.

G Carmen

a Why does Carmen think that she is having difficulty in finding work?
b How do we know that she has been to the employment office before?

H Jorge

a Why is Jorge now without a job?
b What kind of work has he done before?
c How long is it since he last worked?
d When is there a better chance of finding his kind of work?

I Mari Carmen

a What jobs do Mari Carmen and her husband have?
b Why does she like her job?
c Who comes with her in the mornings?
d What are the arrangements for the afternoons?
e What are her plans for the near future and why?

J Ana

a How does Ana help her parents during the summer?
b Why does she enjoy giving ballet and jazz lessons?
c Why does she think she is suited to public relations or tourism?
d What does she think about being a translator?
e What possibilities are there for summer and how will this help her in the future?

K COMPLETA

Complete these sentences with a phrase of your choice.
1 Mi asignatura preferida. . .
2 Llevo cinco años estudiando. . .
3 Quisiera ser. . .
4 No sé si quiero ser. . .
5 Quiero trabajar por mi cuenta porque. . .
6 Los estudios son importantes porque. . .
7 Como trabajo de verano me gustaría. . .
8 Decidiré. . .

LIBRO DE EJERCICIOS D 📼 E F G

COTOS NACIONALES				
Nombre	Región	Provincia	Superficie Ha.	Especies principales
Cazorla-Segura	Mediterránea	Jaén	76.448	Ciervo, gamo, cabra montés, muflón, jabalí
Ezcaray	Central	Logroño	18.070	Ciervo, corzo, jabalí
Reres	Cantábrica	Oviedo	14.227	Corzo, rebeco, jabalí
Contadero-Selladores	Mediterránea	Jaén	8.655	Ciervo, jabalí
La Pata del Caballo	Mediterránea	Huelva	6.911	Ciervo, jabalí
Quintos de Mora	Central	Toledo	6.864	Ciervo, jabalí, gamo
Quinto-Real	Pirenaica	Navarra	5.982	Ciervo, jabalí
Garcipollera	Pirenaica	Huesca	5.637	Ciervo, jabalí
Peñas Negrillas	Central	Ciudad Real	2.494	Ciervo, jabalí
Delta del Ebro	Mediterránea	Tarragona	1.227	Aves acuáticas

Necesito camarero/a barra, julio– agosto, buen sueldo, clientela inglesa, buena propina.
Tlfo: 273143 o escribe a Bar Reino Unido, c/ Tomás Urquijo.
ALICANTE

AYUDA

la lengua	language
el alojamiento	place to stay/ lodgings
encargarse de	to take charge of
manejar	to handle
llevar la caja	to man the till
defenderse en	to get by in (a language)
los gastos	expenses

Birmingham, 24 de mayo 1988

Estimado Sr:

Le escribo porque leí su anuncio en el diario del lunes en el que busca un camarero de barra. Soy un chico inglés de diecisiete años y como estoy estudiando español en el instituto quisiera pasar dos meses en España practicando la lengua.

Tengo tíos que tienen una casa en Alicante así que no tengo problemas de alojamiento. Aquí en mi instituto cuando organizamos bailes yo mismo me encargo siempre del bar, ya que mis padres tienen un pub, y sé muy bien a lo que voy. Creo que soy simpático, sé manejar el dinero y llevar la caja, y claro que hablo inglés y sé defenderme en español. Con el sueldo y la propina tendré para mis gastos.

Si no le causa ninguna molestia pienso llamar por teléfono la semana que viene y espero que su respuesta sea positiva.

Quedo muy agradecido

Le saluda atentamente,

John Baker

John Baker

L Lee la carta de John y contesta las preguntas

1 What job is John applying for?
2 How does he know about it?
3 How old is he?
4 What is his main reason for wanting a job in Spain?
5 Where does he plan to stay?
6 What experience does he have that will be useful to him?
7 What does he say about the level of his Spanish?
8 How does he expect to find out if he has the job?

M ORAL/ESCRITO

1 ¿Dónde vive John Baker?
2 ¿En qué ciudad viven sus tíos?
3 ¿Cuántos años tiene?
4 ¿Cuánto tiempo quiere quedarse en España?
5 ¿Qué estudia en el instituto?
6 ¿Dónde trabajan sus padres?
7 ¿Qué idiomas habla?
8 ¿Cómo describe John su propio carácter?

Cuesta de la Playa, 17
BENIDORM
17 de Mayo de 1988

Muy Sr. mío:

Me interesa mucho el puesto de camarero de barra que ofrece ud. en el Bar Reino Unido. Tengo tres años de experiencia de camarero de mesa en un restaurante en Benidorm pero como vivo en Alicante quisiera trabajar allí. Tengo treinta y ocho años y estoy casado con dos hijas. Comprendo el inglés bastante bien.

Le saluda atentamente,

Esteban Pelayo

Avenida de América 18, Alicante, 18 de mayo

Estimado Sr:

Quiero solicitar el puesto de camarera de barra que se anunció ayer en el diario. Tengo veintitrés años y llevo cinco años trabajando en el Bar Guatemala, pero no obstante quisiera trabajar en su local durante los dos meses de verano antes de irme a Toronto en septiembre.

Como mi marido es canadiense domino el inglés bastante bien.

El propietario del Bar Guatemala, estoy segura, le dará buenas referencias de mí.

Espero su respuesta y quedo a su disposición,

Marisol Hughes

Marisol Hughes

AYUDA

no obstante	*nonetheless*

N ¿VERDADERO O FALSO?

Sr. Pelayo. . .
quiere trabajar en el Bar Reino Unido.
prefiere trabajar en Alicante.
vive en Alicante.
vive en Benidorm.
prefiere trabajar en Benidorm.
tiene más de 40 años.
tiene menos de 40 años.
entiende bien el inglés.
tiene experiencia como camarero de barra.
trabaja ahora en un bar.

O Lee la carta de Marisol e infórmate de

— the date the ad. appeared
— the age of the applicant
— her relevant experience
— the length of time she wishes to work
— the reasons she gives for speaking English
— who will vouch for her

P *Sr. Cortes finds it rather difficult to decide which applicant to give the job to and ends up by making a list of some of the points made in their letters. Reread what they wrote and finish listing the points that he jotted down below.*

Por ejemplo:

> John Baker
>
> solamente quiere trabajar durante el verano

Now do the rest for him

> habla inglés muy bien
> tiene que mantener a su familia
> necesita el trabajo más que los otros
> necesita el trabajo para sus estudios
> tiene buenas referencias
> no es muy joven
> no tiene problemas de alojamiento
> conoce mejor a los ingleses

LIBRO DE EJERCICIOS ⟩ H 📼 I

Conchita

«Soy guía turística y llevo cinco años en esta profesión. Aunque sigo bastante contenta con lo que hago, hay días en que acabo muy cansada. Por ejemplo, este año estoy en una compañía internacional así que paso un día en Amsterdam, otro día en Copenhague, otro día en París y cada 'tour' dura dos semanas. Siempre me ha gustado ver otros países y conocer a otra gente pero claro, después de unas cuantas visitas ya te conoces de memoria los hoteles, los sitios turísticos, los datos históricos y en este tipo de viajes en autocar no hay mucha posibilidad de cambiar de itinerario. Por otra parte, pueden presentarse muchos problemas y la guía es la que tiene que solucionarlos. Por ejemplo, enfermedades, pérdidas de equipaje o de dinero, disputas en el grupo. Todo tengo que arreglarlo yo. Voy a seguir como guía durante unos años más y después me gustaría trabajar en una agencia de viajes en mi cuidad natal, Valladolid. »

Q Lee lo que nos cuenta Conchita

Read what Conchita says and list as many reasons as you can why she does not intend to be a tourist guide for very much longer.

AYUDA

acabo	*I finish up*
los datos	*facts*
la pérdida	*loss*
el equipaje	*luggage*
mi ciudad natal	*the city I was born in*

R ESCRIBE

Read the advertisement and apply for the job by writing out the letter opposite and filling in the details about yourself.

VERANO '89

Necesitamos chico o chica inglés/a cuatro tardes por semana en recepción de camping británico. Escriba a Camping Británico, Ayamonte.

Necesitamos británicos/as jóvenes como guías en la catedral de Sevilla durante Expo '92.

Estimado _____:

Soy _____ y estaré en _____ durante los meses de _____ y agosto. Quisiera _____ en el Camping Británico. Hablo _____ y un poco de _____. Tengo _____ años y _____ honesto/a y serio/a.

Como no trabajaré por la _____ quisiera ir a clases de _____.

Le saluda atentamente,

_____

S ESCRIBE

Apply for the above summer jobs for guides giving your age, nationality, level of Spanish, history and art grades. Say that you have references.

Aprende 74

ir a pensar querer quisiera tener la intención de me gustaría	*all take the infinitive and express actions in the future or the intention of doing something*
voy a levantarme pienso volver	*I'm going to get up* *I'm thinking of coming back*
quiero visitar	*I want to/plan to/propose to/intend to/visit*
quisiera visitar me gustaría visitar	*I would like to visit*
tengo la intención de hacerlo	*I intend to/mean to/do it.*

LIBRO DE EJERCICIOS J K L M

5

Problemas

🎧 LEE Y ESCUCHA

Listen, read and answer the questions

1 Azafata
«Señores pasajeros: Sentimos mucho informarles que vamos a aterrizar en Caracas con una hora de retraso.»

2 El Sr. Salinas
«Disculpe, señora, pero yo ya llevo 20 minutos en la cola y estoy antes que usted.»

3 Dolores
«Sí, Ricardo, ya sé que tienes las entradas pero mis padres no me dejan salir tan tarde. No hay manera. Lo siento.»

4 La Sra. de Salinas
«Tienes que permanecer en cama todo el fin de semana. Tienes gripe, Carlos, dolor de garganta y hasta que no vayas al médico el lunes no puedes levantarte.»

5 Dependiente
«No, lo siento, El País no me queda ni uno, el último lo vendí hace cinco minutos. ¿Desea usted otro periódico?»

PROMOTORA DE INFORMACIONES, SOCIEDAD ANÓNIMA (PRISA)

PRESIDENTE DE HONOR
José Ortega Spottorno

PRESIDENTE
Jesús de Polanco

DIRECTORES GENERALES
Javier Baviano y Juan Luis Cebrián

AYUDA

aterrizar	*to land*
disculpar	*to forgive*
la cola	*queue*
sentir(ie)	*to be sorry*
permanecer	*to stay*
la gripe	*flu*
la garganta	*throat*
el carril	*lane*
devolver	*to return something*
la cafetera	*coffee pot*
¡Ay, qué desastre!	*Oh, what a disaster!*
la piel	*skin*
quemar(se)	*to get (sun)burnt*
te falta	*you need*
el reposo	*rest*
la pérdida	*loss*
fracasar	*to fall through*
el riesgo	*risk*

6   Policía
«¿Qué ha pasado?»
Es un accidente múltiple. Son seis coches en este mismo carril. Las autopistas por aquí suelen ser muy peligrosas. Ya llega la ambulancia.»

7   El Sr. Gómez
«Es que quiero devolver la cafetera. Cuando llegué a casa ya no funcionaba y no quiero otra. Lo que quiero es que me devuelvan el dinero.»

8   Isabel
«Me han robado el bolso con el pasaporte, el dinero, los cheques de viaje, las llaves y una botella de perfume que tenía sin empezar. ¡Ay, Dios mío, qué desastre!»

9   La Sra. Gómez
«Es que llevamos dos noches sin dormir. Sus hijos están hasta las tres de la madrugada con esa música infernal a todo volumen.»

10   Teresa
«No puedo moverme. Me he quemado mucho. Creo que estar tantas horas bajo ese sol ha sido una estupidez.»

A   LEE Y DECIDE:

Which of the preceding statements
1   is about being at the beach?
2   takes place at the lost property office?
3   is said to a neighbour?
4   takes place at the ticket office?
5   is said in an aeroplane?
6   is said at home?
7   is said at a newsagents?
8   is said to another driver?
9   is said at a department store?
10   is said on the telephone?

B *Where might the following have been said? Refer to* **A**

a «Mi marido y yo tenemos que empezar a trabajar a las ocho de la mañana.»

b «Hay tres heridos, bastante graves.»

c «No, no importa. Me llevaré una revista.»

d «Hay una tormenta muy fuerte en las cercanías del aeropuerto.»

e «Hay mucha corriente en la casa y vas a empeorar. En tu habitación estás más abrigado.»

f «A la sesión de tarde siempre es más fácil.»

g «Quedan muy pocas entradas y no voy a ser yo quien se quede fuera.»

h «No me di cuenta hasta el momento en que bajé del autobús.»

i «Quiero broncearme pero no tengo mucho cuidado.»

j «La compraré en otros almacenes.»

> LIBRO DE EJERCICIOS A B

C ESCRIBE EN ESPAÑOL:

1 I am very sorry.
2 We are very sorry.
3 An hour's delay.
4 5 minutes ago.
5 I have been here for 5 minutes.
6 It doesn't matter.
7 It doesn't work.
8 I want to return the coffee pot.
9 The queue.
10 Tickets. (cinema)

AYUDA

las cercanías	*in the vicinity of*
dar(se) cuenta de	*to realise*
broncear(se)	*to get a tan*
corriente	*draught*
abrigado/a	*warm/wrapped up*

D ESCUCHA Y ELIGE EL DIBUJO:

1 Your mother phones you to ask you to go along to the «Oficina de objetos perdidos» where you are shown 4 bags. Identify which one belongs to her.

a  **b**

2 What exactly happened?

a **b**

3 Jorge has got in a muddle. Identify the collection of clothes he is returning to «Galerías Preciados»

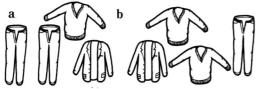

4 Ana hopes to buy a copy of 'Twenty', what kind of magazine is it?

a **b**

5 You are hoping to play tennis with your friend. Why don't you?

a **b**

6 How long have you got to wait for your aunt arriving from Montevideo?

		Llegada	Retraso
a	IB972	14.50	90 minutos
b		Llegada 14.50	Retraso 20 minutos

7 When can you go to the cinema?

	TARDE a las 7	NOCHE a las 10.15
a	LLENO	HAY ENTRADAS
b	HAY ENTRADAS	HAY ENTRADAS

E ESCUCHA

Me gusta McDonald's™

Carmen ha quedado con Pablo en la entrada del metro de Callao. Es sábado y son las siete de la tarde.

Carmen	—Hola Pablo. ¿Qué tal? ¿Qué hay de nuevo?
Pablo	—Regular, regular, como siempre.
Carmen	—Estoy un poco cansada hoy. ¿Adónde quieres ir?
Pablo	—No sé. ¿Qué quieres hacer tú?
Carmen	—Primero quiero ir a Macdonalds a cenar y después quiero ir al cine.
Pablo	—Mira, cuidado, Carmen, yo no soy millonario. Sólo tengo setecientas pesetas.
Carmen	—Entonces no quiero salir contigo. Me voy a casa. Adiós.
Pablo	—Bueno, espera un momento, creo que tengo mil pesetas en el otro bolsillo.
Carmen	—¡Vale! Me quedo. Vamos a Macdonalds, que tengo mucha hambre.

Metro

Callao

Gratis un refresco o una cerveza (mediano) al comprar una hamburguesa con queso. Válido del 8 al 28 de febrero de 1987 en todos los restaurantes McDonald's™ de Madrid y La Coruña. Sólo un cupón por pedido. No válido con ninguna otra oferta.

¡GRATIS!

Gratis unas patatas grandes al comprar una doble hamburguesa con queso. Válido del 8 al 28 de febrero de 1987 en todos los restaurantes McDonald's™ de Madrid y La Coruña. Sólo un cupón por pedido. No válido con ninguna otra oferta.

¡GRATIS!

Entran en Macdonalds. Carmen toma tres hamburguesas, un batido de chocolate y dos naranjadas. Pablo no come nada pero paga mil pesetas.

Pablo	—Bueno, vamos a la discoteca. Conozco una donde hay mucho ambiente y no está muy lejos.
Carmen	—¡Ni hablar! Lo siento, Pablo, pero yo tengo novio y no puedo ir a bailar contigo. El está trabajando esta noche y no puede salir conmigo. Pero al cine sí voy.
Pablo	—Entonces, adiós. ¡No estoy loco! ¿Crees que soy idiota? Ve mañana con tu novio. Me voy. Adiós.

ESCUCHA, LEE Y ESCRIBE

Listen again to the conversation between Carmen and Pablo and then read what they said and use it to help you write the Spanish for the following:

at the tube entrance	a milk shake	it's Sunday
as usual	I think I have	I'm a little tired
I know a discotheque	How are things?	It's not far
I'm not crazy	I have a date	I only have
wait a moment	I'm sorry	Where do you want to go?
careful	What's new?	What do you want to do?
first of all	tonight	I don't know
I'm off!	Fine, I'll stay	I don't eat anything
I can't go	let's go	I'm very hungry

Miguel

«A veces voy al médico, pero nada serio, problemas de garganta.»

Maribel

«Nunca he estado en un hospital, bueno, solamente en la sala de espera.»

Bruce

«Estuve quince días en una clínica. Lo pasé muy mal . . . . . una mala experiencia . . . . no quiero volver otra vez a los hospitales.»

Eva

«Nunca he estado en el hospital. Generalmente voy al médico, pues . . . constipados, no mucho. Una vez me torcí un tobillo, pero nunca nada grave.»

Helena

«He estado una vez tres semanas en el hospital, porque tenía sinusitis y no me ha gustado mucho.»

Trini

«Siento un poco de miedo, un poco de pena, de tristeza hacia los hospitales. Al dentista tengo que ir por necesidad. Me da bastante miedo pero suelo ir porque no tengo más remedio.»

Marisé

«No he estado nunca hospitalizada. He estado en hospitales por motivos de visitas a alguien, o como tengo un hermano que es cirujano y una hermana que es enfermera he ido para hablar con ellos, pero nada más, afortunadamente.

Los dentistas son los seres más temidos por mí. Me pongo nerviosísima. Tengo un miedo terrible.»

SE RUEGA
NO
FUMAR

CRUZ ROJA ESPAÑOLA

Madrid

María José

«Me quitaron las anginas de pequeña. Sólo estuve un par de horas en el hospital. Ir al dentista no me hace mucha gracia. En Granada hay buenos dentistas pero caros. En general ir a los médicos es algo desagradable porque todo lo que no se controla produce un poco de miedo.»

PREVISION = CENTRO DE SALUD

AYUDA

la clínica	*hospital*
torcer	*to twist*
el tobillo	*ankle*
el miedo	*fear*
no tener más remedio	*to have no other option*
las anginas	*tonsils*
no me hace mucha gracia	*I don't particularly enjoy*
no me hace ninguna gracia	*I don't like it at all*

F COMPLETA:

¿Quién?/¿Quiénes?
1 . . .finds dentists are too expensive?
2 . . .goes to the doctor for colds and once twisted her ankle?
3 . . .feels fear and sadness towards hospitals?
4 . . .had a very unpleasant time in hospital?
5 . . .has only been in the waiting room?
6 . . .had her tonsils out as a child?
7 . . .has relations in the medical world?

G TERMINA

Complete or amend the statements below about yourself and hospitals etc.
1 No me gustan los hospitales porque _____.
2 He estado en el hospital _____.
3 Me quitaron las anginas cuando tenía _____ años.
4 Voy al dentista _____ vez/veces al año.
5 Voy al médico cuando _____.
6 Voy al dentista cuando _____ dolor de muelas.
7 No me hace mucha gracia _____.
8 Cuando estoy enfermo/a no puedo _____.(infin.)
9 Cuando estoy constipado/a _____.
10 Suelo estar enfermo/a _____.

H ORAL/ESCRITO

1 ¿Has estado alguna vez en el hospital? ¿Durante cuánto tiempo?
2 ¿Vas muchas veces al médico?
3 ¿Cuántas veces al año vas al dentista?
4 ¿Tienes miedo de ir al dentista?
5 ¿Te gustaría ser médico o dentista?

La Higiene Dental

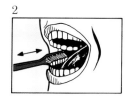

Aprende 75

RECUERDA

 yo = *I*

 tú = *you (s)*

 él/ella = *he/she*

 nosotros/as = *we*

 vosotros/as = *you (pl)*

ellos/ellas = *they*

IMPERFECT

AR	ER/IR	IR	SER
habl**aba**	beb**ía**	iba	era
compr**abas**	ten**ías**	ibas	eras
lleg**aba**	com**ía**	iba	era
nad**ábamos**	sal**íamos**	íbamos	éramos
and**abais**	sub**íais**	ibais	erais
pag**aban**	ped**ían**	iban	eran

Also

Estar +	-ando (-AR)	-iendo (-AR/IR)
estaba	comprando	comiendo
estabas	tratando	construyendo
estaba	nevando	lloviendo
estábamos	pensando	escribiendo
estabais	bailando	corriendo
estaban	hablando	leyendo

Jugaba al fútbol todos los días.
I used to play football every day.
Bajaba por la calle cuando vi a mi tío.
I was going down the road when I saw my uncle.
Mis abuelos no tenían mucho dinero.
My grandparents didn't have much money.

NB **(i)** había *there was/were*
(ii) veía, veías, veía . . . . . . VER keeps the 'e'
(iii) veía bien la carretera can mean *I/he/she could see the road well*

ENCARNACIÓN

Cuando yo **estaba haciendo** los exámenes mi madre **estaba** bastante enferma.
Mi hermana y yo **íbamos** todos los días a la clínica.
Como la clínica **estaba** en el centro **teníamos** que coger un autobús y luego el metro.
La hora de visita **era** de seis a ocho, así que **salíamos** de casa a las cuatro, con dos horas de antelación.
Si **podía**, **intentaba** hablar con el especialista todos los días.
Cuando nos **veía** mi madre se **alegraba** mucho aunque **estaba** muy molesta y **sufría** bastante.
Pasábamos dos horas charlando y ella no **hacía** más que preocuparse por nosotras.
Pero, poco a poco, **nos dábamos cuenta de** que **estaba** mejorando.
Yo no **estaba** bien preparada para mis exámenes.
Esas mañanas **eran** desastrosas.
Gracias a Dios, después de cuatro meses, volvió a casa mamá y ahora se ha recuperado totalmente.

AYUDA

de antelación	*early*
intentar	*to try*
alegrar(se)	*to be glad*
preocupar(se)	*to worry*

▌ Lee lo que nos cuenta Encarnación y contesta

1 What did Encarnación's mother's illness coincide with?
2 How did she and her sister ensure that they arrived to hospital on time?
3 Did the daughters have any contact with the medical staff at the hospital?
4 How did the mother react to their visits?
5 What did they notice?
6 What effect did all this have on Encarnación?
7 How are things at present?
8 Find two words in the passage which tell you that Encarnación went with a *sister* to hospital?

Aprende 76

hay → había	Hay 5 personas.	Había 5 personas.
está → estaba	¿Dónde está?	¿Dónde estaba?
es → era	Es la una.	Era la una.
son → eran	Son las dos.	Eran las dos.
hace → hacía	Hace calor.	Hacía 2 años.
tengo + tiene → tenía	Tengo 8 años.	Tenía 6 años.
puedo + puede → podía	Puedo salir.	No podía salir.
sé + sabe → sabía	No lo sé.	No lo sabía.

J ESCRIBE

Write about the pictures in the past.

Ejemplo:

Ayer hacía mucho calor.

1.000.000 ptas.

LIBRO DE EJERCICIOS ⟩ C D E

EN LA FARMACIA

Farmacéutico	—Buenas tardes, señora ¿En qué puedo ayudarle?
Señora	—Tengo fiebre, me duele la garganta, y a veces siento frío.
Farmacéutico	—Bueno aquí tiene usted estas pastillas y dentro de dos días se encontrará mejor.
Señora	—¿Cuántas tengo que tomar al día? ¿Y cuándo?
Farmacéutico	—Una cada cuatro horas, pero no más de seis al día. Y si la fiebre no baja consulte usted a su médico. Son quinientas veinte pesetas.
Chico	—¿Tiene usted algo para el dolor de estómago?
Farmacéutico	—¡A ver! ¿Qué te pasa?
Chico	—Me duele mucho el estómago. A veces me parece que voy a vomitar. Además no tengo ganas de comer nada.
Farmacéutico	—Bueno, bueno. Te vamos a dar unas pastillas que. . . . .
Chico	—Prefiero un jarabe. . . . . .no me gustan las pastillas. No las puedo tragar.
Farmacéutico	—No hay ningún problema. Mira, este jarabe tienes que tomarlo tres veces al día. Dos cucharitas a las horas de las comidas. Te volverá el apetito y te sentirás mejor.
Chico	—Gracias. ¿Cuánto es?
Farmacéutico	—Son trescientas noventa.

K Lee las conversaciones y escribe

Read the conversations in the chemist and find the Spanish for the following. Arrange them into columns for Cliente 1 and Cliente 2.

see your doctor   it's 390 pesetas   I feel cold   I don't feel like taking pills   I don't like pills   How many do I have to take?   you will feel better   I have a sore throat   I prefer a syrup   Three times a day   your appetite will come back   two teaspoons   to vomit   one every four hours   no more than four   I can't swallow   I have a temperature   It's 520 ptas.   stomache-ache   you will feel better

ANGILEPTOL

Grageas de absorción bucofaríngea

PROPIEDADES:

ANGILEPTOL grageas complementa la acción antiinfecciosa de la asociación antibiótico-sulfamida, de excelentes resultados en los procesos amigdalares, con la acción antiinflamatoria de la enoxolona, la cual actúa a su vez como protector de la mucosa bucal, y la acción sedante producida por la benzocaína, suprimiendo las molestias ocasionadas por la irritación local.

COMPOSICION:

Cada gragea contiene:

Tirotricina (D.C.I.)	1 mg.
Enoxolona (D.C.I.)	3 mg.
Sulfaguanidina (D.C.I.)	50 mg.
Benzocaína (D.C.I.)	4 mg.
Sacarina sódica	3 mg.
Excipiente	c. s.

INDICACIONES:

Infecciones del anillo linfático de Waldeyer en su forma inicial (enfriamiento, catarro, laringitis, tos y afonía); como preventivo en contagios de catarro, gripe y anginas, cambios bruscos de temperatura, irritación tabáquica, aftas y ulceraciones bucales, etc. Especialmente indicado en personas que tienen que hablar mucho.

DOSIFICACION:

ADULTOS: Una gragea cada 2-3 horas, dejándola desleir lentamente en la boca.
NIÑOS: Una gragea cada 4-5 horas.

CONTRAINDICACIONES:

No tiene.

ASPIRINA®-C

712729-E.F.P. **X**

10 comprimidos efervescentes
con vitamina C

BAYER

Redoxon® Efervescente
ROCHE
Vitamina C (ácido ascórbico)

¡ QUÉ MORENA ESTÁS !

Ahora estoy morenita todo el año con un nuevo producto. Es una estupenda leche autobronceadora.
¡No necesito el sol!
¡Nunca me quemo la piel!
¡Nunca se producen arrugas!
¡Estoy morena sin problemas!

De venta exclusiva en farmacias

CUIDADO: Este producto no ofrece ninguna protección contra los rayos del sol. Utilícese bronceador normal al mismo tiempo.

L LEE Y CONTESTA

1 What is being advertised?
2 Where can you buy it?
3 The product claims to prevent wrinkled skin. What other two advantages does it have?
4 What is the only cautionary note?

LIBRO DE EJERCICIOS > F G

NI DUERMO NI ANDO ¡AYÚDAME «*TÍA AGONÍA*»!

25 de noviembre

Querida Tía Agonía:

Llevo dos años sin dormir más de tres horas al día. Naturalmente me encuentro cansadísimo durante el día y me doy cuenta ahora de que siempre estoy de mal genio. Mis compañeros de trabajo están perdiendo la paciencia conmigo. El médico me ha recetado pastillas pero cuando las tomo, al siguiente día tengo como mareos. ¿Qué puedo hacer? Tengo veinticinco años y ¡estoy muy preocupado!

José (Melilla)

—Si las pastillas no te ayudan a dormir bien te aconsejo hacer 'jogging' por la mañana y por la tarde también. Una hora antes de acostarte bébete un vaso de leche caliente con una cucharadita de miel y escucha música lenta en la radio

Atentamente

Tía Agonía

17 de diciembre

Querida Tía Agonía:

Gracias por tu consejo. No sé si es la leche con miel o el hecho de que me rompí la pierna la primera mañana que fui a hacer 'jogging'. Ahora estoy todo el día en cama durmiendo.

José (Melilla)

M LEE Y ELIGE

Read the correspondence between José and «Tía Agonía» *and choose the correct information.*

1 José escribió a *«Tía Agonía»* porque
   a   llevaba dos años en cama.
   b   dormía demasiado.
   c   no podía dormir.
2 Durante el día se encontraba
   a   con mucha energía.
   b   con sus compañeros.
   c   de mal humor.
3 Su médico le recetó
   a   un jarabe.
   b   píldoras para dormir.
   c   pastillas para el dolor de cabeza.
4 Cuando tomaba las pastillas sentía mareo
   a   al día siguiente.
   b   en la cama.
   c   en seguida.
5 José está preocupado porque
   a   es joven para tener tales problemas.
   b   pronto cumple veintiséis.
   c   vive en Melilla.

6 *«Tía Agonía»* le aconseja
   a   dormir bien.
   b   bailar el «rock».
   c   correr un poco.
7 También le aconseja
   a   beber leche con una cucharita.
   b   tomar algo caliente con miel.
   c   comprar una radio.
8 José escribe el 17 de diciembre diciendo que
   a   sigue sin poder dormir.
   a   sufrió un accidente.
   c   le encanta hacer «jogging».
9 Fue a hacer «jogging»
   a   una vez.
   b   dos veces.
   a   muchas veces.
10 Ahora está todo el día
   a   corriendo.
   b   acostado.
   c   bebiendo leche con miel.

¿TE ABURRES?
La vida de pueblo
«La vida de pueblo es bastante monótona. No hay mucho que hacer, un poco aburrida, la verdad. Vamos al cine y estamos en la sesión de tarde a lo mejor seis o siete personas. De noche no hay mucha animación. Pero claro, tenemos mucho más tiempo para leer y hablar con la gente, aunque los grupos son muy reducidos. Alcázar de San Juan es muy tranquilo, demasiado tranquilo.»

La vida de capital
«En la capital tienes más opciones. Te puedes dedicar a salir bastante, ir al teatro, ir a exposiciones, ir de compras. Hay más variedad. La gente sale mucho a tomar vinos, cañas. Claro, es todo mucho más caro y necesitas tiempo para ir de un sitio a otro.»

AYUDA

la capital   *not only Madrid, but* capital de provincia

Las Provincias de España

Aprende 77

no hay mucho que hacer	es muy aburrido
no hay nada que hacer	
(no) hay donde ir	es muy tranquilo
se puede salir	es muy interesante
hay mucha vida nocturna	es muy divertido
(no) hay mucha animación	es demasiado pequeño
hay mucha variedad	es muy caro
hay muchas atracciones	es muy barato

N *Make a list of the advantages and disadvantages for both city and small town life from the above.*

a En la capital (no) se puede. . .
    En el pueblo (no) se puede. . .

b Write about where you live, starting with:
    En _____ donde vivo, hay _____.
    Se puede _____.

PELIGRO EN LA CARRETERA

AVISO

Se ruega a las personas que presenciaron el accidente de circulación el pasado día 18, a las cuatro y cuarto de la madrugada en la M-30 frente a la fábrica Ayalon, S.A. lo comuniquen por favor al teléfono 5711038.

CUATRO HERIDOS EN LA M-30

Cuatro personas resultaron heridas ayer de madrugada en una colisión de tres vehículos en la M-30. Los heridos son tres viajeros de un coche particular y el conductor de un camión. A lo largo de la mañana hubo muchas retenciones debido a que el camión accidentado y uno de los dos coches afectados quedaron cuatro horas atravesados en la calzada.

O LEE Y CONTESTA

1 What is the «Aviso» asking for?
  If you had been a witness which of the statements below would you choose for a written report?
2 **a** Eran las dos y cuarto de la madrugada.
  b Eran más o menos las cuatro de la madrugada.
3 **a** Vi una colisión de dos coches y un camión.
  b Vi una colisión de tres coches y un camión.
4 **a** En un coche hubo cuatro heridos.
  b En uno de los coches no hubo heridos.
5 **a** El camionero y dos personas resultaron heridos.
  b El camionero y todos los viajeros de uno de los coches resultaron heridos.
6 **a** Los tres vehículos quedaron atravesados en la calzada.
  b Dos vehículos quedaron atravesados en la calzada.

P ESCRIBE

Read the following notes made by a reporter talking to eyewitnesses of a crash and use them to write a short report in Spanish.

AYUDA

presenciar	*to witness*
el coche particular	*private car*
la retención	*hold up*
atravesado/a	*across*
atravesar	*to cross*
la calzada	*the carriage-way*

CRASH ON N-3
CAR AND LORRY CRASHED
YESTERDAY AFTERNOON AT 3:30PM
4 PASSENGERS IN CAR,
2 SLIGHTLY HURT, BOTH DRIVERS
ESCAPED WITHOUT INJURY.
ONE HOUR'S HOLD UP ON THE
MOTORWAY.

¿ERES DONANTE?

LLEVA CUATRO MESES ESPERANDO UN TRASPLANTE. RAFA, SIETE AÑOS, NECESITA UN CORAZON

Rafael Pacheco Gómez, un niño de la Provincia de Huesca de siete años de edad, necesita un corazón. Puede morir en muy poco tiempo si no se le realiza un trasplante con toda urgencia.

Rafa, como le llaman en casa, es un niño guapo, rubio, con enormes ojos negros. Es inteligente y le gusta leer. Ahora pasa mucho tiempo escuchando la radio pero apenas habla, apenas sonríe y nunca se ríe. Se cansa el corazón de Rafa con el más mínimo esfuerzo. El corazón de Rafa no le permite reírse.

Rafa, tercer hijo de María Gómez y Miguel Pacheco, lleva casi cinco meses en el hospital Ramón y Cajal, de Madrid. El médico que le atiende nos explica que requiere un trasplante con toda urgencia pero que todavía no han encontrado un corazón que le convenga.

Su abuela, Juanita, nos cuenta con tristeza:
– Es un niño valiente. Nunca se queja. Sabe que está muy enfermo y que necesita un corazón. Llevamos casi cinco meses esperando y esperamos hasta el final. Pero un corazón es la única cosa que puede salvarle la vida.

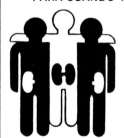

Q Lee la historia de Rafa y contesta las siguientes preguntas:

1 How old is Rafael and what does he look like?

2 What are his interests?

3 How long has he been in hospital and is he in hospital in his home town?

4 What is his medical condition?

5 Give two details that tell us that his condition is extremely serious at present.

6 Is Rafael an only child?

7 Who is Juanita?

8 How is Rafael coping with his condition and does he realise he is seriously ill?

9 Why has he not yet had the operation he needs?

10 From what Juanita says, how optimistic do you think the family is about Rafael's future?

Más de un millar de personas recibirán un trasplante de corazón en 1989.

Deportes, fiestas y costumbres

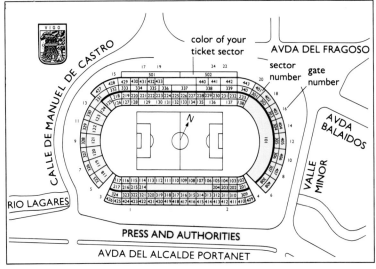

🔊 ¿Dónde vas a pasar las Navidades?

José

«Voy a pasarlas con mis abuelos en Cádiz porque mis padres se van de vacaciones a Italia. »

¿Qué tal el partido?

Carmen

«Muy aburrido. No hubo goles y me fui veinte minutos antes del final. »

Entonces ¿qué? ¿Vamos a la corrida o no?

Ricardo

«He encontrado cuatro entradas de sol. Localidades de sombra no quedaban. »

¿Qué vas a hacer en abril?

Sr. González

«Estas Pascuas quisiera ir a Tierra Santa, porque ya muchas veces he ido a las procesiones de Semana Santa en Sevilla. »

¿Qué tal las fiestas?

Tina

«Me encantan las fiestas de mi pueblo. No es como la feria de Sevilla pero conozco a todo el mundo y lo pasamos muy bien. »

¿Va a comprar usted Lotería de Navidad?

Sr. González

«Claro que sí. Si me toca el gordo ya no trabajo más y entonces seguro que iría a Jerusalén para Semana Santa. »

A ESCUCHA, LEE Y CONTESTA

1   Who left before the end?
2   Who thinks small is beautiful?
3   Who are relying on the elderly to look after the young?
4   Who is tired of the same thing?
5   Who is going to be hotter than he wants to be?
6   Who needs help from Lady Luck?
7   ¿Qué va a hacer José en Cádiz?
8   ¿Que hacía Carmen en el estadio?
9   ¿Por qué compró Ricardo localidades de sol?
10 ¿Para qué iba el Sr. González a Sevilla?
11 ¿Le gusta a Tina la feria de Sevilla?
12 ¿Qué va a hacer el Sr. González si le toca el gordo?

AYUDA

el gol	*goal*
la localidad	*ticket (entertainment)*
Pascuas	*Easter*
Tierra Santa	*The Holy Land*
la procesión	*procession*
la Lotería	*lottery*
si me toca	*if I win*
el gordo	*first prize in lottery*
iría	*I would go*

¿PRACTICAS ALGÚN DEPORTE?

YO ♥ BARCELONA F.C.B.

Miguel
«Practicar practicar . . . no, pero me gusta mucho el atletismo.»

Elena
«Me gustan los deportes pero no me gusta practicarlos. El único que practico es la natación y algunos inviernos el esquí.»

Eva
«Me gusta el baloncesto, el atletismo, el tenis . . . pero salvo el baloncesto, que a veces voy con las amigas a jugar un rato, no suelo practicarlos.»

Maribel
«En verano practico la natación. He ido varios años a recibir clases a una piscina que está cerca de mi casa.»

BALONMANO

FÚTBOL

NATACIÓN

VÓLEIBOL

BALONCESTO

En el Pabellón Municipal de Deportes de la Casilla

SABADO, 7 A LAS 19 HORAS

CAJA BILBAO
C.F. BARCELONA

MEDIO DIA DEL CLUB

VENTA DE LOCALIDADES

Abonados: 600 ptas
Adultos: 1.200 ptas
Niños sentados: 600 ptas
Niños de pie: 300 ptas

TAQUILLAS EN EL PABELLON

Dias: 2.3.4.5 y 6 de 6 a 9.
El dia 7 a partir de las 4 de la tarde.

ABONADOS: Se les reservarán las entradas hasta el dia 5.

CAJA DE AHORROS MUNICIPAL DE BILBAO
BILBAO AURREZKI KUTXA

Ana

«El deporte me relaja muchísimo. En invierno voy al norte de Cataluña los fines de semana a esquiar. Me gusta muchísimo pero cuesta mucho. En verano juego al tenis y hago esquí acuático, que es fascinante. No tengo palabras para explicarlo. También he hecho karate dos años porque me gustaría saber cómo defenderme. Ahora soy cinturón azul.»

Cristina

«En Zaragoza lo que se hace es ir a correr o con la bicicleta a un pinar por la zona del parque y creo que hay gente que va con la moto por los alrededores. También hay un estadio de fútbol. Pero personalmente no me interesan mucho los deportes.»

Javier

«Mientras dura el verano voy a descansar, a dedicarme a practicar los deportes que me gustan como baloncesto, tenis y natación. También saldré más con mis amigos e incluso iré algún tiempo de excursión o a la playa.»

AYUDA

salvo	*apart from*
un rato	*a while*
relajar(se)	*to relax*
costar(ue)	*to cost*
el esquí acuático	*water-skiing*
fascinante	*fascinating*
el pinar	*pine wood*
los alrededores	*surrounding areas*
descansar	*to rest*
más bien	*rather*

B LEE Y CONTESTA

¿Quién? ¿Quienes?

1   ¿Quiénes practican la natación?
2   ¿A quiénes les gusta el atletismo?
3   ¿Quiénes son muy deportistas?
4   ¿Quién está mejorando su estilo en natación?
5   ¿Quiénes juegan en un equipo?
6   ¿Quién es más bien espectador que deportista?
7   ¿Quién practica un deporte que le pueda ser útil si le atacan?
8   ¿A quién le encanta esquiar?
9   ¿Quién no hace ningún deporte?
10 ¿Cuál es el deporte más común entre este grupo?

Aprende 78

(No) me interesa(n)	el golf
No sé nada de	el balonmano
(No) me gusta(n)	el fútbol
Me gusta mucho	el ajedrez
Me gustar jugar a	los toros
Juego mucho a	el baloncesto
No me gusta nada	el ciclismo
No tengo tiempo para	la natación
practicar	
Soy aficionado/a (a)	el atletismo
	el tenis
	el tenis de mesa/ping-pong

Remember [a + el = al] and [de + el = del]

JUGAR (UE)
Present   *Preterite*
juego   [+al + sport]   jugué, jugaste, jugó
Juego mucho **al** tenis

C ORAL/ESCRITO

Say what you feel about the above sports using these expressions.
Say when you last played them.
Jugué al golf hace dos semanas.
Nunca he jugado al baloncesto.

D LEE

Read the headlines and decide to which sports they belong.
Football, chess, motor-racing, tennis, cycling, motor- cycling and golf.

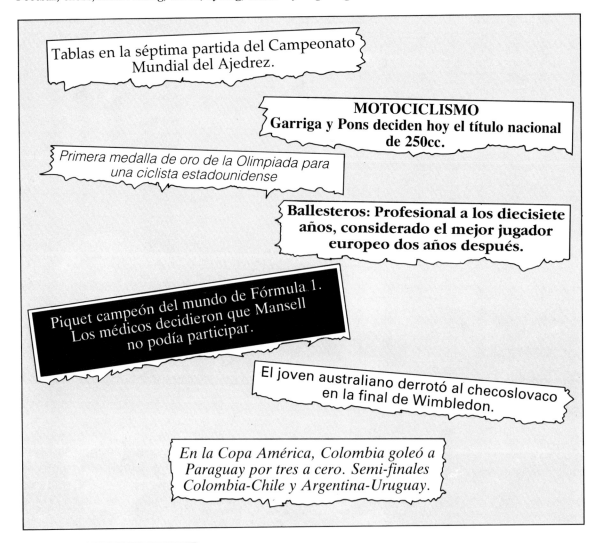

Tablas en la séptima partida del Campeonato Mundial del Ajedrez.

MOTOCICLISMO
Garriga y Pons deciden hoy el título nacional de 250cc.

Primera medalla de oro de la Olimpiada para una ciclista estadounidense

Ballesteros: Profesional a los diecisiete años, considerado el mejor jugador europeo dos años después.

Piquet campeón del mundo de Fórmula 1. Los médicos decidieron que Mansell no podía participar.

El joven australiano derrotó al checoslovaco en la final de Wimbledon.

En la Copa América, Colombia goleó a Paraguay por tres a cero. Semi-finales Colombia-Chile y Argentina-Uruguay.

AYUDA

tablas	*a draw*
el campeonato	*championship*
el título	*title*
la medalla	*medal*
participar	*to take part*
derrotar	*to beat*
golear	*to thrash (football)*

E CONTESTA

1 Who won because someone else was not well enough to compete?
2 Where did a Czech lose?
3 How did one of the South American teams reach the semi-final?
4 Who didn't take long to become one of the best in his field?
5 What did a North American woman receive?
6 Which match will be playing its eighth game?
7 Who will be competing in a final today?

F *To which of the stories do the following belong?*

1 Karpov propone el empate y Kasparov acepta.
2 La final del Campeonato de España es esta tarde.
3 La ausencia de Brasil es una tragedia.
4 A la edad de 19 años ya era uno de los grandes golfistas del mundo.
5 El británico no se ha recuperado de su accidente.
6 Cash, de 22 años, ganó el torneo de tenis en Londres.
7 La ceremonia de premios comenzó con una mujer en el podio.

AYUDA

proponer	*to propose*
la ausencia	*absence*
recuperar	*to recover*
el torneo	*tournament*
el premio	*award/prize*
el podio	*podium*
la final	*final (sports)*
el final	*end*

PARTIDOS RESERVAS:
1.ª R. Murcia-At. Madrileño.
2.ª Castilla-Bilbao Ath.
3.ª Barcelona-At. Málaga.

Clave J
Jornada 9
27-10-1985   RESGUARDO

18606352

RECLAMACIONES: (Véase el dorso)

1 X 2 1 X 2 1 X 2 1 X 2 1 X 2 1 X 2 1 X 2 1 X 2

ATENCIÓN
SOLO PUEDEN FORMULARSE PRONÓSTICOS UTILIZANDO EL SIGNO «X»

1 BARCELONA-CADIZ ....
2 HERCULES-R. VALLADOLID ...
3 SEVILLA-R. MADRID ....
4 ATH. BILBAO-R. CELTA ......
5 AT. OSASUNA-R. GIJON .....
6 AT. MADRID-R. SOCIEDAD....
7 R. ZARAGOZA-R. BETIS .....
8 R. SANTANDER-VALENCIA ....
9 CASTELLON-D. ARAGON ....
10 R. OVIEDO-R. MALLORCA ....
11 D. CORUÑA-LOGROÑES ....
12 R. VALLECANO-SABADELL....
13 R. HUELVA-ELCHE ....
14 ALBACETE-CARTAGENA ......

APUESTAS   1.ª 2.ª 3.ª 4.ª

ESTADI F.C. BARCELONA
TEMPORADA 86/87

N.I.F. G.08-26629-8   I.V.A. INCLOS

42 JORNADA CAMPIONAT NACIONAL LLIGA -PLAY OFF

R.C.D. ESPAÑOL - F.C. BARCELONA
TRIBUNA SEGONA GRADERIA

PORTA - 25   FILA - 36
BOCA - 309   NUM. - 18   235

YO ♥ R. MADRID

REAL MADRID CLUB DE FUTBOL
RENOVACIÓN DE ABONOS TEMPORADA 1987/1988

«No sé por qué los domingos por el fútbol me abandonas.»

LUNES	*deberes*
MARTES	*fútbol: entrenamiento*
MIÉRCOLES	*fútbol: entrenamiento*
JUEVES	*¿deberes? ¿salir con Ana?*
VIERNES	*fútbol: entrenamiento*
SÁBADO	*tarde: partido de fútbol en la tele* *noche: me acuesto a las diez*
DOMINGO	*fútbol: partido en Tortosa*

Ana:

«El fútbol. Odio el fútbol. Un chico español en un pueblo; voy a explicar cuál es su vida. Entre semana se entrena al fútbol tres días por semena. Cuando llega el fin de semana en televisión sólo ves el fútbol, todo el día el fútbol. El sábado por la noche no pueden salir porque tienen que descansar y el domingo, como van a jugar al fútbol muchas veces en otro pueblo, salen para todo el día. Ya no quiero ni hablar del fútbol. Creo personalmente que todos los deportes son importantes pero este fanatismo no lo puedo entender.»

G LEE Y RELLENA

Imagine that Ana had a boyfriend who fitted the stereotyped description opposite. Write out the account she makes of their past, choosing from the following words to fill the gaps:

terminó	se entrenaba	iban	comía	tenía	era
eran	llegó	veía	salían	podía	hacía	fue
llegaba	volvía				

Voy a explicar cuál _____ su vida. Entre semana _____ al fútbol tres días por semana. Cuando _____ el fin de semana _____ el fútbol en la televisión. El sábado por la noche no _____ salir porque _____ que descansar y el domingo, como _____ a jugar al fútbol muchas veces en otro pueblo, _____ para todo el día. Yo no quiero ni hablar del fútbol. Este fanatismo no lo puedo entender.

AYUDA

vencer	*to beat*
el primer tiempo	*the first half*
el empate	*draw*
el partido	*game/match*
perder	*to lose*

Primera División
31 de octubre de 1987

Vigo:
Anoche el Celta de Vigo venció al Betis de Sevilla por dos goles a cero. El primer tiempo terminó con empate a cero. Noche húmeda. Quince mil espectadores. El partido fue ofrecido por televisión en Galicia. El Betis llevaba quince años sin perder en Vigo.

AYUDA

los hinchas vascos	*the Basque fans*
el entrenador	*trainer*
el equipo	*team*
ganar	*to win*
a lo largo	*throughout*
merecer	*to deserve*

Bilbao:

El Athlétic de Bilbao y el Real Madrid empataron en un partido sin goles. Lleno en el Estadio de San Mamés. Los hinchas vascos quemaron banderas nacionales. Temperatura agradable.
El entrenador del Madrid, Leo Beenhakker dijo:
«–El partido ha sido una bonita batalla deportiva entre los dos equipos.»
El entrenador del Athlétic, el inglés Howard Kendall dijo:
«–Un empate a cero con el Real Madrid es un buen resultado. Tuvimos grandes oportunidades para ganar y en general jugamos mejor a lo largo de los noventa minutos y merecimos ganar.»

AYUDA

conseguir(i)	*to succeed in*
ligero/a	*light*
el arbitraje	*refereeing*
la tarjeta	*card*
emocionante	*exciting*

Barcelona:

El Español de Barcelona, con diez hombres desde el minuto 47 y perdiendo por un gol desde el minuto cuarenta consiguió vencer al Zaragoza por dos goles a uno.
Noche agradable con un ligero viento y treinta mil espectadores en el estadio. Arbitraje lamentable. Tres tarjetas amarillas; dos a Miguel Ángel y una a Roberto. Uno de los partidos más emocionantes que se recuerda desde hace mucho tiempo en el Estadio de Sarriá.

H LEE Y ESCRIBE

Read the match report on the game played in Vigo and fill out a statistics box like the one here. Do the same for the other two matches.

Celta de Vigo–Betis

Result . . . .

Half-time score . . . .

Weather . . . .

Gate . . . .

I CONTESTA

1 Why was the result in Vigo unexpected?
2 Who thought his team deserved to win?
3 Which match was televised in North-West Spain?
4 What political gesture was made by the Basque supporters?
5 Who thought the match was a 'sporting battle'?
6 Why was Español's win thought to be quite a feat?
7 Why is the referee criticised?
8 What comment is made about the match in Barcelona?
9 Which of the three away teams had to travel the furthest?
10 Read the following information:
   (i) Hay dos equipos de Primera División en Barcelona: el Español de Barcelona y el Barcelona Club de Fútbol; y dos en Madrid: el Real Madrid y el Atlético de Madrid.
   (ii) Casi todos los partidos de la liga de fútbol en España se juegan los domingos pero algunos se juegan los sábados por la noche.

J *To which matches do the following statements refer?*

1 El equipo blanquiazul levantó un partido que tenía perdido.
2 El partido fue retransmitido en directo.
3 El árbitro expulsó al jugador a principios del segunda tiempo.
4 48.000 personas asistieron al partido.
5 Los dos goles del partido se marcaron en los últimos seis minutos.
6 El comportamiento de un grupo de aficionados fue lamentable.
7 No hubo goles, pero fue un partido entretenido.
8 El equipo aragonés se confió demasiado y perdió al final.
9 Los sevillanos rompieron una tradición y perdieron en Balaidós.
10 Jugaron casi todo el segundo tiempo con un hombre menos.

AYUDA

blanquiazul	*in blue and white*
levantó	*won*
expulsar	*to send off*
el jugador	*player*
a principios	*at the beginning*
se marcaron	*were scored*
el comportamiento	*behaviour*
el aficionado	*fan*
entretenido/a	*enjoyable*
aragonés	*from Aragón*
maño/a	*person from Aragón*
confiarse demasiado	*to be over confident*

Aprende 79

SER = to be

Presente	*Pretérito*
soy	fui
eres	fuiste
es	fue
somos	fuimos
sois	fuisteis
son	fueron

NOTE: The preterite of IR is identical in form.

LIBRO DE EJERCICIOS   E   F   G

Aprende 80

EVERYONE. . . . .

se come uvas a medianoche   *one/everyone eats/we all eat grapes at midnight*

se bebe champán   *one/everyone drinks/we all drink champagne*

se celebra   *one/everyone celebrates/we all celebrate*

se puede comprar   *one/everyone/we all can buy*

But

se come**n** uvas en verano   *grapes are eaten in summer*

se bebe**n** refresco**s** cuando hace calor   *we have cold drinks when it is hot.*

Nochebuena

Marisé

«Las Navidades siempre las celebramos en familia. En casa ya tenemos el Belén o el árbol de Navidad antes de Nochebuena. La Nochebuena es más importante que el día de Navidad. La Nochebuena, la noche del 24, se hace una cena bastante fuerte, a eso de las nueve, más temprano que otras veces. Se cena pescado (besugo), lombarda, que es una especie de repollo rojo, también mariscos y luego carne. De postre comemos turrón y luego se cantan villancicos y vamos a la Misa del Gallo a medianoche. Es una noche entrañable. »

AYUDA

el besugo	*sea bream*
el repollo	*cabbage*
los mariscos	*seafood*
el turrón	*type of nougat*
entrañable	*memorable*

K ESCRIBE

Find the Spanish for:
Christmas Eve   Christmas Day   Midnight
Mass   Carols

L CONTESTA

1 ¿Suelen cenar los españoles a la hora acostumbrada en Nochebuena?
2 ¿Suelen comer mucho antes de ir a misa?
3 ¿A qué hora van a la iglesia?
4 ¿Con quiénes suelen celebrar las Navidades?
5 ¿Le gusta a Marisé ia Nochebuena?

M ORAL/ESCRITO

(Si no celebras las 'Navidades' contesta las preguntas adaptándolas a tus tradiciones religiosas)
1 ¿Celebras las Navidades?
2 ¿Con quiénes las celebras?
3 ¿Sueles recibir muchos regalos?
4 ¿Qué tipo de regalos te gusta recibir?
5 ¿Qué comes el día de Navidad?

6 ¿Vas a la iglesia en Nochebuena?
7 ¿Tienes árbol de Navidad?
8 ¿Vas a muchas fiestas durante las vacaciones de Navidad?

El Año Nuevo
Marisé

«Aquí en España también celebramos la Nochevieja, la víspera de Año Nuevo. Después de cenar bien con la familia, tomamos unas copas de champán antes de que den las doce. Entonces todo el mundo pone la televisión o la radio porque transmiten las doce campanadas desde la Puerta del Sol en Madrid, donde hay un gran reloj. Una gran muchedumbre se reúne allí con su champán y las uvas de la suerte. Se toman las doce uvas, tradicionalmente una con cada campanada. Te llenas la boca de uvas y te ríes mucho porque es bastante difícil. Y después de las campanadas se descorcha otra botella de champán y se empieza a abrazar, a dar besos y a decir 'Feliz Año Nuevo' y todo eso. Luego vamos a un baile hasta altas horas de la madruguda y acabamos a las cinco o las seis en una churrería tomando chocolate con churros.»

AYUDA

anterior	*previous*
la suerte	*luck*
la campanada	*peal of bells*
el churro	*fritter*

N ESCRIBE

Use Marisé's description of New Year celebrations to help you write the Spanish for:

New Year's Day   New Year's Eve   glasses of champagne
to uncork the champagne   the chimes of midnight
Happy New Year   to dance until dawn

O UNE

1 En Nochevieja la RTVE transmite. . .	**a** a eso de las seis.
2 A medianoche se comen. . .	**b** las doce campanadas.
3 Se descorcha una nueva botella de champán. . .	**c** a causa de las doce uvas.
4 A las doce todo el mundo suele reírse mucho. . .	**d** las doce uvas.
5 Se come churros. . .	**e** después de las doce campanadas.
6 El baile no suele terminar. . .	**f** antes de las cinco o las seis.

REYES

Marisé

«Los regalos no se dan ni en Nochebuena ni el día de Navidad, se dan el día de Reyes, que es el seis de enero. La víspera de Reyes, la noche del cinco, se monta en cada ciudad una cabalgata. Es una especie de paseo de los tres Reyes Magos, en camellos, donde reparten regalos a los niños. Esa noche los niños limpian bien sus zapatos y los ponen en el balcón. Los padres preparan una copita de licor que dejan encima de la mesa.

Por la mañana aparecen los zapatos en otro lugar de la casa, escondidos. Los niños han escrito a los Reyes Magos pidiéndoles lo que quieren y, si han sido malos, les traen carbón (hoy día carbón dulce) y, si han sido buenos, los regalos que han pedido. Los adultos suelen dejar los zapatos fuera de la puerta de su habitación y por la mañana siempre tienen un paquetito o dos o tres.»

P *Decide whether each of the following statements about Reyes is* verdadero, falso *or* probable.

1 Los niños reciben regalos la víspera de Reyes y el día seis también.
2 Los niños esconden los zapatos de sus padres.
3 Algunos niños creen que los Reyes Magos traen regalos a sus casas.
4 Los Reyes Magos beben licor durante toda la noche.
5 Los niños escriben a los Reyes Magos pidiéndoles carbón.
6 Los hijos dan regalos a los padres.
7 Los adultos se acuestan después de los niños.
8 La idea del carbón dulce es muy cruel.
9 Los chicos lo pasan muy bien.
10 Traen los camellos para la cabalgata de Africa.

AYUDA

se monta	*they hold*
la cabalgata	*mounted procession*
aparecer	*to appear*
escondido/a	*hidden*
el carbón	*coal*

Aprende 81

THE CONDITIONAL

INFINITIVE **-AR**, **-ER**, **-IR** + the following endings:
comprar**ía**
llegar**ías**
volver**ía**
vivir**íamos**
decidir**íais**
entrar**ían**
Remember: irregular futures e.g. sal**dré** therefore have conditional: sal**dría**, pon**dría**
Ejemplo:
¿Qué har**ías** si te tocara la lotería?
ir**ía** de viaje, comprar**ía** una casa, no trabajar**ía** más, pero ayudar**ía** a los menos afortunados de mi pueblo.

Q EMPAREJA

¿En qué circunstancias. . .?
1 No saldría con ella.
2 Estudiaría más.
3 No volvería sola.
4 Le compraría un regalo.
5 Llamaría a los bomberos.
6 Cogería un taxi.
7 Me levantaría temprano.
8 Le diría que no.

a If you saw a fire.
b If you had exams that morning.
c If the wrong boy asked you out.
d If you didn't like her.
e If it were very late at night.
f If it was his birthday.
g If you had failed your exams.
h If you were in a hurry.

LIBRO DE EJERCICIOS H I J K

Federico
«Me gustan mucho los toros. . .La gente critica mucho pero no sabe nada.»

Alberto
«Los toros. Eso es la típica caricatura del español. Realmente los toreros si se ganan la vida es gracias a los extranjeros y no a los españoles. Pero es verdad que un torero puede llegar a ser millionario.»

Sebastián
«Es un arte. Yo, respecto al deporte, prefiero siempre una corrida, el sol, el ambiente, el colorido.»

Maribel
«Fui una vez de pequeña a los toros. Me llevaron por mi cumpleaños y no me gustaron. Creo que es una brutalidad.»

Esteban
«Yo soy español y para mí «los toros» es algo muy importante. Hay corridas buenas y corridas malas y hay aspectos que al turista, al no conocedor, le pueden parecer un poco extremos.»

Eva
«Nunca he ido a una corrida de toros. No me atraen. Creo que es muy cruel matar toros de esa forma. Sufren mucho.»

Plaza de Toros LAS VENTAS

Domingo, 5 de abril de 1987 - 5,30 tarde

EXTRAORDINARIA NOVILLADA

6 magníficos novillos, 6, de
Sres. Hnos. MARTINEZ URANGA

de SALAMANCA, para los

ESPADAS

RAUL GALINDO

novillero que cuenta por triunfos sus actuaciones,

FERNANDO CEPEDA

NIÑO DE LA TAURINA

máximo triunfador de la Escuela Taurina de Madrid.

Con sus cuadrillas de picadores y banderilleros

R LEE Y CONTESTA

1 How many statements are in favour of bullfighting?
2 Who had an unpleasant experience at the corrida?
3 Who thinks people who dislike bullfighting are uninformed?
4 Who thinks that those who don't understand bullfighting may be shocked by parts of the corrida?
5 Who says that bullfighters can make a lot of money?
6 Who considers 'los toros' a sport?
7 Who thinks that Spaniards are not attracted to bullfighting?
8 Which three speakers would probably never go?
9 Who thinks that bullfighting tarnishes the image of the Spaniards?
10 What positive aspects does Sebastián see in the 'corrida'?

S ORAL/ESCRITO

1 ¿Te gustaría ir a una corrida?
2 ¿Si hubiera una en la televisión la verías?
3 ¿Qué harías si te invitaran a una corrida?
4 ¿Has visitado una plaza de toros?
5 ¿Por qué hay entradas de sol y de sombra?
6 ¿Cuáles crees tú que son más baratas?

Amalia

«La fiesta de San Juan, en junio, es una fiesta muy bonita. Suelen tener muchos fuegos artificiales. Pero realmente la fiesta principal es en julio. Es la fiesta del Carmen que es la patrona, la Virgen patrona de los pescadores y el día más bonito es el día en que hacen la procesión por el mar. Es una celebración religiosa. Empezamos con la misa y después la procesión. Se transmite por televisión a toda España.

Después de la misa todas las barcas van por el mar, todas muy adornadas y bonitas y van todas con antorchas. Y después, a las doce de la noche, empieza el baile y va toda la gente a bailar.»

AYUDA

los fuegos artificiales	*fireworks*
la patrona	*patron saint*
la antorcha	*torch*

T LEE Y CONTESTA

1 To how many fiestas does Amalia refer?
2 Which day does she prefer?
3 What happens before the procession?
4 Where can it be seen on TV?
5 What happens at midnight?

Ana

«En Ampolla, como es un pueblo naútico, hay muchas cosas en el mar, como carreras de lanchas, algún concurso de pesca y al final viene alguna orquesta a la playa de al lado y se suele hacer lo que se llama 'sardinada' y todo el mundo se reúne allá.

Es como una fiesta popular. Todo el mundo come sardinas y bebe y charla y hay muchos juegos para los niños pequeños. Se tiran patos al agua y los niños tienen que cogerlos. Es dificilísimo. También hay globos que tienen que pinchar para que salgan cosas. Sale arena, sale agua, salen caramelos, salen cosas mejores o peores. Pero los niños disfrutan con estas cosas y siempre lo pasamos muy bien.»

AYUDA

la carrera	*race*
la lancha	*launch*
el concurso	*contest*
reunirse	*to get together*
el pato	*duck*
el globo	*balloon*
pinchar	*to burst*
la arena	*sand*

U LEE Y CONTESTA

1 What two things happen in the sea during the fiesta in Ampolla?
2 What do they have on the beach?
3 What do people do to enjoy themselves?
4 What is difficult for the children to do?
5 What do they get when they burst the balloons?

LIBRO DE EJERCICIOS L 🔲 M

El transporte y los viajes

Ana Plans
«No vivo muy cerca de la universidad. Voy en tren. Pero en España el transporte no es una cosa que está muy cara y además tengo carné de estudiante.»

Bruce
«Vivo a unos dos kilómetros o kilómetro y medio de aquí; unos veinte minutos andando.»

Miguel
«Vengo al instituto andando. Está cerca. Vivo a dos calles.»

Ana Pérez Montoto
«Me gusta siempre salir para el trabajo con mucho tiempo de adelanto, porque puede pasar cualquier cosa, un atasco o un pinchazo o cualquier avería en el motor.»

Trini
«Me compré un coche pero conduzco por obligación, por necesidad. No me gusta conducir en la capital. Hay muchos atascos y muchos semáforos. Es que no me apetece ir en metro porque se tarda tres cuartos de hora de casa al trabajo.»

Marisé

«Saqué el carné de conducir aquí en Salamanca. Aquí es bastante fácil conducir pero en ciudades como Madrid, Barcelona o Sevilla es más complicado porque la gente no respeta casi nada y hay mucho machismo conduciendo.»

Mari Carmen

«Vivimos al sur de la capital, en una zona bastante despejada con bastantes zonas verdes. El piso está un poco alejado del centro pero muy bien comunicado con nuestros trabajos.»

AYUDA

además	*moreover, besides*
carné de	*ticket (season, student etc), licence*
de adelanto	*in advance*
el atasco	*hold up, obstruction*
el pinchazo	*puncture*
la avería	*breakdown*
conducir	*to drive*
por obligación	*because I have to*
el semáforo	*traffic lights*
me apetece	*I fancy*
se tarda	*it takes (time)*
fácil	*easy*
el machismo	*male chauvinism*
despejado/a	*clear, open*
alejado/a	*away from*
bien comunicado	*with good connections with*
puede haber	*there may be*
agresivamente	*aggressively*

A LEE

¿Quién? ¿Quiénes?:
1   ¿Quiénes van al colegio a pie?
2   ¿Quién recibe descuento cuando viaja?
3   ¿Quién vive en las afueras de la ciudad?
4   ¿Quiénes prefieren conducir en ciudades más pequeñas?
5   ¿Quién llega a su trabajo muy temprano?

B UNE

1   ¿Por qué va Bruce al colegio a pie?
2   ¿Por qué va Miguel al instituto andando?
3   ¿Por qué paga menos Ana Plans por el transporte?
4   ¿Por qué sale Ana Pérez Montoto muy temprano para el trabajo?
5   ¿Por qué conduce Trini?
6   ¿Por qué no le gusta a Marisé conducir en las capitales?
7   ¿Por qué no tiene Mari Carmen problemas para ir a su trabajo?

a   Porque vive muy cerca.
b   Porque no tiene ninguna dificultad con el transporte.
c   Porque puede haber problemas con el tráfico o con el coche.
d   Porque los hombres conducen muy agresivamente.
e   Porque es estudiante.
f   Porque no vive muy lejos.
g   Porque no tiene más remedio.

Comunicado de la Policía

Bluefields
Nicaragua

La policía ha estado investigando las causas de los accidentes de tráfico y
ha determinado que ocurren mayormente porque los conductores no
respetan las leyes del tránsito:

a   Conducen con negligencia.
b   Conducen a alta velocidad.
c   Conducen en estado de ebriedad.
d   Conducen descuidando a los peatones.

Para prevenir futuros accidentes damos las siguientes recomendaciones a
conductores y peatones:

Conductor:
1   No permita el abordo de pasajeros por las puertas a la izquierda de su
    vehículo.
2   Respete las señales de tráfico.
3   Reduzca la velocidad al pasar por parques, escuela, centros de
    recreación infantiles, etc.

Peatón:
1   Transite siempre sobre las aceras y observe ambos lados de las calles
    antes de cruzar.

C CONTESTA

1 What has the police been investigating?
2 What conclusions have they reached?
3 What are drivers blamed for?
4 What advice is given to drivers?
5 What advice is given to pedestrians?

En la calle camine por el centro de las aceras, y si es posible, en sentido contrario a la marcha de los vehículos

MANTENGASE ALERTA CUANDO APARQUE EN GARAJES SUBTERRANEOS

LIBRO DE EJERCICIOS   A   B

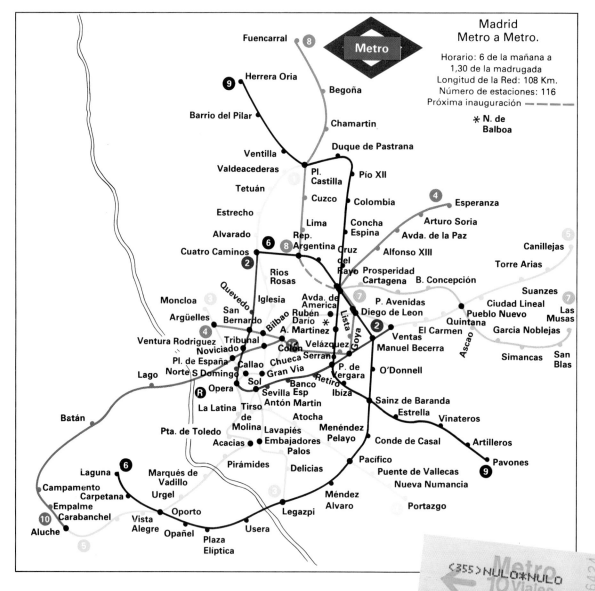

Madrid
Metro a Metro.

Horario: 6 de la mañana a
1,30 de la madrugada
Longitud de la Red: 108 Km.
Número de estaciones: 116
Próxima inauguración — — — — —

∗ N. de Balboa

Lee estas conversaciones que ya has escuchado y vuelve al Libro de Ejercicios C.

Here is the text of the conversations you have just heard. Read them and do Exercise C in the Libro de Ejercicios.

1 Hay tantos accidentes de carretera en España en verano a causa del gran número de turistas y también porque vuelve mucha gente que está trabajando en el extranjero. No hay que olvidar tampoco la cantidad de portugueses y marroquíes que vuelven a sus respectivos países de vacaciones y que tienen que pasar por España. Así que necesitamos más autopistas.

2 El metro de Madrid tiene unas cien estaciones. No tiene muchos asientos, así que casi todo el mundo viaja de pie. Pero los trenes pasan con regularidad y las estaciones están muy limpias. Es un servicio bastante bueno y no es caro.

3 Yo he viajado con Iberia tres veces. También una vez con Aviaco, que creo que pertenece a Iberia. Creo que Iberia vuela a los cinco continentes. Es una línea aérea de mucha importancia.

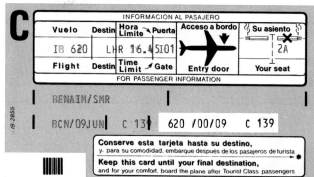

4 En Madrid prefiero ir de un sitio a otro en autobús. Es fácil porque compro un bono de diez viajes que sale más barato que comprar los billetes uno a uno; y así subo y bajo sin tener que pagar al conductor. En algunos autobuses todavía hay cobradores.

5 Una vez fui en tren de Algeciras a París. Nunca volveré a hacerlo. Íbamos como sardinas en lata, bueno, era verano y llegué más muerta que viva.

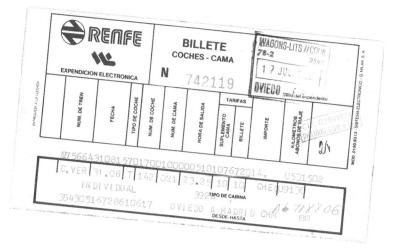

6 En España pasa como en todos los países del mundo: las calles pertenecen a los taxistas. Hay que aceptarlo. Pasan todo el día conduciendo y las calles son para ellos como mi taller es para mí.

LIBRO DE EJERCICIOS ⟩ C

Sopa de «transporte»

All the words except two are related to travel and transport. All the letters are used.
A boxed letter starts one word. A circled letter starts two words.

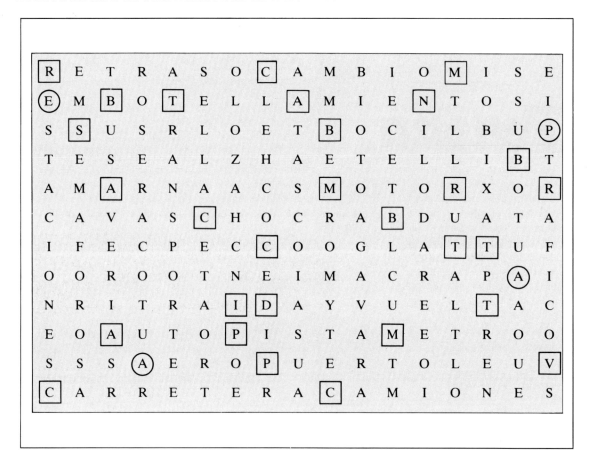

D Busca las palabras en la «sopa de transporte» y completa la historia

Era el primer [day] _____ de las vacaciones. Salí de casa y a dos
[streets] _____ encontré un [taxi] _____. Esa mañana [my]
_____ padres tenían que ir al [port] _____ porque iban a hacer un
viaje en [cruise liner] _____ por el Río [Nile] _____ en Egipto. Yo
tenía que estar en el [airport] _____ para coger el vuelo de las tres a
Londres.
   El recorrido en [taxi] _____ de casa al [port] _____ fue un
desastre. Fuimos por la [road] _____ principal que es una [route]
_____ más larga porque la [motorway] _____ estaba en obras. El
[traffic] _____ en la carretera era increíble. Como no hay [traffic lights]
_____ y con tantos [lorries] _____ y [coaches] _____ pasamos
una hora en los [traffic jam] _____. De pronto al pasar por un [pothole]
(bache) _____ se produjo un [puncture] _____ y también
[breakdown] _____ en el [engine] _____ y en la batería. Un
automovilista muy simpático llevó el [car] _____ a remolque a un

[carpark] _____ donde había un garaje y una parada de [bus] _____
y por fin llegamos al [port] _____.

   Me despedí de mis padres y decidí volver a casa por [public transport]
_____. Cogí el [train] _____, un TALGO ya que a tres [stations]
_____ está mi pueblo y mi casa a dos minutos a [foot] _____. Ya era
muy tarde. Cogí las maletas. Fui en [bus] _____ a Barcelona, tomé el
[tube] _____, hice un [change] _____ y llegué sin [delay] _____
al aeropuerto para recoger mi [ticket] _____ de [return] _____ a
Londres. La verdad es que estaba más bien preparada para el [coffin]
_____ que para el avión.

E   Utiliza las siguientes frases

Use the following phrases in sentences:

un viaje en barco/un viaje por mar   a dos calles   ida y vuelta
un desastre   a pie   la carretera principal   en obras
me despedí de   cogí   decidí

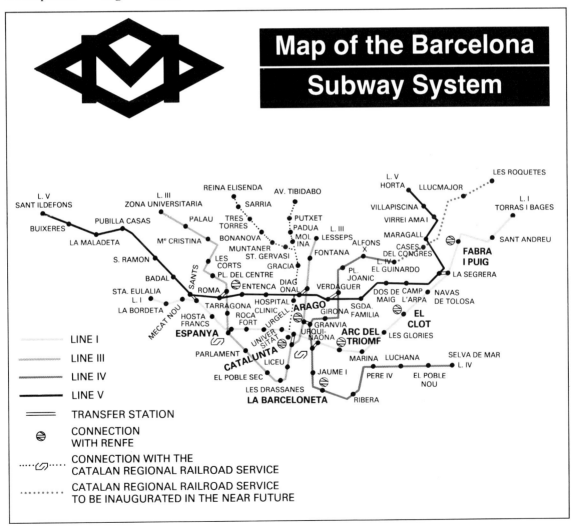

AYUDA

aconsejar	*to advise*
el recorrido	*trip*
el folleto	*leaflet*
agradecer	*to thank*

En la Oficina de Turismo

Joven: Buenos días. Quisiera saber si se puede ir en tren de Madrid a Alcalá de Henares.

Señorita: Yo le aconsejo ir en autobús. Tiene usted que ir al metro de Avenida de América y los autobuses salen a unos metros de allí. Hay uno cada cuarto de hora y el recorrido dura media hora.

Joven: Muchísimas gracias. ¿Tiene usted un folleto que tenga información sobre la Casa de Cervantes? Voy a visitarla y me gustaría informarme un poco antes de llegar.

Señorita: Eso no. Seguramente los tendrán en la Oficina de Turismo en Alcalá mismo, pero sé que no está abierta los lunes.

Joven: Se lo agradezco mucho, pero ¿a qué estación dijo usted que tenía que ir?

Señorita: A Avenida de América. Coja usted la línea dos en Sol y cambie en Serrano para Avenida de América.

Joven: Gracias. Adiós.

Señorita: De nada. Adiós.

F Lee, y contesta las siguientes preguntas

1 How does the young man wish to travel to Alcalá?
2 What advice is given?
3 How does one get to the bus station?
4 How often do the buses go and how long does it take to get to Alcalá?
5 What else does the young man want and why?
6 What is the lady's response?
7 What information does he have to check?
8 Find three ways in which the young man says he is grateful.

Miguel de Cervantes
Saavedra

Comunidad de Madrid
Consejería de Cultura y Deportes
DIRECCION GENERAL DE CULTURA

MUSEO CASA NATAL
DE CERVANTES

G ORAL/ESCRITO

Give the Spanish for the following:
1   I would like to know if I can go to Segovia by bus.
2   Do you have a pamphlet on Segovia?
3   Does the journey take more than two hours?
4   Is the Alcázar open on Mondays?
5   Which station do I have to go to?

H Y AHORA TÚ

Write ten lines about the last time you had problems getting somewhere

LIBRO DE EJERCICIOS D   E   F

AUTOCARES CIBELES TOURS
A SU SERVICIO PARA VIAJES POR ESPAÑA
Y TODA EUROPA

AUTOCARES MODERNOS, CON
AIRE ACONDICIONADO, VÍDEO
Y BUTACAS RECLINABLES

GRAN VÍA, 86
(Edificio España)
Teléfonos 247 46 01/02
28013 MADRID

RECOMENDADO POR 🅱 CAMINOS de ESPAÑA

I Lee las informaciones y haz una lista de

1 las compañías que van a Barcelona.
2 las compañías operando en Oviedo.
3 las compañías que operan en el noroeste de España.

J Lee las informaciones y contesta estas preguntas:

1 What do these advertisements have in common?
2 In what way does the advertisement for Viajes Ecuador differ from the others?
3 List the special features mentioned by Cibeles Tours.
4 What extra service is available for Friday travellers to Barcelona?
5 You are hoping to travel from Oviedo to Covadonga on a Sunday. What choice of travelling times do you have?
6 What is the telephone number in Gijón for travellers hoping to go to Lugo?
7 Can you travel from Avilés to San Sebastián on Sundays?
8 In which town is ANSA based?

Viajes Ecuador
9 Give 3 places outside Spain where this company offers holidays in March.
10 What sort of holiday are clients looking at for the price of 15.175 pts?
11 What is included in the price to make this especially good value?
12 List the countries outside Europe that can be visited with this travel firm.

K UNE

todo el año — *reclining seats*
pensión completa — *not on public holidays*
salidas diarias — *all year round*
no se realiza los días festivos — *daily service*
butacas reclinables — *full board*

Aprende 82

¿A qué distancia?

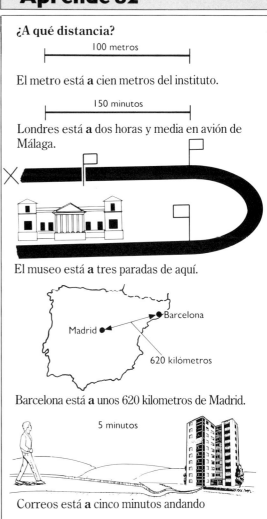

100 metros

El metro está a cien metros del instituto.

150 minutos

Londres está a dos horas y media en avión de Málaga.

El museo está a tres paradas de aquí.

Barcelona
Madrid
620 kilómetros

Barcelona está a unos 620 kilómetros de Madrid.

5 minutos

Correos está a cinco minutos andando

LIBRO DE EJERCICIOS G H

DISTANCIAS KILOMÉTRICAS ENTRE CAPITALES DE PROVINCIA

Alicante							
515	Barcelona						
817	620	Bilbao					
688	1284	1058	Cádiz				
422	621	395	663	Madrid			
75	590	796	613	401	Murcia		
1045	1129	707	1047	623	1024	Pontevedra	
615	663	280	714	193	594	458	Valladolid

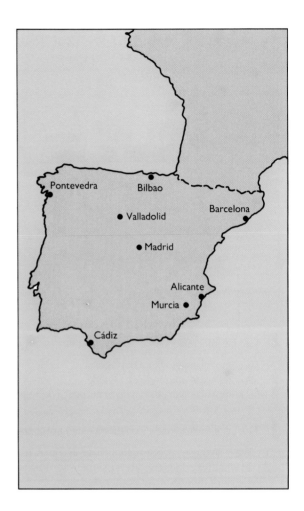

L Utiliza la tabla de distancias entre capitales de provincia en España para contestar las siguientes preguntas:

1 ¿Qué ciudad está más cerca de Madrid, Barcelona o Pontevedra?
2 ¿Cuál es la ciudad más lejana de Madrid?
3 ¿Qué dos ciudades son las más próximas?
4 ¿Cuál sería el viaje más largo?
5 ¿Cuántos kilómetros menos tiene el recorrido Cádiz–Alicante–Barcelona que Cádiz–Barcelona directo?
6 ¿Qué capital de provincia está más cerca de Madrid?
7 ¿Qué ciudad está a más de mil kilómetros de Bilbao?
8 ¿Qué ciudad está a la misma distancia de Barcelona que Cádiz de Madrid?
9 ¿Hay más kilómetros de Cádiz a Murcia que de Alicante a Valladolid?

M Utiliza el mapa de las matrículas para identificar las provincias de España.

Use the map of the provinces, which has all the provincial registrations for
cars marked, to find where each province is.

Albacete	Córdoba	Lugo	Segovia
Alicante	La Coruña	Madrid	Sevilla
Almería	Cuenca	Málaga	Soria
Ávila	Gerona	Melilla	Tarragona
Badajoz	Granada	Murcia	Tenerife
Barcelona	Gran Canaria	Navarra	Teruel
Bilbao	Guadalajara	Oviedo	Toledo
Burgos	Huelva	Palencia	Valencia
Cáceres	Huesca	Palma de Mallorca	Vigo
Cádiz	Jaén	Pontevedra	Vitoria
Castellón	León	Salamanca	Valladolid
Ceuta	Lérida	San Sebastián	Zamora
Ciudad Real	Logroño	Santander	Zaragoza

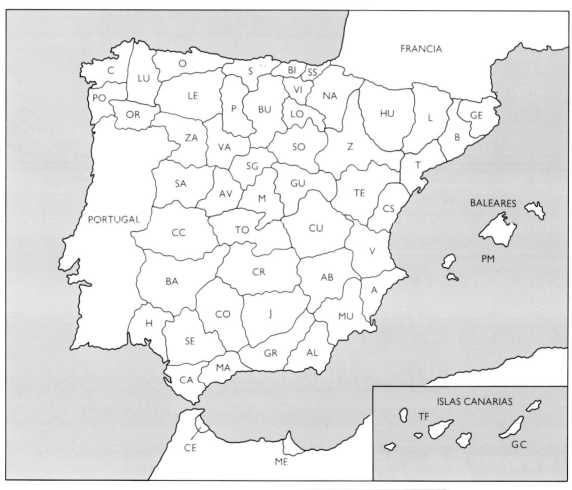

Las provincias de España con sus matrículas

LIBRO DE EJERCICIOS ▷ I 📼   J   K

AYUNTAMIENTO DE MADRID
ZONA DE ESTACIONAMIENTO
VIGILADO
1/2 hora   25 ptas.
E № 906606

1. Coloque la presente tarjeta en sitio visible desde el exterior, haciendo cinco perforaciones que se distingan con claridad, Año - Mes - Día - Hora - Minuto de llegada, de modo que quede inutilizada para uso posterior.
2. No rebase el tiempo de estacionamiento indicado. En ningún caso este tiempo podrá exceder de hora y media.
3. El incumplimiento de las instrucciones anteriores será sancionado conforme Bando de la Alcaldía Presidencia con multa mínima de 2.000 pesetas.

N   Contesta las siguientes preguntas:

1

a   Who is flying non-stop to South America?
b   How much shorter is the journey going to be?
c   How many such flights a week are there?

2

a   Who qualifies for the Senior Citizen's railcard?
b   How much do they have to pay to obtain a card?
c   How long is it valid for?

3   When will your car be towed away? (la grúa = *a crane*)

4   What discount is given on RENFE's 'blue' days
a   for a return journey?
b   if you have a gold card?
c   for young people?

5

a   For whom can Viajes Meliá obtain special prices?
b   What will you not have to queue for?
c   What is Meliatronic?

6

a   What do Canto SA think might be your problems?
b   How do they solve them?
c   Make a list of all the advantages they give for their solution.
d   What deposit is needed and what is the minimum cost?

7

a   Give the exact date and time when the parking ticket was used.
b   What happens if you park for more than 90 minutes?

Beneficiarios.
Esta tarjeta pueden obtenerla las personas que reúnan la siguientes condiciones:
● Hombres mayores de 65 años.
● Mujeres mayores de 60 años.
● Pensionistas mayores de 60 años.
● Pensionistas que, aun siendo menores de 60 años, estén en situación de incapacidad permanente y total formalmente declarada.
Requisitos.
Presentación de la documentación que acredite en cada caso la condición del beneficiario.
Pago de 100 pts.
Período de validez.
1 año.

RENFE

TARJETA DORADA

PARA PERSONA MAYOR DE 65 ó 60 AÑOS, HOMBRE O MUJER, RESPECTIVAMENTE, O PENSIONISTA

D/Dña. _____

D.N.I./Pasaporte N.°

MAYOR DE   65 AÑOS – HOMBRE ☐
              60 AÑOS – MUJER

VALEDERA DESDE

PENSIONISTA MAYOR DE 60 AÑOS ☐
PENSIONISTA MENOR DE 60 AÑOS ☐

F   140893

(Sello de la Dependencia emisora)

TARJETA DORADA. TERCERA EDAD.

SEIS MUERTOS AL ESTRELLARSE UN AVIÓN DE COMBATE

Manila. Seis personas resultaron hoy muertas al estrellarse un avión de la Fuerza Aérea filipina en la cuidad de Ángeles, 95 kilómetros al norte de Manila. El piloto resultó muerto y cinco víctimas civiles perecieron a raíz del incendio producido en sus casas al explotar el avión.

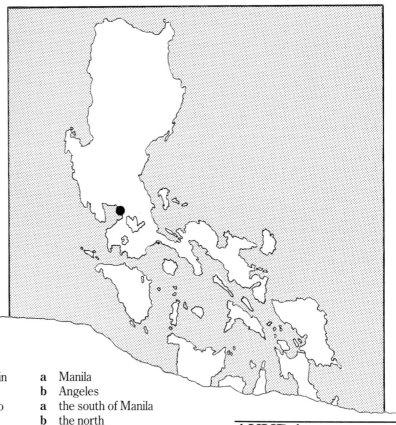

O   LEE Y ELIGE

1   The fighter plane crashed in
   a   Manila
   b   Angeles

2   Angeles is 95 kilometres to
   a   the south of Manila
   b   the north

3   The plane was carrying
   a   just the pilot
   b   a total of six people

4   The civilians died
   a   in their homes
   b   in the streets

P   RELLENA

1   Murieron seis. . .
2   Manila está al. . . de Angeles.
3   El avión se estrelló en. . .
4   La explosión causó un. . .

AYUDA

el avión de combate	*fighter aircraft*
estrellarse	*to crash*
La Fuerza Aérea	*Air Force*
perecer	*to perish/die*
a raíz de	*resulting from*

AYUDA

el aterrizaje	*landing*
realizar	*to make*
efectuar	*to make*
despegar	*to take off*
las fuentes	*sources*
lo que ocurría	*what was happening*
se produjeron	*there were*
el combustible	*fuel*
la nave	*aircraft*

ATERRIZAJE DE EMERGENCIA DE UN <BOEING 727>

Bilbao. Un Boeing 727 de Iberia realizó un aterrizaje de emergencia en el aeropuerto de Foronda poco después de despegar hacia Londres del aeropuerto de Vitoria. Fuentes del aeropuerto informaron hoy que en el avión viajaba un total de 148 personas que incluía a nueve miembros de la tripulación. Los pasajeros permanecieron tranquilos en todo momento.

El comandante del Boeing eligió Foronda para efectuar el aterrizaje por la longitud de su pista. El piloto decidió arrojar al mar el combustible para evitar una posible explosión. También informó a los pasajeros de lo que ocurría y en ningún momento se produjeron escenas de pánico. Los responsables del aeropuerto declararon el <estado de emergencia>. Acudieron los bomberos pero la nave aterrizó sin problemas.

Q BUSCA LAS FRASES

Find the expressions in the extract which explain the following ideas
1 un avión español
2 con destino a
3 lo que pasaba
4 durante todo el tiempo
5 serenos
6 llegaron para ayudar
7 sin dificultades
8 a los pocos minutos de salir
9 la probabilidad de incendiarse
10 momentos de confusión

R VERDADERO/FALSO

1 El avión era español.
2 La nave realizó el aterrizaje de emergencia en el mismo aeropuerto del que despegó.
3 Había menos de cien pasajeros.
4 Viajaban a Inglaterra.
5 La pista del aeropuerto de Foronda era larga.
6 El avión aterrizó con muy poco combustible.
7 El avión se encontraba cerca de la costa
8 Los pasajeros no sabían lo que pasaba.
9 Se presenciaron escenas de pánico.
10 Necesitaron la ayuda de los bomberos.

S LEE Y CONTESTA

1 How long after take-off was the plane forced to land?
2 How many passengers were there on the plane?
3 From which airport had they taken off?
4 Why did the captain think that the Foronda runway was suitable?
5 Why and where did he jettison his fuel?
6 How did the passengers react to being told what was happening?
7 What was the airport authorities' response to the situation?
8 What did the firemen have to do?

ASALTO AL TREN-CORREO VALENCIA-MADRID SEIS HOMBRES ARMADOS SE LLEVAN 66.000 PESETAS

Seis hombres armados con pistolas, cuchillos y hachas asaltaron ayer el tren-correo Valencia-Madrid a las 21.45 horas de la noche.

Los tres empleados del furgón sufrieron heridas de carácter leve cuando trataron los atracadores de obtener información amenazándoles y obligando a uno de ellos a abrir las puertas desde el interior.

Nos informó esta mañana una portavoz de la Dirección General de Correos que los atracadores lograron escapar con sólo ocho paquetes con valor declarado de 66.000 pesetas. El testimonio de uno de los empleados nos revela que los asaltantes ignoraban que desde hace dos años, como consecuencia de un asalto parecido, la Dirección General de Correos ya no traslada los despachos importantes en los vagones de correos.

Según fuentes de la policía, el ataque, perfectamente planeado, apenas duró 30 minutos. Se produjo cerca de la estación de Utiel a unos 45 kilómetros de Valencia. Sólo tres del grupo tomaron parte activa en la acción. Uno esperó fuera con los coches de huída mientras los otros se prepararon para coger los sacos. Los tres que entraron en el vagón, después de destrozar algunos paquetes, amenazaron al personal dándoles patadas y puñetazos, pero afortunadamente no les infligieron ninguna herida grave.

Uno de los atracadores metió los paquetes en una saca que arrojó del tren. Los otros miembros del grupo trasladaron luego la saca a un coche SEAT y se escaparon en éste y en un Citröen verde. La Guardia Civil cree que se trata de un grupo extranjero. Según el personal de RENFE los seis llevaban máscaras; todos hablaban castellano pero con fuerte acento extranjero.

AYUDA

asaltar	*to attack*
el portavoz	*spokesman*
la portavoz	*spokeswoman*
trasladar	*to transfer*
el/la emplead**o/a**	*employee*

AYUDA

el hacha (f)	*axe*
el furgón	*goods wagon*
amenazar	*to threaten*
el atracador	*attacker*
lograr	*to succeed*
el testimonio	*account*
ignorar	*not to know*
los despachos	*shipments*
apenas	*hardly*
dar patadas	*to kick*
el puñetazo	*blow, punch*
infligir	*to inflict*
arrojar	*to throw*
extranjer**o/a**	*foreign*
la máscara	*mask*

T Escucha el siguiente reportaje de un crimen cometido en el tren-correo Valencia–Madrid. Anota los detalles.

U Escucha otra vez y corrige tu versión del reportaje. Ahora lee la versión mas larga que aparece en el diario del día siguiente y escribe los detalles nuevos en tu cuaderno.

V Lee las siguientes notas escritas en la entrevista con el jefe de la Guardia Civil y corrígelas:

Read the notes made by a reporter interviewing the officer in charge of the case. Unfortunately he left his pad out in the rain. Add the details that have been lost.

W Ahora escribe las preguntas que le hizo el periodista al jefe de la Guardia Civil.

Now write down the questions that the journalist must have asked to be able to make the notes.

X Lee las siguientes notas y utilízalas para escribir el reportaje de otro crimen que ocurrió en un tren.

lunes por la mañana
a las 06.25
tres hombres y una mujer (25 años)
con máscaras, llevan gorras y chaquetas negras
todos españoles
un rápido Madrid–Barcelona
Zaragoza
40.000pts.
dos empleados de RENFE
un brazo roto
un coche rojo
una moto (la mujer)

había hombres
el ataque duró
se escaparon con
ocurrió cerca de pesetas
grupo se llevó el
tomaron una parte paquetes
activa había empleados
en el vagón tuvo lugar
a las

8

De vacaciones

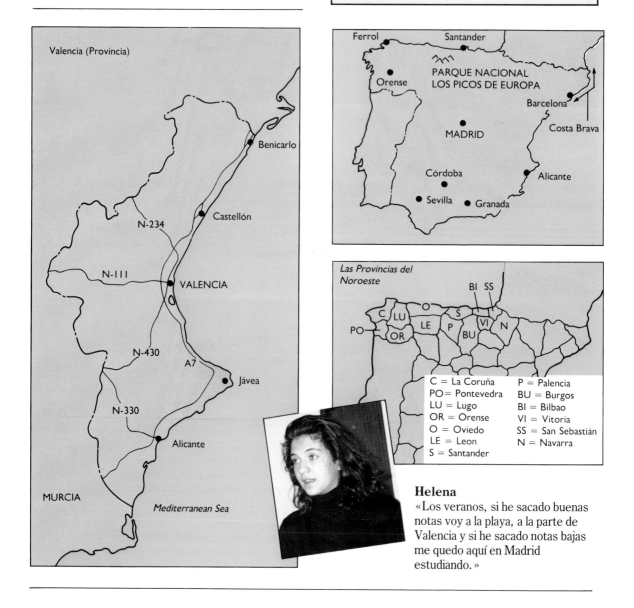

Valencia (Provincia)

N-234

N-111

VALENCIA

Castellón

Benicarlo

N-430

A7

Jávea

N-330

Alicante

MURCIA

Mediterranean Sea

Ferrol

Santander

Orense

PARQUE NACIONAL
LOS PICOS DE EUROPA

Barcelona

Costa Brava

MADRID

Córdoba

Sevilla

Granada

Alicante

Las Provincias del Noroeste

BI SS

O

C

LU

S

PO

OR

LE

P

VI

N

BU

C = La Coruña	P = Palencia
PO= Pontevedra	BU = Burgos
LU = Lugo	BI = Bilbao
OR = Orense	VI = Vitoria
O = Oviedo	SS = San Sebastián
LE = Leon	N = Navarra
S = Santander	

Helena

«Los veranos, si he sacado buenas notas voy a la playa, a la parte de Valencia y si he sacado notas bajas me quedo aquí en Madrid estudiando.»

Maribel

«El mes de julio suelo quedarme en Madrid y suelo pasear mucho e ir a piscinas. . . . .Y en agosto vamos al pueblo de mi padre donde hay fiestas. Siempre nos divertimos mucho allí.

Me gustaría visitar muchos países, sobre todo Tailandia, China y Rusia. Los países del oriente me interesan porque tienen cierto misterio. Me atraen.»

Miguel

«Los veranos solemos ir a la playa, por la zona de Levante o a la Costa Brava, pero algun día me gustaría visitar Inglaterra, Italia y los Estados Unidos.»

Bruce

«Aparte de Australia no conozco otros países pero espero empezar a salir de España el año que viene.»

ESTA EXCURSION LA HICE EL AÑO PASADO

EXCURSION ISLA TABARCA
SERVICIO DIARIO
EMBARCACION EQUIPADA CON 2 MOTORES

SALIDA ALICANTE 11¹⁵

ALICANTE ➡ TABARCA

SALIDA TABARCA 17¹⁵

INFORMACION Y VENTA DE BILLETES

EMBARCACION – KON TIKI
☎ 216296 – 283736

Javier

«Este verano voy a descansar, a dedicarme a practicar los deportes que me gustan. Saldré con mis amigos más e incluso iré un tiempo a la playa o de excursión. Si puedo también buscaré algun trabajo temporal que me permita conseguir el dinero suficiente para ir a Londres a visitar a mi amiga.»

CURSOS Y ACTIVIDADES

ESCUELA MADRILEÑA DE
ALTA MONTAÑA

INICIACION AL MONTAÑISMO:

Cursos teórico-prácticos en albergue de montaña y acampada. Para cualquier persona sin experiencia previa y sin límite de edad.

TECNICAS: Orientación con brújula y plano. Marcha. Acampada. Alimentación en montaña. Cuidados y usos del material. Meteorología. Ecología de montaña. Nociones de motricidad en la escalada.

Modalidades: Ciclos de 1 fin de semana. Cursos de 4 días y Campamentos de iniciación (varios días) 6 alumnos por profesor.

Eva

«Llevo varios años veraneando en Londres. Antes solía ir a Alicante, a la playa, por un mes. Pero este verano fui a los Picos de Europa, en el norte de España, a hacer un poco de montañismo. Estuve allí diez días.

Los Picos de Europa están situados entre las provincias de Santander, Asturias y León y es una de las regiones españolas más visitadas por montañeros y escaladores. Se puede pasar la noche en uno de los refugios pero siempre es preciso llevar sacos de dormir y, claro, la comida.»

AYUDA

sacar buenas notas	*to get good marks*
pasear	*to go for walks*
cierto/a	*a certain*
atraer	*to attract*
conocer	*to know*
descansar	*to rest*
conseguir	*to obtain/manage to*
veranear	*to spend the summer*
el/la montañero/a	*mountaineer*
el/la escalador/a	*climber*
es preciso	*it is necessary*

A Lee lo que nos cuentan nuestros amigos y contesta las siguientes preguntas

1 Who hopes to start going abroad next year?
2 Who goes on holiday on the east coast but would like to go abroad?
3 Who will not go on holiday if the examination marks are not good?
4 Who would like to go to the Far East and why?
5 Where does one need to take sleeping bags and food?
6 Who needs a summer job to finance a trip abroad?

Aprende 83

The *preterite* of **estar** is used when the 'action' referred to was completed over a definite stated period of time.

Estuve allí dos días.   *I was there for two days.*

¿Estuviste en su boda?   *Were you at their wedding?*

Estuvo un mes en el hospital.   *He was in hospital for a month.*

Estuvimos en Grecia e Italia   *We 'went' to Greece and Italy.*

¿Estuvisteis allí toda la mañana?   *Were you there all morning?*

Estuvieron sólo cinco minutos   *They were here for just five minutes.*

B UNE

1 Cuando llegó mi padre
2 Del 4 al 11 de julio
3 ¿Estuviste en la fiesta?
4 Antes de ir a Roma
5 ¿Dónde estaban tus padres?
6 Estuvimos cuatro días en la costa
7 ¿Estuviste mucho tiempo con tus abuelos?
8 Como no tenía llave

a estuve seis días en Venecia.
b Pues, estaban en el jardín.
c Tres días.
d estábamos charlando en el comedor.
e y una semana en el campo.
f estuve enfermo.
g Sí, fui con Carlos.
h estuve esperando más de media hora.

Ana

«En invierno voy a veces al norte de Cataluña a pasar el fin de semana esquiando, pero es caro hacerlo todo el tiempo.

En verano Barcelona se queda vacía. La gente no se queda en la ciudad. Va a veranear a pueblos de la costa.

EXCURSIONES RADIALES BARCELONA 1987

Con la garantía de JULIÀTOURS

EXCURSIONES	SALIDA DEPART	PESETAS	FRECUENCIA
Visita Ciudad Mañana	09,30	1.900	DIARIAS TODO EL AÑO / DAILY ALL YEAR / QUOTIDIENNE TOUTE L'ANNÉE
Visita Ciudad Tarde (GAUDI y PICASSO)	15,30	2.300	
Montserrat Medio día Mañana	09,30	2.750	
Montserrat Medio día Tarde	15,30	2.750	1/4 al 30/9
Gala en Scala Con cena	20,00	7.000	DIARIA (Excepto Domingos, Festivos y Lunes) / DAILY (Except Sundays, Holidays and Mondays) / QUOTIDIENNE (Excepte Jours de Fête, Dimanches et Lundis)
Gala en Scala Con consumición	20,00	4.000	
Panorámica de noche y flamenco	22,00	3.900	Diario excepto domingos y festivos / Daily excepting sundays and holidays / Journalier, à l'exception des dimanches y jours de fête
Noche Flamenca Con cena	20,00	6.400	
Costa Brava	09,00	4.800	1/5 al 30/9 Diario excepto domingos / Daily excepting sundays / Journalier, à l'exception des dimanches

Mi padre me dijo que a partir de los dieciocho años podía salir de España pero que antes tenía que conocer un poco mi propio país. Cuando él tenía viajes de negocios iba yo con él y he viajado con él al sur de España, al centro y también al norte, a Galicia.

Me gustó sobre todo el sur de España. Es realmente otro mundo para mí. Granada y Sevilla son mis lugares favoritos pero La Mezquita de Córdoba me decepcionó un poco. Me gustaron mucho los pueblecitos arriba en las montañas con las casas todas blancas, típicas, andaluzas.»

Tina

«En verano nos reunimos toda la familia en una casita que tenemos a la orilla del mar en Santander. Luego, en Navidad, a Navarra con mi hermano en la misma casa en que se casaron mis padres. Y allí nos juntamos como quince o veinte personas entre hermanos, cuñados, sobrinos. . . . . . . Es una finca en el campo; una especie de granja. Aparte de Navidad siempre procuro volver allí al menos dos veces al año. »

AYUDA

vacío/**a**	*empty*
propio/**a**	*own*
el lugar	*place*
decepcionar	*to disappoint*
a la orilla del mar	*at the sea-side*
casarse	*to get married*
el cuñado	*brother-in-law*
el sobrino	*nephew*
la finca	*country property*
la granja	*farm*
procurar	*to try*

Marisé

«Me acuerdo de los viajes a la
costa porque Orense es la única
provincia gallega que no tiene mar
y afortunadamente la familia de mi
madre vivía en El Ferrol. Yo
recuerdo mucho los viajes en
verano, en Navidad, en Semana
Santa: de ir a la playa, a la costa,
tan diferente de lo que es Orense,
un valle del interior muy
verde. . .»

C Lee lo que nos cuentan Ana,
Tina y Marisé y contesta las
siguientes preguntas

Ana

1 What stops Ana from skiing
every weekend?
2 Why is Barcelona empty in the
summer?
3 What did Ana have to do before
going abroad?
4 How did she do this?
5 What does she say about
Andalucía?

Tina

1 Why does Tina go to
Santander?
2 Who lives in Navarra.
3 Describe the place she stays in
Navarra.
4 Who goes there?
5 How often does Tina go to
Navarra?

Marisé

1 Why does Marisé have such
vivid memories of going to the
coast?
2 Why was it easy to go to El
Ferrol?
3 When did she use to go?
4 How does she describe the
coast?
5 How does she describe
Orense?

Aprende 84

Llevo cinco años **estudiando** español.   *I have been studying Spanish for five years.*

Llevamos dos meses **viviendo aquí.**   *We have been living here for two months.*

Es preciso llegar temprano.   *It is necessary to (we have to) arrive early.*

Es preciso volver pronto.   *It is necessary to (we must) return soon.*

Espero empezar mañana.   *I hope to start tomorrow.*
Esperamos viajar mucho.   *We hope to travel a lot.*
Procuro hacer mi trabajo.   *I try to do my work/I make sure I do my work.*
Procuramos no llegar tarde.   *We try not to be late.*

D   UNE

1 Llevo seis años estudiando francés.
2 Es preciso salir a las nueve.
3 Procuraré ir mañana.
4 Espero ir a Colombia.
5 Llevamos dos días sin ir a la playa.
6 Esperamos trabajar en Barcelona.
7 Procuramos ayudarla.
8 Es preciso llegar pronto.

a Hoy no puedo.
b Tengo novia allí.
c Hace muy mal tiempo.
d Lo hablo bastante bien.
e Ya tiene noventa años.
f El último tren sale a las diez.
g No nos gusta Madrid.
h Siempre hay cola.

E   ROMPECABEZAS

¿Por qué te gustaría pasar las próximas vacaciones en Italia?
    Busca la respuesta, juntando las sílabas horizontal, vertical y diagonalmente.

Por	ta	no	ia	al
mu	que	gus	it	me
el	cho	me	der	en
y	sol	ya	bién	fen
la	pla	tam	sé	de

Y ahora tú:

¿Adónde quieres ir para las próximas vacaciones?
Write down where you would like to go. If you have more than one choice write them both down. Start with **Me gustaría**. . .

LIBRO DE EJERCICIOS

A ▭   B ▭   C ▭   D ▭

Oviedo, 11 de agosto.

El hotel es bastante bueno aunque no tan lujoso como el Parador, que tenía piscina y donde los desayunos eran estupendos. Creo que estaremos aquí uno, dos o tres días más. Volveré a escribir el lunes.

Ramón

Huesca, 14 de Enero

Tere y los niños están toda la mañana esquiando. Yo no me atrevo después del accidente del año pasado. Vamos a ver si le pierdo el miedo pronto, pero por ahora disfruto mirando a los demás y paso mucho tiempo leyendo.

Un abrazo a todos.

Bernardo

Málaga, 14 de Julio

He hecho amistad con una chica inglesa que está aquí estudiando español. Quisiera saber si puedo volver con ella a casa porque le gustaría pasar unos días en Valencia. Como Blanca no está, le podemos dejar su habitación. Llamaré por teléfono para ver qué os parece.

Julio

Burgos, 13 de Junio

El camping está muy bien. Hay duchas, restaurantes, una tienda y hasta un gimnasio al lado de la piscina. También es bastante barato y es fácil hacer amistades. Los primeros días los abuelos estaban aburridos pero ahora han conocido a gente de su edad y están todo el día jugando a las cartas. La abuela está tan animada que el otro día se puso el bañador y entró un momento en la piscina. Hacía ya cerca de veinte años que no se bañaba.

Jesús.

París, 9 de Agosto

La familia francesa es muy simpática, pero el único problema es que Jeanine y los padres hablan español y no estoy progresando mucho con el francés. Mañana vamos a pasar quince días en el sur de Francia donde tienen un chalet y espero que, como es un pueblo, nos dejen los padres salir un poco más por las noches, porque aquí en la capital veo yo que son demasiado severos.

Antonio

Queridos padres:

Creo que cuando llegue a Teruel no voy a tener dinero. Hemos gastado más de lo que pensábamos. Si podéis enviar un giro al Banco de Santander, de Teruel, os lo agradecería. Si no es posible, creo que tendré que volver a casa.

Besos

Amparo

AYUDA

lujoso/a	luxurious
los/las demás	the rest, the others
un giro	postal order/ money transfer
hacer amistad con	to make friends with
la ducha	shower
conocer	to meet/get to know
animado/a	lively/excited

F   VERDADERO/FALSO

1　**a**　Ramón está más contento en el hotel que en el Parador.

　　b　El hotel tiene piscina.

　　c　Ramón cree que los desayunos del Parador son buenísimos.

　　d　Van a estar unos días más en el hotel.

　　e　No piensa escribir más.

2　**a**　Bernado dice que su mujer y su hijo están esquiando mucho.

　　b　Bernado tuvo un accidente hace un año.

　　c　Tiene miedo de ver a los demás esquiando.

　　d　Le gusta leer.

3　**a**　Amparo quiere enviar dinero a sus padres.

　　b　Dice que Teruel es muy caro.

　　c　Si no tiene dinero no podrá quedarse en Teruel.

　　d　Gastó más dinero de lo que pensaba antes de llegar a Teruel.

4　**a**　A Julio le gusta la chica inglesa.

　　b　Quiere invitarla a su casa pero no tienen sitio.

　　c　Julio está seguro de que sus padres están de acuerdo con sus planes.

　　d　La chica inglesa quiere visitar Valencia.

G ELIGE

1 El problema de Antonia es que
   a la familia francesa es muy simpática.
   b van a pasar dos semanas en la Costa Azul.
   c está hablando español mucho.
2 La familia va al sur de Francia
   a para salir de noche.
   b de vacaciones.
   c porque en París son muy severos.
3 Antonia espera
   a ver muchos pueblos pequeños.
   b pasar dos semanas en el chalet.
   c poder tener más libertad en el sur de Francia.

4 Jesús dice que
   a no tiene amigas en el camping.
   b el camping es muy aburrido.
   c está muy contento con el camping.
5 Los abuelos están pasando mucho tiempo
   a aburridos.
   b jugando con gente de la edad de Jesús.
   c con amigos nuevos del camping.
6 La abuela
   a está todo el día en la piscina.
   b se bañó después de muchos años.
   c tiene un bañador más apropiado para una chica de 20 años.

CAMPING - BAR
La Viña de Oro
APARTAMENTOS - BUNGALOWS - HABITACIONES
AGUA CALIENTE - SUPERMERCADO - DESAYUNOS
TELEFONO 823280
Ctra. Gral.-Oviedo-La Coruña, Km. 357
BARRES CASTROPOL
ASTURIAS

H ESCRIBE EN ESPAÑOL

1 I spend all morning swimming.
2 The only problem is that I am not speaking much English.
3 The rooms are terrific.
4 I will have to go home next week.
5 We have made friends with some French boys.
6 The hotel is quite big.
7 I will write again on Saturday or Sunday.
8 I would like to spend two or three days here.
9 In my hotel there is a restaurant, a bar and even a television room.
10 I enjoy reading the newspapers.

Aprende 85

acabar de + infinitive	*to have just. . .*
acabo de ver a Pepe	*I have just seen Pepe*
acaban de llamar	*they have just called*
volver a + infinitive	*to do something again*
volvió a hablar	*he spoke again*
volví a preguntarle	*I asked him again*

I ¿Cuándo?

When would you say the following? Choose the correct situation for each phrase

«Acabo de llegar»	a las siete de la mañana
«Acaban de cenar»	si alguien no está en casa
«Acabo de despertarme»	después de un viaje
«Acaba de salir»	al comenzar
«Acabamos de volver»	a las diez de la noche
«Acabo de empezar»	al llegar a casa

¿Por qué?

Why would you say the following?:

«Volví a llamar»
«Volví a empezar»
«Nunca volveré a verla»
«¡No vuelvas a salir!»
«¡Vuelve a hacerlo!»
«Volví a llorar»

porque alguien te interrumpió
porque quieres que tu hijo se acueste
porque estaba comunicando
porque algo no está bien hecho
porque no quieres hablar más con ella
porque estabas muy triste

Querida tía:

El hotel es fabuloso, pero mi habitación está en la planta 43 y el ascensor no para en las plantas impares. ¡Muchas escaleras! Bajo para el desayuno y llego a la hora de comer. Ayer compré un paracaídas en caso de emergencia. No me escribas porque ningún cartero va a subir hasta aquí.
Muchos besos de tu sobrino
Don Idiota

LIBRO DE EJERCICIOS ▷ E F G H

Hoy, primer día de agosto, están saliendo de Madrid más de veinte mil vehículos por hora hacia las costas de España. El Ministerio de Transporte espera que los conductores respeten las señales de tráfico y no se registren tantos accidentes como ha occurido en esta misma fecha en años anteriores.

• • •

Rebeca: Díme, Clara, ¿qué tal las vacaciones?
Clara: Pues. . . .muy bien. El viaje un poco largo, pero el hotel muy limpio y la comida estupenda.
Rebeca: Y ¿los niños?
Clara: Los niños, todo el día en la piscina, venga a subir y bajar en los ascensores. Así que gracias a Dios a las nueve ya estaban en cama agotados.
Rebeca: ¿Y José?
Clara: José, tú ya sabes cómo es. Se aburre pronto y a los dos días ya está deseando regresar. Da más que hacer que los niños.

• • •

Enrique: Hola, Sandra. ¿Qué tal? Mira, que te estoy llamando desde una cabina. Es para decirte que mañana sale el vuelo de Sevilla a las siete. Así que llegaré a Londres a eso de las nueve y media.
Sandra: Bueno, Enrique, pero en España es una hora más tarde. Quiere decir que serán las ocho y media en Londres.
Enrique: ¡Vale! Yo iré solo del aeropuerto a la estación de Victoria y de allí en taxi a casa. Y, por favor, prepárame una cena porque en los vuelos 'charter' nos dan muy poco de comer.

• • •

Leopoldo: Trini ¿qué planes tienes para el verano?
Trini: La verdad es que quisiera ir un mes a la Costa del Sol pero no tengo dinero para estar tanto tiempo y así que tendría que ir a casa de mis primos en Málaga.
Leopoldo: Bueno y ¿por qué no vas con ellos?
Trini: Mira, primeramente que la playa misma de Málaga no me gusta. Luego, mi tía no es nada simpática, a veces es insoportable y también voy a tener problemas para salir de noche. Voy a tener que decir con quién salgo, adónde voy, a qué hora pienso volver y, en fin, no van a ser vacaciones porque voy a estar igual que cuando tenía dieciséis años.

J LEE Y BUSCA LAS FRASES

Now read the conversations which you listened to earlier and find alternative ways of expressing the following phrases.

1 muchísimos coches
en años pasados
conduzcan con cuidado

2 buena cocina
desde la mañana hasta la noche
menos mal
acostados
cansadísimos
quiere volver a casa
difícil

3 telefoneando
más o menos
de acuerdo
no comemos bastante

4 ¿Qué vas a hacer?
para empezar
creo que voy a regresar
no va a ser diferente

K LEE Y CONTESTA

Read the postcard sent to Encarnación by Regina and write a suitable reply. Ensure you answer all the questions asked by her friend.

Querido Fernando :
¿ Qué tal las vacaciones?
Cuéntame qué países has visto
y si has gastado mucho. Aquí
hace mal tiempo ¿ y por allí
¿ Qué tal?
Un abrazo muy fuerte
de tu abuela que te quiere
mucho.

Querida Encarnación:
¿ Cómo estás ? ¿ Cómo es el hotel ?
¿ Lo estás pasando bien? ¿ Hay
chicos y chicas de tu edad? ¿ Qué
haces por la noche?
Escríbeme diciéndome cómo y
cuándo vuelve,
Hasta pronto,
Regina

L ¿Qué escribe Fernando?

Write a reply for Fernando that tells his grandmother what she wants to know about his holidays.

M CONTESTA

You have just received a long letter of which this is only a short extract. Write a complete letter back which answers all the queries put to you. You may add additional information if you like.

La verdad es que no puedo estar sin ti. Después de vernos todos los días durante los tres últimos meses es una locura dejarte ir de vacaciones con ellos. Quiero saber todo lo que haces; a qué hora te levantas, qué desayunas, lo qué haces por la mañana, adónde vas y a qué hora vuelves por la noche. Por favor, escribe dándome todos los detalles porque te quiero mucho.

MEXICO CLASICO

SALIDA: 11 de Abril

Día 1.º ESPANA/MEXICO

Presentación en el aeropuerto de Madrid salidas internacionales. Trámite de aduana, embarque y salida en vuelo regular con destino a México. Almuerzo y refrigerios en el avión. Llegada, asistencia y traslado al hotel. Alojamiento.

Día 2.º MEXICO D.F.

Alojamiento. Por la mañana visita de la ciudad: Plaza del Zócalo, Catedral, Palacio de Justicia, Museo de Antropología, etc. Tarde libre.

Día 3.º MEXICO D.F.

Excursión de todo el día a las Pirámides de TEOTIHUACAN, visita de la Basílica de Guadalupe, patrona de México y el Monasterio de Acolmán. Almuerzo incluido. Por la tarde regreso a MEXICO D.F.

Día 4.º y 5.º MEXICO D.F.

Días libres para actividades personales.

Día 6.º MEXICO D.F./ CUERNAVACA/ TAXCO

Salida en autobús hacia Cuernavaca cruzando la espectacular carretera de los volcanes. Llegada a Cuernavaca, famosa zona residencial. Visita del Palacio de Hernan Cortes. Tiempo libre. Continuación a TAXCO, atravesando la Sierra Madre. Llegada a TAXCO, ciudad declarada Monumento Nacional. Por la tarde recorrido a pie por el centro histórico de Taxco. Cena y alojamiento.

Día 7.º TAXCO/ACAPULCO

Después del desayuno salida hacia ACAPULCO. Llegada y tiempo libre para disfrutar de la playa.

Día 8.º y 9.º ACAPULCO

Días libres.

Día 10.º ACAPULCO/ ESPAÑA

Tiempo libre hasta la hora del traslado al aeropuerto para salir hacia ESPAÑA. Noche a bordo.

Día 11.º ESPAÑA

Llegada y FIN DEL VIAJE.

HOTELES PREVISTOS:

México: BAMBR**
Taxco: RANCHO TAXCO*
      DE LA BORDA***
Acapulco: COPACABANA**
         PRESIDENTE****

INCLUYE:

Transporte en avión linea regular clase turista ESPAÑA/MEXICO y ACAPULCO/ESPAÑA.
Alojamiento en habitaciones dobles.
Traslado de llegada y regreso.
Transporte en autobús MEXICO/CUERNAVACA/TAXCO/ACAPULCO.
Comidas según itinerario.
Visitas de México y excursión con almuerzo a TEOTIHUACAN.

PRECIO POR PERSONA:
Madrid: 165.200
Barcelona: 168.100
Alicante: 168.100
Valencia: 181.500
Asturias: 179.200
Málaga: 184.500
Sevilla: 183.200
Santiago: 185.950
Supl. hab. indv.: 24.000

N Busca la información y contesta las siguientes preguntas

1 You are travelling with a British friend from Madrid to Mexico on the Méjico Clásico tour. Write to the UK giving your friend all details about the trip in note form.

2 What is the RENFE ticket valid for and what are you asked to do with it?

3 Hotel San Angel:
   a What facilities does the hotel offer?
   b Where can you go in the surrounding area?

4 What would you expect to happen if you took food from the buffet to your room in Hoteles Sol?

5 a What information is given here about the carrier of this note?
   b Who has the official papers, passports etc.?
   c Where can they be found?

⭘ LEE Y ANOTA

Read the letter published in
Sunrise *and list all the complaints*
that the man makes about hotels in
his hometown of Bluefields,
Nicaragua.

SUNRISE   *2 de agosto 1984*

Se quejan de los hoteles:

Debido a que mi casa es pequeña y con frequencia mi familia y amigos que vienen de visita tienen que alojarse en un hotel, esto resulta un problema. Parece que no existen habitaciones suficientes en los hoteles de Bluefields, porque muchos de ellos están llenos siempre de huéspedes permanentes.

Existe igualmente poca diferencia entre los hoteles caros y baratos, y todos tienen problema con el sistema de agua. A veces me apena el que nuestros mejores hoteles ofrezcan tan pobres servicios a sus huéspedes y a precios tan exorbitantes también. Muchas veces están desaseados y tienen a personas bulliciosas y en estado de ebriedad ambulando por los pasillos a altas horas de la noche: lo que asusta y molesta a niños y personas de más edad como yo. Cuando vienen personas a visitarme muchas veces las condiciones de los hoteles hacen que su estancia aquí en Bluefields sea un tormento.

En realidad no me gusta quejarme, pero no sé qué hacer, para solucionar esto.

PRECAUCIONES DE SEGURIDAD HOTELERA AL VIAJERO

SIEMPRE

1. Mantenga su equipaje a la vista cuando se inscriba en el hotel. No lo deje desatendido ni siquiera un minuto.

2. Coloque todos sus objetos de valor en la caja fuerte del hotel tan pronto como le sea posible, preferiblemente cuando se inscriba.

3. Cierre la puerta de su habitación con la mano al salir de ella para asegurarse de que está cerrada. Luego trate de abrirla de nuevo para asegurarse de que está correctamente cerrada.

4. Mantenga la puerta cerrada cuando esté en la habitación.

5. Cierre su puerta con la mano incluso si la abandona por un corto espacio de tiempo.

6. Cierre siempre su equipaje cuando no lo utilice y colóquelo en un armario. Si el equipaje tiene cerradura, úsela siempre.

7. Proteja la llave de su habitación. No deje simplemente la llave en el mostrador. Devuelva siempre su llave cuando abandone el hotel.

8. Notifique inmediatamente al Director, cualquier hecho anormal tal como: personas deambulando por el pasillo, repetidas llamadas telefónicas de personas que no se identifican, llamadas a la puerta de su habitación de personas desconocidas para Vd., o no encontrar nadie a la puerta cuando Vd. acude a abrirla.

9. Nuestras medidas de seguridad exigen que Vd. apague su cigarrillo o cigarro antes de retirarse a descansar.

NUNCA

1. Nunca exhiba joyas, dinero u objetos de valor en su habitación.

2. Nunca invite a extraños a su habitación, ni les diga el número de ella.

3. Nunca permita al personal de reparaciones, limpia ventanas, etc., entrar en su habitación sin comprobarlo primero con la Dirección del hotel.

4. Nunca permita la entrada de personas en su habitación con entregas que no han sido solicitadas.

5. Cuando establezca relaciones sociales con personas desconocidas no revele el nombre de su hotel ni su habitación.

6. Nunca discuta planes específicos de futuras excursiones, salidas, etc., en público o con extraños.

7. Nunca saque la llave de su habitación fuera del Hotel, ni la muestre en lugares públicos.

P LEE Y ANOTA

Read the 'dos' and 'don'ts' on the hotel security and safety instructions and note down what you are advised to do about the following subjects. Remember there may be more than one piece of advice given.

luggage   repairmen   valuables   strangers   keys
unusual   occurrences   locking doors   excursions   smoking

 LIBRO DE EJERCICIOS I

Turismo: Encuesta en la Costa de Sol						
Turistas Total:	Holandeses 7%	Británicos 29%	Franceses 21%	Alemanes 12%	Españoles 31%	= 100%
Todo incluído	62	71	46	44	18	
Alojamiento sólo villa/apartamento	24	20	20	26	31	
Turismo pasajero	14	9	34	30	51	
Total	100%	100%	100%	100%	100%	
Estancia 15 días o menos	68	74	51	47	56	
más de dos semanas	32	26	49	53	44	
Total	100%	100%	100%	100%	100%	
Por primera vez	35%	53%	51	51	30	
Más de una vez por año	31%	26%	18	17	19	
por avión	74	79	41	59	10	
por carretera	20	16	49	30	78	
en tren	4	3	8	9	11	
por mar	2	2	2	2	1	
Total	100	100	100	100	100	

Q Lee los datos sobre el turismo en la Costa del Sol y contesta las siguientes preguntas

1 Which country do the largest number of tourists come from?
2 Which nationals mostly choose package tours?
3 Which country has the highest percentage of people choosing to stay in rented accommodation?
4 Who tends to pass through rather than stay?
5 Which nationals tend to stay for more than a fortnight?
6 From which two countries do people visiting Spain for a second or subsequent visit come?
7 Who tends to go more than once a year?
8 Who mostly goes for a fortnight's holiday?
9 Who, apart from the Spaniards themselves, will mostly drive to the Costa del Sol?
10 Which country has the lowest percentage of people travelling by rail?

Día 1.º MADRID/ALICANTE
Salida a las doce de la noche de San Bernardo, 5.

SALIDA: 15 DE ABRIL

PRECIO POR PERSONA:

Día 2.º-4.º ALICANTE
Días libres. Alojamiento y desayuno.

14.800 Ptas.
SUPL. INDIV.: 3.500 Ptas.

Día 5.º ALICANTE/MADRID
Mañana libre. A primeras horas de la tarde, regreso a MADRID.

HOTEL PREVISTO:
MAYA***

INCLUYE:
Transporte en autopullman.
Alojamiento en habitaciones dobles con baño. Desayunos incluidos.

NOTA: El alojamiento del primer día se efectuará en el transcurso de la mañana.

HOSTAL RESIDENCIA «LAS SIRENAS»
***
C/. Juan Bravo n.º 30
SEGOVIA (España)

Hotel R. Málaga Palacio

APARTAMENTOS

LOCALIDAD	COSTA	APARTAMENTOS	CAPAC.	MIN. NOCHES	PRECIO APARTAMENTO 11 AL 21 ABRIL		RESTO ABRIL	DESCRIPCION
					POR NOCHE	7 NOCHES		
ROQUETAS	COSTA DE ALMERIA	CONCORDIA PLAYA	4/6	4	6.000	27.760	2.655	300 m playa, jardín, piscina, etc.
		DON PACO	2/4	7	–	24.375	2.050	1.ª línea playa, jardines, piscina, etc.
MOJACAR		LAS MARGARITAS	4/6	4	6.390	30.470	3.550	600 m playa, piscina, jardín.
		PUEBLO INDALO	2/4	4	4.985	34.330	4.865	1.ª línea playa, piscina, jardín, restaurantes, barbacoa, supermercado, etcétera.
			4/6	4	6.390	44.010	6.240	

TROTA MUNDOS

Rutas de Fin de Semana Alrededor de Madrid

Madrid - nuestra región. Ríos y embalses, paisajes preciosos e imponentes, pueblos y gente, gastronomía, cultura, historia.

Paseando en bici, haciendo ejercicio y relajándonos, tranquilamente por carreteras secundarias, en compañía de gente que comparte nuestros gustos, sin correr ni competir, en contacto con la naturaleza, disfrutando del sol y del aire libre.

Eso es lo que proponemos. Con nuestra experiencia de tres años hemos diseñado rutas por los alrededores de Madrid. La mayoría de las cuales está al alcance de cualquier persona – tenga o no experiencia en bicicleta – y de cualquier edad.

Todas nuestras rutas INCLUYEN:
- ALOJAMIENTO (1)
- DESAYUNO, COMIDA Y CENA (2)
- FURGON DE APOYO que transporta bicis, equipaje y equipos de taller y cocina.
- GUIAS ACOMPAÑANTES en bici y furgón.
- SEGURO DE ACCIDENTES
- ASISTENCIA MECÁNICA EN RUTA.
- TRANSPORTE DE IDA Y VUELTA A LA RUTA para personas y bicis.

OPCIONAL:
- ALQUILER DE BICICLETAS al precio especial para nuestros viajes de 500 ptas./día.

(1) Siempre en hostal/pensión a excepción de las rutas nº 4, 7, 12 y 13 que se harán en camping.
(2) La comida de mediodía será siempre "de campo", elaborada por nuestro equipo.

Primavera en Bicicleta

19 a 22 MARZO. SUR de MADRID y TOLEDO

Día 1º: Salida de Madrid en bici (Legazpi, 9 h.). Comida de campo. Tarde, noche Aranjuez.
Día 2º: En bici a Toledo. Comida de campo. Tarde y noche en Toledo. Visita a ciudad.
Día 3º: Toledo-Almorox. Parada para comer. Llegada por la tarde-noche.
Día 4º: Excursiones en bici alrededores pantanos de Picadas y S. Juan. Vuelta en bus.

PRECIO: 12.000 ptas.

28 a 29 MARZO. CHINCHÓN y ARANJUEZ

Día 1º: Salida de Madrid en bici (Legazpi, 9 h.). Tarde y noche en Chinchón.
Día 2º: A Aranjuez junto al Tajo. Visita Aranjuez por la tarde. Regreso en tren.

PRECIO: 5.500 ptas.

R CORRIGE/CONTESTA

1 Corrige
Correct the statement below:
The leaflet advertises mid-week bicycle trips through Madrid in winter.

2 Contesta
Answer the following questions about the organisation of the trips:
a What are the board and lodging arrangements?
b What is said about lunch arrangements?
c State three uses of the assistance trailer.
d What can you do if you do not have your own bicycle?
e What else is included?

3 Contesta
Answer the following questions about the holidays offered:
a What does the Madrid region offer?
b How does this company claim to offer peaceful and relaxing holidays?
c Who are the trips designed for?
d How would you return to Madrid at the end of each bicycle trip?
e Write an account of the South of Madrid–Toledo trip.
Start: Salimos del metro de Legazpi en bici a las. . .

JÓVENES INGLESES VISITARÁN NUESTRA PROVINCIA

Se nos informa que los días 19, 20, y 21 del corriente mes de agosto llegarán a Cádiz diez jóvenes procedentes de la capital de Gran Bretaña.

Gozarán de un apretado y atractivo programa de visitas y actividades elaborado para mostrarles lo más fundamental de Cádiz y su provincia.

El día 19 visitarán museos de la ciudad. Por la tarde viajará la expedición a Jerez de la Frontera donde entre otros lugares destacados de interés turístico, harán una visita a las famosas bodegas y después a la Escuela Ecuestre. Allí presenciarán una exhibición de equitación una vez visitados los establos.

El día 20 marcharán a Tarifa para recorrer las ruinas de Bolonia y el famoso castillo, celebrando un almuerzo con el alcalde tras visitar las oficinas del Ayuntamiento. Esta segunda jornada terminará con una gran fiesta flamenca en honor de estos jóvenes londinenses.

Por último, de la tercera jornada sólo se nos informa de que celebrarán un almuerzo en nuestra ciudad en compañía de estudiantes del Instituto Zorrilla.

En el mes de julio del año pasado se realizó otro de estos intercambios, aquella vez con jóvenes franceses, y presumimos que el programa de este año sera tan extenso y tan bien planificado como lo fue en aquella ocasión.

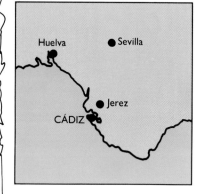

S VERDADERO/FALSO

1 The group will be visiting the Province of Cádiz for 4 days.
2 They are arriving at the beginning of August.
3 They are from the Midlands.
4 They will see a display of riding skills during their stay.
5 We know that they have a very tight schedule for the last day of their visit.
6 They will be shown the business that is conducted in a Town Hall.
7 The same students visited France last year.
8 No tendrán tiempo para visitar ningún museo.
9 Probarán el famoso vino de Jerez.
10 Tendrán todo el último día libre para ir de compras.
11 Una de las atracciones previstas es una exhibición de la música típica andaluza.
12 El alcalde de Cádiz les invita a comer con él.
13 Es la primera vez que se celebrará uno de estos intercambios en Cádiz.

T Definiciones

Choose the best explanation of the following phrases

1 Un apretado programa (muchas visitas, nada que hacer, una tarde de descanso)

2 Bien planificado (sin mucho interés, con mucho cuidado, con falta de organización)

3 Una bodega (una casa de campo, una fábrica de vinos, una tienda de ultramarinos)

4 Una escuela ecuestre (escuela primaria, instituto técnico, entrenamiento de caballos)

5 Unas ruinas (derrumbado, bien construído, en las afueras de la ciudad)

6 Por último (para empezar, actualmente, finalmente)

LIBRO DE EJERCICIOS > J K L M N

ACCIDENTE EN PANTICOSA, ARAGÓN

A primera hora de la tarde de ayer tuvo lugar un grave accidente en una de las estaciones de esquí más famosas del Pireneo aragonés, Panticosa. Una gran cantidad de nieve se desplomó de repente cubriendo a un grupo de esquiadores que estaba practicando en esos momentos. Una familia que subía entonces a la pista fueron los primeros en dar la alarma e inmediatamente se emprendió la búsqueda de los afectados, que duró cerca de tres horas. Cuarenta y siete personas fueron rescatadas, de las cuales nueve resultaron ilesas, treinta con heridas de diversa consideración e inicios de congelamiento y ocho personas fueron halladas ya cadáver. Las víctimas fueron transportadas en seguida al hospital más cercano, San Carlos, en Jaca. Algunos han podido salir inmediatamente después de ser examinados y fuentes del hospital aseguran que todos los demás evolucionan favorablemente.

U ELIGE

1 El accidente tuvo lugar a eso
   a de las ocho
   b de la una
   c de las diez

2 La nieve cubrió a
   a una familia
   b personas muy famosas
   c gente que estaba esquiando

3 Buscaron a los afectados
   a durante más de tres horas
   b durante tres horas casi
   c durante toda la mañana

4 Murieron
   a ocho de los cuarenta y siete rescatados
   b treinta de los cuarenta y siete rescatados
   c ocho de los treinta rescatados

5 a Hay muchos problemas con los demás
   b Los demás están mejorando
   c Creen que todos van a morir

6 Las víctimas fueron transportadas
   a a un hospital en San Carlos
   b por San Carlos a Jaca
   c a un hospital en Jaca

AYUDA

la cantidad	*quantity*
desplomarse	*to collapse/ tumble down*
de repente	*suddenly*
emprender	*to undertake/ begin*
la búsqueda	*search*
rescatar	*to rescue*
ileso/a	*unhurt*
los inicios	*the beginnings*
el congelamiento	*frost-bite/ freezing*
evolucionar	*to recover*

V Busca las siguientes frases

un accidente muy serio   mucha nieve
de pronto   entonces   salvadas   diferente
fueron heridos   encontrados   muertos
están mejorando

VIAJE A AMÉRICA DEL SUR

Dias 1−2 Montevideo (Uruguay)

Llegada a Montevideo para permanecer allí 2 noches, con cena incluída la primera noche en el hotel.

Al día siguiente hay una excursión de todo el día a Punta del Este, ciudad mundialmente famosa en la que el Río de la Plata desemboca en el Atlántico. En la excursión se entregará un paquete con la comida del día y esa noche la cena en Montevideo corre a cargo suyo.

Dias 3−4 Buenos Aires (Argentina)

Visita a los puntos de más interés turístico de Buenos Aires, en los que se incluye el Teatro Colón, la Casa Rosada, la Catedral y la Avenida de Nueve de Julio, una de las calles más anchas del mundo. Esa misma tarde se visita el Viejo Almacén, una de las Casas de Tango más visitadas, con cena y espectáculo incluídos. El siguiente día es libre, con un espectáculo de folklore por la noche.

Dias 5−6 Bariloche (Argentina)

De Buenos Aires volveremos al suroeste hacia las altas tierras de la Patagonia, a Bariloche, en el corazón mismo de los grandes lagos argentinos. En esta encantadora ciudad junto al lago Nahuel Hampi permaneceremos dos noches.

Dias 12−13 Cuzco (Perú)

Desde Puno viaje en tren a través de un magnífico paisaje andino hasta el altiplano de Cuzco, en donde permaneceremos las siguientes 3 noches. Al día siguiente se recorrerá lo más interesante de la capital inca junto con una visita al fuerte de Sacsayhuaman.

(Juliaca-Cuzco (en tren) 12 horas aproximadamente.)

Dia 14 Macchu Picchu (Perú)

Macchu Picchu, la ciudad perdida de los Incas y una de las ruinas más impresionantes del mundo es, sin duda, el punto culminante de este viaje. La excursión comienza con un viaje en tren de 4 horas con una magnífica panorámica. Tras unas horas en Macchu Picchu, regresaremos a Cuzco para nuestra última noche allí, con cena en el hotel incluída.

CONSEJOS

Lo más aconsejable es llevar ropa cómoda y lo más ligera posible. Para andar y recorrer lugares se recomienda calzado resistente y cómodo sin tacón. También es importante llevar un protector solar así como una loción contra insectos. No olvide llevar consigo una buena chaqueta y jersey ya que las noches en algunas partes pueden ser bastante frescas. Para los espectáculos nocturnos quizá sería apropiado un vestuario más elegante.

Los servicios de lavado y limpieza en seco pueden obtenerse en los hoteles de las principales ciudades.

Se recomienda cheques de viajero y que se obtengan todos los visados antes de salir del país de partida.

W Lee el itinerario del «Tour» de la América Latina y contesta las siguientes preguntas

1 Imagine you had joined this trip to South America and had kept a diary. Write it in note form in English.

2 What are you told about
   - **a** passports and customs?
   - **b** health?
   - **c** currency?
   - **d** clothes?

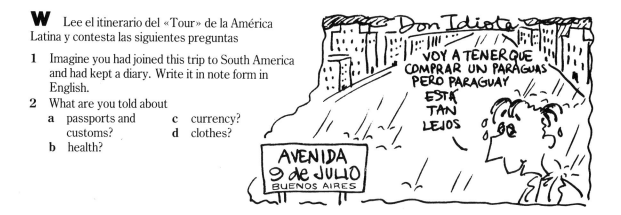

Comida, compras y cosas así

Helena

«Mi madre hace de comer en casa. Cocina muy bien. Yo sé hacer mejor cosas difíciles que cosas fáciles. Los huevos fritos nunca me salen.»

Eva

«Hay días que llego a la misma hora que mi padre y entonces comemos todos juntos. Otros días han almorzado ellos ya porque ha llegado mi padre antes y entonces como sola, pero ellos me están acompañando, o sea, estamos todos a la mesa siempre.»

Bruce

«Yo llego a las dos y media y como mi madre ha preparado la comida para mi hermano pues normalmente comemos comidas recalentadas o simplemente comidas rápidas: patatas fritas o huevos fritos, arroz. Son comidas sencillas, comidas ligeras. La comida fuerte la realizamos los fines de semana, por las noches no, porque no nos sienta bien.»

Ana Plans

«A las ocho empiezo en la universidad. Como en la cafetería a eso de las dos. Me tomo un bocadillo o una ensalada, a veces un trozo de carne o un plato caliente cuando hace frío. Ceno tarde, por lo general a las once o a las doce de la noche. A esa hora no me gusta cenar fuerte.»

A Lee lo que nos dicen Helena, Ana, Eva y Bruce y contesta las siguientes preguntas:

1 What does Bruce say about week-ends?
2 Who is unlikely to have a heavy evening meal?
3 What happens when Eva arrives for lunch after her father?
4 Who says they only know how to cook complicated dishes?
5 Who has light lunches and what do they consist of?
6 When does Ana have dinner?
7 What does she have for lunch?
8 Who has difficulty in frying an egg?

AYUDA

nunca me sale	*I can never get it right*
almorzar(ue)	*to have lunch*

Javier

Los Palcos
taberna andaluza

fino

MONTILLA - CORDOBA

Etiqueta distintiva de nuestros vinos de crianza

EL OJO BAR
PLAZUELA DE SAN MARTIN
SEGOVIA
TELEF. 437742

BAR EL GIMNASIO
plaza de san martin, 3
Segovia

«Hablando de gastronomía, pues si hay algo que en España también llama mucho la atención a los extranjeros es la extensión de bares y mesones, donde cuando pides un refresco o una caña, es decir, un vaso de cerveza, lo acompañan con un «aperitivo», con una «tapa», o a veces, «raciones» si las pides.

A mi amiga Sanja todo le encantaba porque quería probarlo todo. Quería probar raciones de todo, especialmente de pescado frito como chanquetes, calamares, y sobre todo, cómo no, boquerones en vinagre, que es su tapa favorita.»

EL BODEGON
(Patio Andaluz)
Buen vino. Buenas tapas y además le invitamos a degus-
tar nuestra rica sangría ¡VISITENOS!
Estamos junto a ECO MATEO
(Antiguo Video-Disco Maribel)

AYUDA

la gastronomía	*gastronomy/fine food*
el extranjero	*foreigner/(abroad)*
el mesón	*bar*
el refresco	*cold drink*
el aperitivo	*snack*
probar(ue)	*to try/taste*
los chanquetes	*minute fish, fried*
los boquerones	*anchovies*

Marisé

«En términos de comida, en Galicia se come mucha más verdura porque se come el «caldo gallego» típico, por lo menos dos veces a la semana. Es una especie de sopa fuerte que tiene muchas verduras, carne y patatas. Pero en Salamanca yo notaba que mis amigas comían mucho potaje, muchos garbanzos, alubias, y cosas así. Pero en Galicia se come más variado porque hay mucho pescado que viene de la costa.»

AYUDA

la verdura	*green vegetables*
el caldo	*broth*
los garbanzos	*chick peas*
las alubias	*French beans*
el potaje	*thick soup*

María José
«La comida típica de Granada es la tortilla de Sacromonte, que es una tortilla con muchas verduras, con chorizo, y con sesos. También tenemos las habas con jamón. Las habas en Granada son muy tiernas y muy pequeñas, y con jamón es un plato muy típico. Luego están todos los pescados, frescos o fritos, de la costa, que son de tradición andaluza. Una tapa típica es las habas con bacalao salado, y después, por ejemplo, como en el sur de Granada hay un microclima tropical, hay mucho fruto exótico como la chirimoya, el aguacate y muchos productos derivados de esos.»

AYUDA

el chorizo	*spicy sausage*
los sesos	*brains*
las habas	*broad beans*
tierno/a	*tender*
el bacalao salado	*salted cod*
la chirimoya	*custard apple*
el aguacate	*avocado*
derivar	*to derive/make from*

Tina nos habla de cuando vivía en Navarra:
«Como el pueblo más cercano estaba a unos 7 kilómetros, venía una camioneta cargada de cosas. Las señoras esperaban a que viniera y hacían fila y compraban todos los productos básicos: azúcar, pan, leche, vino. . . . . Los niños hacíamos cola y nos hacía ilusión comprar chucherías: . . .chicle, caramelos, chocolate, chupachuses. . .»

AYUDA

la camioneta	*van*
hacer fila	*to stand in a line, to*
hacer cola	*queue up*
nos hacía ilusión	*we adored*
las chucherías	*rubbishy food*
los chupachuses	*lollipops*

B Lee lo que nos dicen Javier, Marisé, María José y Tina y contesta las siguientes preguntas:

1 What does Javier say a 'tapa' is?
2 What appeals to foreigners?
3 What does he say that his friend Sanja liked?
4 What is 'caldo gallego'?
5 What did Marisé notice about her friends in Salamanca?
6 What are the differences between cooking in Galicia and in Salamanca?
7 What is the 'tortilla Sacromonte'?
8 What else does María José say about food in Granada?
9 Why does Tina say that the ladies waited for the van and what did they buy?
10 What did the kids enjoy queueing up for?

LIBRO DE EJERCICIOS ▷ A ▣ B C

¡Come y bebe todo lo que puedas!

Restaurante Las Columnas
ESPECIALIDADES:
CORDERO ASADO • COCHINILLO • PERDICES
Y TODO TIPO DE PESCADOS
(Dirección: **Primitivo Martín**)
C/ Colón, n.º 1   Teléf. (911) 43 11 42   SEGOVIA

Dicen que al hombre
se le conquista por el estómago

BIENVENIDO

EL BAR LA RONDA
LE ESPERA DURANTE SU
HAPPY HOUR
DE 18:30 A 20 HORAS

ALMUERZO Y CENA
De 11.00 a 23.00

ENTREMESES
SALMON AHUMADO DE LA CASA   1.650
JAMON SERRANO DE JABUGO   1.535
CAZUELA DE GAMBAS AL AJILLO 1.200
MELON AL OPORTO   635

postres

MELOCOTÓN EN ALMÍBAR	200
PIÑA EN ALMÍBAR	200
HELADO	200
FLAN DE LA CASA	200
FLAN CON HELADO	275
ZUMO DE NARANJA	175
FRUTA DEL TIEMPO	175
TARTA PONCHE	300
TARTA DE MANZANA	300

CARNES

Chuletas de cordero ....
Chuletas de ternera ....
Solomillo de ternera ....
Cordero asado de Segovia ....
Ternera asada en su jugo ....
Chuletas de cerdo ....
Lomo de cerdo riojana ....
Codornices toledanas ....
Pollo al ajillo, medio ....
Pollo con tomate, medio ....
Callos a la madrileña ....
Cochinillo asado de Sepúlveda ....

PESCADOS

-VIEIRA - con mejillones   1.290   -PESCADO (según mercado)...
y gambas al cava.

-CRÊPES DE LANGOSTINOS 1.225   -RAPE - con endivias   1.425
braseadas.

PARADOR NACIONAL DE TORDESILLAS

MINIBAR

Por favor indique en esta hoja con una X cada consumición
efectuada y désela a recepción. Muchas gracias.

Please indicate with an X each iten you have consumed
an submit this form to the reception. Thank you.   ● Cocher d'une croix. S. V. P. vos consommations et
remettez cette fiche à la reception. Merci beaucoup.

DENOMINACION DESIGNATION DESIGNATION	Número de Consumiciones			PRECIO UNIDAD	TOTAL PESETAS
Agua sin gas ½					
Agua con gas ½					
Cerveza					
C. Cola					
Refresco naranja					
Refresco limón					
Tónica					
Soda					
Champagne ½					
Champagne ¼					
Zumos varios de frutas					
Frutos secos					
Brandy (coñac)					
Ron					
Ginebra					
Jerez dulce o seco					
Anís					
Vermut					
Pippermint					
Whisky escocés					
Sangría					

Fecha,........de......................de 19.........   TOTAL

Nombre.. ▪ Habitación
Room
Chambre
Firma
Signaturo

Cargado en Fra. n.º ....

C ORAL/ESCRITO

1 ¿A qué hora desayunas?
2 ¿Qué tomas para el desayuno?
3 ¿Dónde almuerzas?
4 ¿Cuál es tu comida preferida?
5 ¿Te gusta el pescado más que la carne?
6 ¿Qué bebida caliente prefieres?
7 ¿Cuántos terrones de azúcar tomas en el café o el té?
8 ¿Sueles ir mucho a restaurantes a comer?
9 ¿Quién cocina en casa?
10 ¿Te gusta cocinar? ¿Qué platos sabes cocinar?

FRUTERIA

VINOS Y LICORES

CARNICERIA

LACTEOS

CHARCUTERIA

PESCADERIA

PASTELERIA

CONGELADOS

SUPER MERCADOS

El Corte Inglés

PLAZA DE CATALUÑA
DIAGONAL

PLATOS PREPARADOS

ULTRAMARINOS

EN EL SUPERMERCADO

Señora: ¿Tienen Vds. servicio a domicilio?

Dependiente: ¿Dónde vive Vd., señora?

Señora: Aquí mismo, en Leganés, a dos calles.

Dependiente: Entonces no hay problema. Antes de las seis estará todo en casa.

Señora: Bueno, algunas cosas me las voy a llevar yo porque me hacen falta esta mañana.

Dependiente: Sí, señora. Dígame usted lo que quiere y se lo pongo en una bolsa.

Señora: Sí. Tengo que llevarme la leche, los yogures, el pescado, las latas de atún y la coliflor. Las botellas de cerveza, la carne, las demás legumbres y la fruta las pueden traer a casa luego.

Dependiente: Muy bien. ¿Me dice usted su domicilio?

Señora: Sí, claro. Es Calle Leganés 32, 3° B.

Dependiente: Muy bien. Así que son tres mil doscientas justas.

Señora: Sí, tome. Yo luego le daré una propina al chico. Gracias.

Dependiente: De nada. Adiós.

D Lee la conversación y contesta las siguientes preguntas

1 Why does the supermarket do a home delivery in this case?
2 Why does the lady want to take some things with her?
3 What does the assistant offer to do?
4 What does she take and what does she leave?
5 What does the attendant ask her?
6 How much does the bill come to?
7 What will she do when the goods are delivered?
8 When is that likely to be?

Edificio PRECIADOS	
9ª Planta	Oficina Administrativa.
8ª Planta	Servicio de Crédito.
7ª Planta	Oportunidades. Señoras y Zapatería.
6ª Planta	Oportunidades. Caballeros y Niños.
5ª Planta	Muebles.
4ª Planta	Muebles. Cuadros. Lámparas.
3ª Planta	Tapicerías. Visillos. Alfombras.
2ª Planta	Electrodomésticos. Muebles cocina. Baño.
1ª Planta	Radio T.V. Fotografía. Video-Club. Informática.
Entre-planta	Regalos. Artesanía. Papelería.
Planta	Caja de devoluciones.

LIBRO DE EJERCICIOS ⟩ D 📼   E

Dos chicas comparten un piso

Marisol has just moved in with Antonia and they are
planning how they can organise the flat, the cleaning,
the shopping.

A: Bueno, Marisol ¿cómo nos vamos a organizar para el piso?

M: Pues, por ejemplo, en cuestión de comida, yo creo que lo que podemos hacer es comprar las cosas comunes que vayamos a utilizar las dos juntas.

A: Sí, azúcar, harina, sal, aceite. . . . . . .

M: Y, bueno, artículos de limpieza para la casa.

A: Sí, eso también. Pero tú trabajas de una a cinco entonces. . . . ¿cuándo vas a comer?

M: Bueno, tengo que organizarme de forma diferente claro. Lo que haré es que, por la mañana, tomo un desayuno fuerte, tipo inglés, y luego cuando vuelva después de las cinco hago ya una cena más fuerte.

A: ¡Vale! Yo, como entro a trabajar a las cuatro, pues comeré a la hora normal, o sea, no vamos a coincidir. Cada una se hace su comida.

M: Bueno, a lo mejor algún día coincidimos para la cena, así que nos haremos algo, pero cada una ve lo que va a necesitar para el día o para la semana y ya lo compra aparte ¿no te parece?

A: Sí, muy bien, estoy de acuerdo.

M: No obstante, si necesitamos una cosa de la otra en un momento dado, pues supongo que se coge y estaremos de acuerdo. Detergente también es una cosa que, para la lavadora, conviene tener aquí.

A: Sí. Después, para bajar la basura, hay que hacerlo a partir de las ocho de la tarde. Pero creo que los domingos no se baja. No recogen. Entonces, por ejemplo, una semana se puede encargar una, otra semana se encarga la otra. Y para fregar, pues como no vamos a coincidir, cuando una se haga algo que lo friegue.

M: Vale.

A: Lo podemos hacer así, y luego, si no funciona, lo cambiamos.

M: Y luego, la aspiradora – cada una su habitación.

A: Sí, y yo creo que para el resto de la casa, no hay problema, porque es tan pequeña que en cinco minutos se hace.

M: Sí. Un día cuando coincidamos las dos un sábado o un domingo podemos hacerlo. ¿Y el baño?

A: El baño, pues, a quien le toque bajar la basura esa semana limpia el baño a la semana siguiente, o sea, quien no tiene que bajar la basura, limpia el baño, dos o tres veces durante la semana. ¿Y el teléfono?

M: Sí. ¿Cómo hacemos? Anotamos entonces. ¿Te parece que tengamos un cuaderno? Anotamos

las llamadas que hacemos, y luego, como tenemos que pagar cada dos meses, que es cuando llega la factura, pues . . . dividimos en proporción.

A: Acuérdate también de que hay que llamar a la dueña para decirle que hemos pagado 5.000 pesetas por el arreglo del calentador y que tiene que arreglar el televisor, que sólo se ve en blanco y negro.

M: Sí, es verdad. Bueno y un mes pagas tú a la dueña directamente y otro mes le pago yo, y luego nos arreglamos, en vez de tener que dar la mitad cada una, que es más lío ¿no?

A: No. Yo prefiero pagar mitad tú y mitad yo cada mes porque si no es mucho dinero de golpe. Así estás más desahogada.

M: Bueno. Otra cosa muy importante: ¿qué tiendas hay por aquí cerca?

A: ¿Tiendas? De comestibles, pues mira, en la esquina, saliendo del portal a la derecha, hay una tienda que está abierta hasta muy tarde y tiene casi de todo, pero es un poquito cara. Más barato, entonces, tienes el supermercado, pero está un poco más lejos. Y luego, enfrente de esta tienda que está en la esquina, hay una que abre también los domingos. Está muy bien por si se olvida algo. Pero también es muy cara.

M: Ya, ya. ¿Librerías hay por aquí?

A: No, librerías no. Hay una papelería. Se puede comprar cuardernos, bolígrafos y hay fotocopiadora.

M: ¡Ah! Tiene fotocopiadora.

A: Sí, y está, saliendo también a la derecha, un poquito más abajo, como a cinco minutos de aquí. Y desde luego lo que más abunda son bares. Bares, aquí abajo hay dos y enfrente hay otro.

M: Y cafeterías y pubs también hay que están abiertos hasta tarde ¿no? Y grandes almacenes como 'El Corte Inglés' y 'Galerías Preciados'.

A: Sí, se puede ir andando. Otra cosa que te quería decir es que aquí cerca también tenemos instalaciones deportivas. Hay una piscina, hay pistas de tenis, se dan clases de gimnasia y todo funciona también en invierno.

AYUDA

la basura	*rubbish*
encargarse	*to be in charge of*
la factura	*bill*
el arreglo	*mending*
la mitad	*half*
más lío	*more of a muddle*
desahogado/a	*comfortable/at ease*
fregar(ie)	*to wash-up*

E Lee la conversación entre Antonia y Marisol y contesta las siguientes preguntas

1   What do the girls consider 'cosas comunes'?
2   What will their respective working hours decide?
3   Who thinks borrowing is a good idea?
4   What are the arrangements for washing up, clearing the rubbish and hoovering?
5   Who cleans the bathroom?
6   How will they deal with the telephone bill?
7   Why do they need to contact the owner of the flat?
8   Why does Antonia not agree with the way Marisol wants to pay the rent?
9   What is said about buying food in the area?
10 What else can be found in the immediate area?

F Explica y aprende las siguientes frases:

por ejemplo	en cuestión de	¡claro!	¡vale!
a lo mejor	¿no te parece?	estoy de acuerdo	no obstante
a partir de	a la semana siguiente	de golpe	
desde luego			

LIBRO DE EJERCICIOS F   G

G CON TU COMPAÑERO/A

One partner should ask questions to find out what their partner did yesterday.

Ejemplo:
Q   ¿Qué hiciste ayer a las dos?
A   Me peiné/me cepillé el pelo
(Peiné)
Escuché. . . Me lavé . . . Fui . . . Charlé . . . Lavé . . .
Compré. . .Entré en. . .Pasé . . . Toqué . . .Fregué . . .
Miré . . .Visité . . .

H Y AHORA, TÚ

Tell your partner what you did this morning and he/she should take notes

▮ LEE Y ESCRIBE

You are trying to help El Corte Inglés to write an English version of their Store Guide. Read the Spanish carefully and see how much of it you can do before consulting your teacher or a large dictionary.

GUIA DE DEPARTAMENTOS

1 SOTANO

Tejidos. Mercería. Sedas. Lanas. **Supermercado. Imagen y Sonido.** Cassettes. Fotografía. Hi-Fi. Ordenadores. Radio. TV. Videos. Discos.

B PLANTA BAJA

Complementos de Moda. Perfumería y Cosmética. Joyería. Bisutería. Bolsos. Fumador. Librería. Tienda de Tabaco. Marroquinería. Medias. Pañuelos. Papelería. Relojería. Sombreros. Turismo.

1 PLANTA

Hogar Menaje. Artesanía. Cerámica. Cristalería. Cubertería. Accesorios Automovil. Bricolaje. Loza. Orfebrería. Porcelanas (Lladró Capodimonte). Platería. Regalos. Vajillas. Saneamiento. Electrodomésticos. Muebles de Cocina.

2 PLANTA

Bebés. Confección. Carrocería. Canastillas. Regalos Bebé. Zapatería Bebés. **Niños-Niñas (4 a 10 años).** Confección. Boutiques. Complementos. Juguetes.

3 PLANTA

Confección Caballeros. Confección Ante y Piel. Boutiques. Ropa Interior. Sastrería a Medida. Artículos de Viajes. Complementos de Moda.

El Corte Inglés

4 PLANTA

Señoras. Confección. Punto. Peletería. Boutiques Internacionales. Lencería y Corsetería. Futura Mamá. Tallas Especiales. Complementos de Moda.

5 PLANTA

Juventud. Confección. Tienda Vaquera. Lencería y Corsetería. Punto. Boutiques. Complementos de Moda. **Deportes.** Prendas Deportivas. Zapatería deportiva. Armería. Complementos. Marcas internacionales.

6 PLANTA

Muebles y Decoración. Dormitorios. Salones. Lámparas. **Hogar Textil.** Mantelerías. Toallas. Visillos. Alfombras y Moquetas. Cortinas. Edredones. Ropa de cama y mesa.

7 PLANTA

Oportunidades.

GUIA DE SERVICIOS

3 4 SOTANO

Parking. Taller de Montaje de accesorios del automóvil.

2 SOTANO

Parking. Carta de Compra. Desgravación fiscal.

1 SOTANO

Patrones de moda. Sala de audición de Hi-Fi. Alquiler de cámaras de Video. Optica 2000. Laboratorio Fotográfico. Revelado rápido de Fotograffas. Tintorería.

B PLANTA BAJA

Reparación relojes y joyas. Estanco. Información. Quiosco de Prensa. Servicio de Intérprete. Objetos perdidos.

1 PLANTA

Reparación Calzado. Plastificado de Carnet. Duplicado de llaves. Grabación de objetos. Floristería. Listas de Boda.

2 PLANTA

Estudio Fotográfico y realización de retratos.

GUIA DE SERVICIOS

3 PLANTA

Unidad Administrativa (Tarjeta de compra El Corte Inglés. Venta a plazos. Envio al extranjero y nacionales. Desgravación fiscal. Post-Venta). Peluquería Caballeros y niños. Centro de Seguros. Agencia de Viajes. Cambio libre de moneda extranjera.

4 PLANTA

Desgravación Fiscal. Peluquería Señoras. Conservación de pieles.

6 PLANTA

Enmarque de cuadros. Realización de Retratos. Estudio de decoración.

7 PLANTA

Cafetería. Buffet. Restaurante.

Aprende 86

¿Dónde compraste **el** coche?
¿Y **la** moto también?

¿Por qué?

¿Y **las** bicicletas que hay en el garaje?
¿Ni **los** patines tampoco?

Lo compré en Extremadura.
No, **la** moto, **la** compré aquí, pero voy a vender**la** mañana.
Porque no **la** utilizo, el coche sí **lo** utilizo mucho.
Las bicicletas no **las** quiero.

Sí, claro que **los** quiero, esos no te **los** doy.

J UNE

1	¿Vendió la casa?	**a**	No, no la vi en ninguna tienda.
2	¿Compraste el vino?	**b**	No, los vi hace poco en el parque.
3	¿Trajiste la alfombra?	**c**	Sí, la vendió ayer.
4	¿Tienes las llaves?	**d**	No, no lo compré.
5	¿Están aquí tus hermanos?	**e**	No, las perdí esta mañana.
6	¿Hablaste con María?	**f**	Sí, la vi anoche.

LIBRO DE EJERCICIOS > H I 📼 J K

Andrés: Hay tantas aspiradoras que no sé cuál llevarme. Supongo que mejor será una pequeña y ligera.

Dependiente: La que usted quiera. A mí me da igual.

Andrés: Es que como yo soy el que pasa la aspiradora en casa. . .

Dependiente: Pues nada. Entonces ésa.

Andrés: ¿Las hay en otros colores o sólo en blanco?

Dependiente: No sé. Yo la he visto sólo en blanco.

Andrés: Bueno, pues, entérese usted ¿o es que le da lo mismo vender que no vender?

Dependiente: La verdad es que sí. Me da igual, porque yo estoy aquí los sábados solamente y me explotan, me pagan muy poco.

Andrés: ¡Valiente comercio éste! Adiós.

¡El Periódico te puede ayudar también!

K Lee la conversación y contesta las siguientes preguntas

1 Why can't Andrés make up his mind about which vacuum cleaner to buy?
2 What kind does he think would probably be best?
3 Why does this suit his needs?
4 What information does he want from the assistant?
5 Why does Andrés get upset?
6 Why is the assistant so indifferent?

Se vende ROPA NIÑOS, artesanía exclusiva, precio coste. También lencería, ropa de casa, artículos de regalo. Orense 28, 2° ☎ 593 25 26

BMW 650 90.000 ptas. Buen estado con extras. Ricardo ☎ 469 32 69

✗ MOBYLETTE, último modelo Liberty, 800 km., duerme en garaje. 70.000 ptas. Llámar Ramón, de 9.30 a 19 horas ☎ 445 40 12

Máquina de escribir de oficina LEXI-COM 80. Perfecto estado; 35.000 ptas ☎ 474 01 88

COMPRO coche, particular a particular, en buen uso. Rodrigo. ☎ 469 31 42

✗ MOTO 250 cc. Seguro 6 meses. Extras. Estado fenomenal 110.000 pesetas discutibles. Llamar de 16 a 20 horas. Jesús. ☎ 463 93 96

ANTIGÜEDADES IBARRA, por cese de negocio, liquida todas sus existencias. Especialidad muebles para casas de campo, pinturas, mesas, armarios. ☎ 699 45 30

SORTIJA de oro y rubíes, pendientes de oro estilo 1800, collar de oro blanco. Buen precio. Tel. 403 14 45 ✗

EN ATOCHA se vende piso 1 dormitorio, salón, cocina independiente, baño, precio 4.600.000 ptas. Facilidades de pago. ☎ 245 60 78

ORO ¡APROVÉCHESE! Este mes pagamos 200 pesetas más el gramo. Compramos oro incluso trozos. Valoramos monedas, dientes, relojes, cadenas, sortijas, colgantes, broches, pulseras ☎ 411 56 27

VENDO piano, órgano Kawai DX105, guitarra eléctrica. Llamar a Santi a partir de las 19. ☎ 433 92 61

OCASIÓN. Vendo cocina moderna equipada seminueva. Incluída lavavajillas. ☎ 423 06 97

CHAQUETÓN largo con cinturón. Cuero negro y forrado. 30.000 ptas. Juan. ☎ 455 53 86

✗ ASPIRADORA, Con accesorios. Perfecto estado. Usado muy poco. 5.500 ptas. Pilar. ☎ 699 96 67

AYUDA

el seguro	*insurance*
el techo	*roof*
la sortija	*ring*
los pendientes	*earrings*
la cuna	*cot*

AYUDA

la hora punta	*the rush hour*
amueblad**o/a**	*furnished*
asustar	*to frighten*
en metálico	*in cash*
dar a luz	*to give birth to*
los gemelos	*twins*
el/la recién	*new-born*
nacid**o/a**	
mostrar(ue)	*to show*

Especialistas superselección-yorkshire, terrier miniatura, padres importados, pedigree campeones.
Elisa ☎ 445 61 07

COMPRO SELLOS 245 75 48

DOS tiendas canadienses. una de 3 plazas. Doble techo, 11.000 ptas. Otra de 2 plazas, doble techo, 6.000 ptas ☎ 463 77 06

Se vende crías de PASTOR ALEMÁN. 6 semanas. Con pedigree. ☎ 463 01 04 llamar a partir de las 7 de la noche.

VENDO cuna pequeña, una silla y un coche de niño, todo por 10.000 ptas. Tel. 408 59 29

L LEE Y ELIGE

Read the newspaper advertisements and answer the questions.

Estás buscando un regalo especial para el cumpleaños de tu hermana mayor. Quieres comprarle algo de bisutería y sabes que prefiere las joyas tradicionales pero que no le gusta mucho la plata.
¿Qué le compras?

Tienes quince años y vives a seis kilómetros del instituto. No te gusta ir en autobús a causa de los embotellamientos de la hora punta. Buscas un medio de transporte barato y cómodo.
¿A quién llamas?

Vas a pasar un mes de vacaciones haciendo montañismo en los Picos de Europa. Tu primo mayor, Carlos, tiene coche y vas con él, con su hermana y tus dos hermanas. Sabes que no vas a encontrar hoteles en esa región.
¿Qué compras?

Acabas de instalarte en un piso nuevo con otros dos amigos. Está amueblado pero os falta comprar ciertos electrodomésticos. Los precios en los grandes almacenes te asustan. Sin embargo ¡hay que limpiar la casa!
¿Cuánto os va a costar?

Tienes dieciocho años y llevas cuatro meses trabajando en una fábrica de zapatos en las afueras. Quieres comprar una moto media pero no tienes intención de pagar más de 100.000 ptas. Puedes pagar en metálico en seguida.
¿A qué hora vas a llamar?

Tu hermana mayor acaba de dar a luz gemelos antes del tiempo previsto. Todavía está en la clínica y te pide un poco de ayuda porque su marido está de viaje de negocios. No tiene todos los muebles que necesita para los recién nacidos.
¿Qué compras?

Desde los doce hasta los dieciséis años eras muy aficionada a la filatelia. Ahora dedicas al menos cuatro tardes por semana al atletismo y no tienes tiempo para seguir coleccionando. Tu hermanito no muestra ningún interés por tu colección.
¿A qué número llamas?

M ORAL/ESCRITO

Decide on two points you would want to make if you were trying to acquire any five of the items advertised. Produce a complete conversation on 'sellos' and any one other.

¡ESPECIAL MODA!

PARA TÍ ★★ UNA MODA NUEVA ★★ UNA MODA JOVEN

Este año puedes escoger la elegancia, el lujo, las formas clásicas y el buen gusto.

Igualmente puedes vestirte joven con detalles imaginativos.
Una moda deportiva y natural que te irá muy bien.
¡Todo es posible! ¡Este año tienes toda la libertad!

PARA EL MES DE MAYO VISTE

tan corto tan clásico
tan elegante
tan práctico tan lujoso
tan cómodo
tan atrevido
tan inventivo
tan largo tan deportivo

AYUDA

buen gusto	*good taste*	ocultar	*to hide*
te irá bien	*it will suit you*	la manga	*sleeve*
la línea	*style*	el murciélago	*bat*
la bisutería	*imitation jewellery*	el bolsillo	*pocket*
grueso/a	*thick*	escolar	*school-like*
el cuello	*neck*	las medias	*stockings/tights*
la capucha	*hood*		

N Une las descripciones y los dibujos

1 **Decididamente cómoda. Chaquetas cortas sobre pantalones amplios. Muchos suéteres de pura lana virgen.**

2 **Faldas larguísimas, con mucho volumen. Botas de tacón alto. Gorras o boinas.**

3 **Bolsos enormes con diseños de color. Enormes bufandas multicolores. Joyería o bisuteriá geométricas.**

a

b

c

d

e

f

4 **Supermangas de muchas formas, japonesas, raglán, murciélago. Bolsillos grandes, cuellos enormes.**

5 **Falda corta con zapato bajo. Muchos mocasines escolares clásicos. Medias gruesas. Estilo 'niña pequeña'.**

6 **Abrigos gruesos de color sombrio con cuellos enormes o capuchas que ocultan el pelo. Guantes de rayas. Bufandas de rayas.**

Ana

«Normalmente me gusta la ropa sencilla aunque la ropa depende mucho del sitio donde estás. Por lo general, para la playa o el campo llevo vaqueros o, si hace calor, pantalones cortos, con camiseta o jersey.

Me gusta pintarme como cualquier chica pero no me hace falta una hora para arreglarme ni nada así. Nunca saldría mal arreglada pero no me gusta pasar dos o tres horas pensando qué voy a ponerme o cómo voy a peinarme.»

Miguel

«La moda está bien. Yo creo que es una manera de expresarse. Casi siempre me compro la ropa yo mismo. No gasto mucho pero es ropa buena.»

Bruce

«A mí no me interesa la moda. Me interesa vestir bien. No sigo los ritos de la moda, simplemente visto bien. Normalmente salgo con mis padres a escoger la ropa. En ese aspecto me dirigen bastante. No gasto mucho. La verdad es que suelo ser cuidadoso con la ropa.»

Trini

«Me interesa como cosa normal. No me preocupa demasiado, pero me gusta estar un poco al día de la moda actual.»

Marisé

«No me interesa mucho. Uno siempre intenta seguir ciertas tendencias y no ir muy anticuado. No estoy obsesionada con la moda. Me visto normal y corriente. A veces me gusta saber lo que se lleva en la temporada. Normalmente compro la ropa en grandes almacenes, como El Corte Inglés o Galerías Preciados. En España la ropa es cara, sobre todo en las boutiques. No es muy asequible.

Al hombre, al joven español, le gusta vestir bien. Creo que en general tienen buen gusto los hombres en España. Pero no se preocupan excesivamente, desde luego mucho menos que las mujeres. »

Isabel

«Felipe González es uno de los políticos más elegantes porque se preocupa mucho de elegir su vestuario y es elegante, moderno, serio y sobrio. Ha pasado de nunca utilizar corbata por sistema a vestir muy bien desde el momento de ser elegido. »

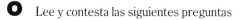

AYUDA

actual	*of today*
no sigo los ritos de la moda	*I don't follow fashion slavishly*

O Lee y contesta las siguientes preguntas

1 Who talks about someone else's sense of dress?
2 What comments are made about women's fashion tastes in Spain?
3 How has Felipe González changed?
4 Who buys his own clothes?
5 Who dresses well but does not care about fashion?
6 Who likes to be fairly up to date but is not too concerned about the latest trends?
7 Who likes to look good but won't spend hours making-up?
8 Who is not obsessed with fashion but does not want to look old-fashioned either?
9 What are we told about clothes in Spain?
10 What kind of clothes does Miguel buy and how much does he spend?
11 What does Ana wear when she dresses casually?
12 Whose parents guide his choice in clothes?

TABLA COMPARATIVA DE TALLAS SIZE COMPARISON			
ARTICULO - ARTICLE	ESPAÑA	USA	U.K.
VESTIDOS, TRAJES Y CHAQUETAS DE SEÑORA	40	10	8
	42	12	10
	44	14	12
	46	16	14
LADIES DRESSES, SUITS, COATS	48	18	16
	50	20	18
MEDIAS DE SEÑORA	P	7½	7½
	P	8½	8½
	M	9½	9½
LADIES STOCKINGS	M	10½	10½
	G	11½	11½
ZAPATOS DE SEÑORA	35	3½	2½
	36	4½	3½
	37	5½	4½
LADIES SHOES	38	6½	5½
	39	7½	6
TRAJES DE CABALLERO	48	46	46
	50	48	48
	52	50	50
MEN SUITS	54	52	52
	56	54	54
ZAPATOS CABALLERO	38	24	6
	39	24½	6½
	40	25	7
	41	25½	7½
MEN SHOES	42	26	8
	43	26½	8½

Dependiente: El jersey azul le va muy muy bien.

Señor: Sí, pero es que tengo tantos azules. . . . .¿No lo tiene usted en verde o en color crema?

Dependiente: No, en esa talla sólo en azul y en amarillo, pero en una talla más grande sí lo tenemos en verde.

Señor: Bueno, vamos a ver. ¿Puedo probármelo?

Dependiente: Claro. Ahora mismo se lo traigo.

Señor: Me queda un poco grande ¿no?

Dependiente: Sí, pero no importa, ahora se llevan así, un poco sueltos.

Señor: !Vale! Si usted lo dice. . . . . . pues me lo llevo. ¿Cuánto es?

Dependiente: Cuatro mil trescientas.

Señor: Entonces, voy a tener que volver mañana, porque no tengo bastante conmigo, y he dejado las tarjetas de crédito en otra chaqueta.

Dependiente: Pues, nada. Hasta mañana. Yo se lo guardo. No se preocupe.

Señor: Adiós. Hasta mañana.

AYUDA

la talla	*size*
probar(se) (ue)	*to try (on)*
suelto/a	*loose*
me lo llevo	*I'll take it*

P Lee y decide si las frases siguientes son verdaderas o falsas

1 El dependiente cree que el jersey azul no le va bien al hombre.
2 El hombre ya tiene muchos jerseys azules.
3 Prefiere uno verde y crema.
4 No tienen ninguno crema pero los verdes son un poco más grandes que el azul.
5 El verde le está un poco pequeño.
6 El dependiente dice que está de moda llevar los jerseys sueltos.
7 El hombre decide comprarlo.
8 El jersey cuesta más de lo que pensaba el hombre.
9 Decide comprar una chaqueta.
10 El dependiente dice que mañana puede venir a comprar el jersey azul.

Q ORAL/ESCRITO

1 ¿Te gusta ir de compras?
2 ¿Qué te gustan más, los mercados o las tiendas?
3 ¿Te interesa la moda? ¿Dónde compras la ropa?
4 ¿Qué compraste la última vez que fuiste de compras?
5 ¿Cuáles son tus tiendas preferidas?
6 En el supermercado ¿sueles pagar en metálico, con cheque o con tarjeta de crédito?
7 ¿Qué ropa llevas hoy?
8 ¿Cuánto dinero gastas a la semana?
9 ¿Cómo gastas el dinero los fines de semana?
10 ¿Qué compras para Navidad?

TOMATES RELLENOS DE AGUACATE

Ingredientes para 4 personas:
2 aguacates maduros
8 tomates para ensalada
una lata pequeña de atún o salmón al natural
3 cucharadas de mayonesa
1 de mostaza
1 limón
hojas de lechuga
sal y pimienta

Modo de hacerlo: Lavar los tomates y quitarles la corona. Vaciar con cuidado la pulpa. Pelar los aguacates y rociar la pulpa con jugo de limón, aplastarla y aderezar con un poco de sal. Mezclar la mayonesa con el pescado y la mostaza, unir a la pulpa de aguacate. Rellenar los tomates y decorar un plato con lechuga, alcaparras y perejil. Servir en seguida.

SOPA DE PESCADO (SEGUNDO PLATO)

Ingredientes para 4 personas:
½ Kg. de filetes de pescado
(mero, merluza, pescadilla)
100g. de gambas peladas
1 Kg de mejillones
100g. de fideos
2 pimientos

2 zanahorias
2 nabos o patatas (a gusto)
1 cebolla
un diente de ajo
perejil
sal y pimienta
1 dl. de mayonesa

Modo de hacerlo: Limpiar los mejillones con mucho cuidado. Limpiar, lavar y cortar las verduras en trozos pequeños. Cocerlas durante veinte minutos en agua salada. Añadir la pasta y el ajo y cocer cinco minutos más. Cortar los filetes de pescado en dados gruesos, añadirlos a la sopa y cocer otros cinco minutos. Abrir los mejillones al vapor y simplemente calentar en la sopa con las gambas y el perejil al momento de servir. Sazonar con sal y pimienta. Servir muy caliente con pan.

MANZANAS CON FRUTOS SECOS

Preparación: 20 minutos,
Cocción: 35 minutos

4 manzanas
6 cucharadas de leche condensada
50g. de pasas

50g. de nueces
50g. de avellanas
4 cucharadas de Jerez

Preparación: Pon a macerar las pasas en el Jerez caliente. Parte las nueces y las avellanas en trocitos. Corta la parte superior de las manzanas y quítales el corazón. Mezcla la leche condensada con las nueces, las avellanas, las pasas y el Jerez y rellena las manzanas con esta preparación.
Colócalas en una fuente y cuécelas a horno moderado de 30 a 35 minutos.
Sírvelas tibias con nata.

AYUDA

madur**o/a**	*ripe*
la mostaza	*mustard*
la lechuga	*lettuce*
la pimienta	*pepper*
la corona	*top*
las alcaparras	*capers*
el perejil	*parsley*
el mero	*variety of sea-bass*
la merluza	*hake*
la pescadilla	*small hake*
los mejillones	*mussels*
el nabo	*turnip*
las pasas	*raisins*
las avellanas	*hazelnuts*
el dado (pl.s)	*cube(s) die (dice)*
la fuente	*dish with sides*
tibi**o/a**	*warm*
pelar	*to peel*
rociar	*to sprinkle*
aderezar	*to season*
aplastar	*to mash*
macerar	*to soak*
cocer(ue)	*to cook*

R Con tu compañero/a, lee y explica

Work out the ingredients and instructions on how to prepare the above dishes

S Y AHORA TÚ

Can you write down the recipe for a simple dish that you can make at home so that your Spanish friend can understand it? Use the phrases you have learnt to help you.

San Isidro, un concurso de Escaparates en Estableci-mientos Comerciales. La convocatoria coincide con la celebración del I Centenario de la Cámara de Comercio, por lo que se establecerán unos premios especiales por esta institución.

La exposición se man-tendrá como mínimo entre los días 8 y 20 de mayo. Podrán participar en el con-curso todos los estableci-mientos comerciales de Mad-rid, sin limitación de número o de espacio y sin distinción de la actividad.

T Lee el artículo y contesta las siguientes preguntas

1 Why is the best shop-window display competition being organized?
2 Will it only run from the 8th. to the 20th. May?
3 What is the maximum number of entrants?
4 How big can the shop-windows be?
5 Why will there be special prizes this year?

U Lee el reportaje y la versión inglesa

Read both the Spanish report and the following version of the same story in which the English journalist seems to have made some mistakes. List all those you can find.

The stair-well of a block of flats and several shops, among them a grocery store and a flower shop were damaged early this morning. It appears that the arsonist, annoyed at finding three large lorries parked next to each other decided to set fire to them by dousing them with petrol. Fortunately no other vehicles were involved and the police in Bilbao confidently expect to make an early arrest.

Dos camiones quedaron totalmente destruídos y otros cuatro vehículos afec-tados por varios incendios provocados ayer en el dis-trito de Fuencarral. Según la Policía Municipal de Madrid los vehículos esta-ban estacionados a cierta distancia unos de otros. También resultaron dañados una tienda de comestibles, una zapatería y el portal de un bloque de pisos cerca de los dos coches mayormente afecta-dos. La policía no disponía ayer de pistas para identifi-car al delincuente.

LOS ALEMANES Y LA BEBIDA:

Según una encuesta im-portantísima en Alemania Occidental (RFA) la cerveza ha perdido su posición tradi-cional como bebida favorita. Se consumen 164 litros de café por año y adulto en aquel país mientras que la cerveza, ahora relegada a segunda posición, no pasa de los 146 litros. Nueve de cada diez adultos toman regular-mente café más de una vez al día. El té no se bebe mucho.

V VERDADERO/FALSO

Según la encuesta:
1 en la República Democrática de Alemania no se bebe cerveza.
2 la bebida preferida en Alemania Occidental era la cerveza.
3 ahora cada adulto bebe unos 18 litros más de café que de cerveza por año.
4 el noventa por ciento de los alemanes bebe más de un café al día.
5 ahora se bebe más té que cerveza.

DON IDIOTA EN EL BAR

Don Idiota: Camarero. Otro litro de cerveza y media ración de
calamares antes de la pelea, por favor.

Camarero: Sí, señor. . . . Ahora mismo. Ya son tres litros.

[Pasan dos minutos]

Don Idiota: Un vodka doble antes de la pelea.

Camarero: ¿Con hielo o sin hielo?

Don Idiota: Con hielo.

[Pasan dos minutos]

Don Idiota: Ca. . . .Ca. . . . camarero, otro vodka doble antes de la
pelea.

Camarero: ¿Con hielo?.

Don Idiota: No, no, con vodka antes de la pelea.

Camarero: Pero, señor. ¿A qué pelea se refiere usted?

Don Idiota: ¿Qué pelea? Pues, la pelea en el momento de pagar po. . .
porque no tengo dinero.

LIBRO DE EJERCICIOS 〉 L 📼 M

10

Me llevo bien . . .
no me llevo bien

Ana

«Para mí, los primeros son mis padres y mi hermano, lo tengo muy claro.
Mi madre es mi mejor amiga. Pero hoy día las cosas han cambiado mucho
y veo en mis amistades que hay muchos problemas entre padre e hijo.
Hay muy poco respeto.»

Eva

«Mis amigos son todos del instituto. Son casi todas
amigas más que amigos. Mis amigos son compañeros
del instituto, pero al salir, salgo con amigas. Solemos
tener los mismos gustos y nos llevamos bien.»

Trini

«A los vecinos, sí los conozco. Cuando hay algún problema o necesitamos cualquier cosa nos ayudamos, pero tampoco tenemos mucha amistad.»

AYUDA

lo tengo muy claro	*I'm very clear about it*
mis amistades	*my friends*
la amistad	*friendship*
el respeto	*respect*
cualquier cosa	*anything whatever*
a lo mejor	*maybe*

Marisé

«Mi novio es irlandés, pero no vive en España, vive en Escocia. Nos vemos pocas veces al año, por eso a lo mejor nos llevamos tan bien.»

A Lee y contesta las siguientes preguntas:

1 How does Eva choose her friends?
2 Who are Ana's best friends?
3 What has Ana noticed happening with the people she knows?
4 What does Marisé say about her fiancé?
5 Why does Marisé think they get on so well?
6 How close is Trini's relationship with her neighbours?

Bruce

«No tengo hora fija para volver a casa de noche. Puedo llegar a las once, las doce, o a la una, pero bueno, tengo que pedir permiso, claro. Mi padre es muy severo respecto a los estudios. Respecto a otras actividades es mucho más liberal.»

Helena

«Mis padres me tienen muy vigilada. Un control típico es la hora a la que tengo que estar en casa, la gente con quien tengo que ir y en los estudios están muy encima de mí. También control sobre la forma de sentarme, la forma de comer en la mesa. En verano me dejan salir hasta las diez y media y en invierno, como oscurece antes, tengo que estar a las diez.

A veces me rebelo, pero creo que lo hacen por mi bien y por eso muchas veces me callo. Sé que hay ciudades más peligrosas pero Madrid también es peligrosa, sobre todo por las noches, para chicas de mi edad.»

Mari Carmen

«Mi marido y yo pertenecíamos a la misma pandilla de amigos. Pues empezamos a salir en serio y transcurridos unos años reunimos bastante dinero para comprar un piso y decidimos casarnos. Tras cuatro años de matrimonio decidimos tener nuestro primer hijo. Yo me ilusioné mucho con la venida de un varón hasta el punto de estar tan segura que compré toda la ropa y todas las cositas de color azul. Resultó ser niña pero a mi marido le entusiasmó la idea de que fuera niña, ya que en su casa son todos hombres. Hubo sus discusiones con respecto al nombre. Ya que sólo habíamos pensado en nombres de niños tuvimos que improvisar nombres de niña. Al final, decidimos ponerle Blanca, nombre preferido de mi madre.»

Miguel

«Tengo dos hermanas y no me llevo muy bien con ellas. Pero están casadas y no viven en casa. Con mis padres bien, aunque a ellos no les gusta la idea de que tenga moto pero confían en que sea prudente. También me gustaría tener novia porque conozco a una chica que me gusta bastante, pero no sé si a mi edad les haría mucha gracia. »

AYUDA

fijo/**a**	*fixed*
respecto	*about/on the subject of*
vigilar	*to watch over*
la forma	*way*
dejar	*to allow*
oscurecer	*to get dark*
callarse	*to keep quiet*
confiar	*to trust*
prudente	*careful/sensible*
la pandilla	*group of friends/gang*
transcurrir	*to pass (time)*
tras	*after*
el matrimonio	*marriage/couple*
ilusionarse	*to be very keen on/to look forward to*
el varón	*male*
no me hace gracia	*I don't like the idea*

B Lee lo que nos cuentan Bruce, Helena, Miguel y Mari Carmen y contesta las siguientes preguntas

1 What are the rules in Bruce's home about getting in late?
2 Is his father strict?
3 How do Helena's parents 'keep an eye' on her?
4 What is her reaction to all this?
5 What does she think about Madrid?
6 How did Mari Carmen meet her husband?
7 What was her reaction to their first child?
8 Why was there a problem about naming the baby and how was it solved?
9 Who doesn't Miguel get on well with but why is this not a real problem?
10 What do his parents not like and what might they not take to?

C Y AHORA TÚ

Write a few lines about your relationship with (i) your family (ii) your friends (iii) your 'special' friend and (iv) your neighbours. Use the following questions to help you

¿Te llevas bien con todos en casa?

¿Respetas a tus padres?

¿Tus amigos son todos del instituto?

¿Sales con chicos o con chicas?

¿Tienes novio/a?

¿Tienes un(a) amigo(a) especial?

¿Te llevas bien con él/ella?

¿Conoces bien a tus vecinos?

¿Hablas mucho con ellos?

LIBRO DE EJERCICIOS ⟩ A 📼 B C

Aprende 87

DESCRIPCIONES

Por ejemplo:

Tengo 16 años
ojos azules, claros, verdes, marrones, castaños, negros
pelo largo, corto, rizado, liso, negro, rubio
nariz pequeña, redonda, larga

Soy moren**o/a**, rubi**o/a**, castañ**o/a**, pelirroj**o/a**, alt**o/a**,
de mediana estatura, delgad**o/a**, grues**o/a**, de peso normal
trabajad**or/a**, perezos**o/a**, nervios**o/a**, tranquil**o/a**
solter**o/a**, casad**o/a**
español/**a**, francés/frances**a**, antillan**o/a**, negr**o/a**,
cristian**o/a**, musulmán/musulman**a**

D ESCRIBE

Write descriptions of the following people using Aprende 87 *and the accounts below to help you:*

1 Yourself
2 Glen
3 The person sitting next to you in class
4 Any person of the opposite sex

Lee la descripción que nos da Carmen de sí misma:

«Me llamo Carmen. Tengo dieciséis años. Soy española y vivo en el centro de Madrid. Soy bastante alta. No soy especialmente delgada. Soy de peso normal. Tengo el pelo castaño y los ojos castaños. Tengo el pelo largo y un poco rizado. No soy nerviosa. No estudio todo el tiempo pero no soy perezosa tampoco. Creo que soy bastante simpática. Tengo muchos amigos y amigas en el instituto y me llevo muy bien con ellos.»

Ahora lee lo que nos cuenta Glen de su amiga Carmen:

«Conocí a Carmen cuando estaba yo en Madrid el año pasado estudiando. Es una chica muy simpática y tranquila. Se lleva bien con sus compañeros de clase . . . . No es muy alta. Bueno, no es tan alta como yo y yo no soy muy alto. Diría que es de mediana estatura. Tiene grandes ojos castaños, muy bonitos, y pelo castaño. Tiene una nariz bien formada, ni muy larga ni muy redonda. Además es inteligente y trabajadora. Bueno, no estudia de más porque le gusta salir mucho. En suma, es una chica muy agradable, una chica simpatiquísima.»

□ Si eres un chico sencillo, honrado, trabajador y formal; si además piensas, como yo, que debe quedar algún auténtico amigo en quien poder confiar y compartir tu vida social te agradecería que me escribieses. Soy un chico de 17 años. Ref 212.1

□ Quisiera hacer amistad con señoritas de 22–25 años que sean sinceras, formales y educadas. Soy un joven de 25 años que no tiene a nadie con quien salir. Espero tus noticias y forma de contacto. Ref. 212.2

□ Somos un grupo de jóvenes de ambos sexos, edades variadas (18–23); desearíamos conocer más gente, sobre todo chicas, para equilibrar el grupo. No importa edad ni estado civil. Ref 212.3

□ Si te encuentras un poco sola y quieres dejar de estarlo puedes intentar conocerme. Tengo 19 años, aficionado a la música clásica, al cine, al deporte y a la lectura, etc. No me importa ni la edad ni el físico que tengas; sólo quiero una buena amistad. Ref. 212.4

□ Señora viuda, católica, sensible, normal, sin problemas excepto el de la soledad desea encontrar a un hombre capaz de dar y recibir entendimiento, comprensión y amor. De edad comprendida entre cincuenta y sesenta años, parecidas características y fines matrimoniales. Ref. 212.5

E Lee la página de cartas, «Relaciones», del periódico y contesta las siguientes preguntas:

1 What is the widowed lady seeking?
2 What is the young girl looking for?
3 Why is the young man looking for female friends?
4 What is the imbalance in the group looking for friends?
5 What interests and 'conditions' does the second young man insist on?

AYUDA

sencill**o/a**	*straightforward*
formal	*serious*
compartir	*to share*
amb**os/as**	*both*
equilibrar	*to balance*
el/la viud**o/a**	*widower/widow*
sensible	*sensitive*
la soledad	*loneliness*
el entendimiento	*understanding*

Don Idiota

Hola Remedios:

Leí tu anuncio en el periódico y te ofrezco mi amistad. Tengo 35 años, soy soltero y no tengo ni amigos ni dinero. Nunca salgo y no me gusta divertirme. Pronto no tendré apartamento porque no he pagado el alquiler. Soy feísimo, muy egoísta y muy tacaño con el dinero cuando tengo unas pesetas.

Por favor, escríbeme pronto y mándame una foto. Siento no poner un sello pero no tengo dinero.

Hasta pronto,
Don Idiota

Fernando, vuelve a casa. Los exámenes no son tan importantes como la familia. Llama por favor cuanto antes a tu abuela que está muy enferma. No vivimos sin ti. Mamá y Papá

Deseo contactar con José María Pereda Nieto que fue alumno del Profesor Gómez Izquierdo en Oviedo durante los años 1947–50, y que ahora se halla en Extremadura o en Sevilla.

Mario Toledo Sebastián.

Felipe Moreno Ibáñez desapareció de su casa hace seis años. Alto, moreno, ojos verdes, fontanero de profesión.

Eva. Otras Navidades sin ti. Ya son cuatro. No puedo, no quiero olvidarte. Julián.

F Lee los anuncios del periódico y contesta las siguientes preguntas

1 Why does Julián feel lonely?
2 What do we know about Felipe?
3 Who ran away and why? What is he asked to do now?
4 Who is looking for an old school friend?

ESCORPIO
Salud: Problemas respiratorios. No fumes.
Trabajo: Tus amigos de clase te pondrán dificultades. Ten paciencia.
Amor: Un día de encuentros y de desilusión.

ARIES
Salud: Un día sin energía. Necesitas reposo.
Trabajo: Mucha responsabilidad y más trabajo que nunca para hoy.
Amor: Separación forzosa que te pone muy triste.

LEO
Salud: Dolor de muelas
Trabajo: Muchos deberes. Empieza a hacerlos temprano.
Amor: Estarás totalmente de acuerdo con la persona amada. Muy buenas relaciones familiares también.

G Lee los horóscopos y escribe

Read the horoscopes and write some more. Use the headings «Salud, trabajo, amor».

LIBRO DE EJERCICIOS ⟩ D

Aprende 88

COMPARATIVE AND SUPERLATIVE ADJECTIVES

Más. . .el más   menos. . .el menos

fuerte	strong
más fuerte	strong**er**
el/la más fuerte	**the** strong**est**
caro	expensive
más caro/a	**more** expensive
el/la más caro/a	**the most** expensive

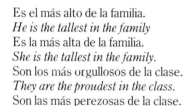

Es el más alto de la familia.
He is the tallest in the family
Es la más alta de la familia.
She is the tallest in the family.
Son los más orgullosos de la clase.
They are the proudest in the class.
Son las más perezosas de la clase.
They are the laziest girls in the class.

IRREGULAR

bueno	mejor	el/la mejor
good	*better*	*the best*
malo	peor	el/la peor
bad	*worse*	*the worst*

For **grande** and **pequeño** consult grammar page **215**. Remember that **menos**, meaning less, can be used in the same way as **más**.
Es menos trabajador que su hermana y es el menos inteligente de la familia.
He is less hardworking than his sister and he is the least intelligent person in the family.

H   UNE

1 Es la más severa de las profesoras.
2 Es el programa más interesante.
3 La película es mejor que el libro.
4 Son los menos limpios de todos.
5 Es el mercado más barato de la región.
6 Es más elegante que su marido.
7 Es más simpático que su mujer.
8 Son las más desagradables de mi clase.
9 Es la más ambiciosa de las hijas.
10 Son los peores del barrio.

a Quiere ser presidente del país.
b Ella no tiene amigas.
c A toda la familia le gusta.
d Nunca se lavan.
e Siempre hacemos las compras allí.
f Compra la ropa en las mejores tiendas.
g Nadie se atreve a hablar en sus clases.
h Nadie quiere jugar con ellas.
i Nadie quiere hablar con ellos.
j El cine está lleno todas las noches.

AYUDA

atreverse a   *to dare to*

LIBRO DE EJERCICIOS   E   F

ENTREVISTA CON UNA DE LAS JÓVENES BAILARINAS DE LA NUEVA GENERACIÓN, AMPARO MENÉNDEZ GUZMÁN

¿Eres competitiva?

Pues . . . . no sé. Claro que a mí me gusta ganar. A todo el mundo le gusta ganar de vez en cuando. Si no gano, me enfado. Sobre todo, me encuentro mal si no me he entrenado lo suficiente. Normalmente estoy dispuesta a entrenarme y sé que si no gano hoy ganaré mañana.

¿Estás contenta con tu vida?

Sí, mucho. Quiero ser bailarina y siempre lo he deseado en el fondo de mi alma.

Por el momento todo va muy bien para mí. Al mismo tiempo hay que admitir que es una vida muy dura. El aprendizaje es muy largo: dura por lo menos siete años y hay muchísima competencia. Nos falta mucha disciplina, gran control y además tenemos que aceptar las series de ejercicios interminables, heridas en los pies y dolores en los huesos y en la columna vertebral. Por ejemplo, hay que pasar día tras día perfeccionando dos o tres movimientos y resulta aburridísimo a veces.

Para mí lo peor es la falta de contacto con mis amigas. Me ven como a una monja porque no salgo, no fumo, no me interesan los chicos. En fin, por ahora no tengo tiempo para nada más que mis estudios y a veces me encuentro muy sola aunque sé que yo eligí este tipo de vida a la edad de siete u ocho años.

¿Te interesa lo que pasa en el mundo?

Sí me interesa. Por la mañana normalmente leo el periódico y escucho las noticias todas las tardes. Me ha pasado, estando de vacaciones, que no he podido encontrar ningún periódico ni en español ni en inglés y me he sentido como perdida.

¿Eres feminista?

No sé. Es difícil explicarlo . . . . Reconozco que la posición de la mujer ha llegado hasta donde hoy está gracias a los esfuerzos de las feministas. Pero por mi parte no soy feminista radical ni mucho menos. A mi parecer lo importante es la igualdad de oportunidad y la libertad para elegir.

AYUDA

el alma (f.)	*soul*
el hueso	*bone*
la columna vertebral	*spinal column*
el esfuerzo	*effort*

❚ Lee la entrevista con Amparo y busca las respuestas adecuadas

1 ¿Te importa perder?
2 ¿Desde cuándo has querido ser bailarina?
3 ¿Es una profesión fácil?
4 ¿Puede ser una profesión peligrosa físicamente? ¿Sufres lesiones a veces?
5 ¿Tienes amigos?

6 ¿Te molesta la soledad?
7 ¿Cómo te informas de lo que pasa en el mundo?
8 ¿Qué idiomas hablas?
9 ¿Por qué crees tú que ha cambiado la posición de la mujer?
10 ¿Qué es importante hoy día para la mujer?

Mi hombre ideal

Tina

«Mi hombre ideal es bondadoso, cariñoso, y sabe expresar lo que siente. No tiene que ser excepcionalmente simpático pero debe tener seguridad en sí mismo, saber solucionar problemas y debe gustarle su trabajo o estar contento con lo que hace. Yo también quisiera compartir con él mis ideas generales en cuanto al modo de ver la vida y en temas de fondo, como la religión y los hijos.

A mí me parece que el sentido del humor es esencial para la relación entre todo tipo de personas. Hay que saber reírse de uno mismo cuando hace falta y aceptar los defectos en otras personas con comprensión y con un poco de humor también. Las personas que no tienen sentido del humor sufren mucho y hacen sufrir a los demás. Luego, físicamente, no tengo tipo ideal, pero en general me gustaría alto, con ojos bonitos y bastante fuerte. »

AYUDA

bondadoso/a	*kind*
cariñoso/a	*affectionate/loving*
lo que siente	*what he feels*
en cuanto a	*regarding/about*
de fondo	*important/ fundamental*
el sentido del humor	*sense of humour*
la comprensión	*comprehension/ understanding*

J ELIGE

Which of the following would you choose to describe yourself? Add other statements with the help of the «Sopa de adjectivos»(Libro de Ejercicios Unit 10 Ex. D)

soy bondadoso/a	Sé expresar lo que siento
cariñoso/a	Sé reírme de mí mismo/a
simpático/a	Sé solucionar problemas
agradable	Me gusta mi trabajo
alto/a	Me gustan mis estudios
fuerte	Estoy contento/a con lo que hago
	Tengo sentido del humor
	Tengo seguridad en mí mismo/a
	Tengo ojos bonitos
	Acepto los defectos de otras personas

¡No olvides los defectos!
All these points are quite positive. What about the negative side of your character?

K DESCRIBE

Now describe a friend or a member of your family concentrating on their character.

Y TÚ, ¿TE CONSIDERAS UN BUEN AMIGO/UNA BUENA AMIGA?

L *How would you answer the following questions about you and your best friend?*

Contesta, añade la puntuación y mira el resultado.

1 ¿Qué sabe él/ella de tus secretos más íntimos?
   a Nada.
   b Si me cuenta sus secretos, le cuento los míos.
   c Siempre miento.
   d Los sabe todos.

2 Cuando salís a tomar algo ¿invitas tú a veces?
   a Rara vez.
   b Tanto como él/ella.
   c Nos escapamos sin pagar.
   d Muy frecuentemente.

3 Cuando habláis por teléfono ¿llamas tú?
   a Mucho menos que él/ella.
   b Más o menos igual que él/ella.
   c A cobro revertido siempre.
   d Siempre.

4 ¿Qué piensas de su familia?
   a No sé mucho de ella.
   b Tiene cosas que me gustan y cosas que no.
   c No sé si tiene familia o no.
   d Que es mejor que la mía.

5 Cuando te enfadas con él/ella ¿durante cuánto tiempo no le hablas?
   a Una semana.
   b Se me pasa pronto.
   c Dos o tres meses.
   d Nunca me enfado con él/ella.

6 Cuando se enfada contigo ¿qué haces?
   a Me enfado con él/ella.
   b Intento disculparme.
   c Jamás se atrevería.
   d Me arrodillo a sus pies.

7 Si salís ¿quién decide adónde ir?
   a Casi siempre yo.
   b Entre los/las dos.
   c Casi nunca salimos juntos/as.
   d Voy donde me lleva.

8 Cuando llegas tarde a una cita con él/ella ¿qué dices?
   a Atraso mi reloj.
   b "Lo siento".
   c "¿Yo tarde? Tú – antes de tiempo."
   d Lloro.

9 ¿Qué haces cuando tu amigo/a está enfermo/a?
   a Cuando mejora nos vemos.
   b Telefoneo y voy a su casa.
   c Le digo que es débil, un/a flojo/a.
   d No duermo noche tras noche.

10 ¿Hasta cuándo quieres seguir siendo su amigo/a?
   a Por ahora, está bien.
   b Es para toda la vida.
   c Hasta encontrar otro/a mejor.
   d Me muero sin él/ella.

Añade tu puntuación.
Add up your score, using the point system below:

1	a = 2	b = 3	c = 0	d = 4
2	a = 1	b = 3	c = 0	d = 4
3	a = 2	b = 3	c = 1	d = 8
4	a = 2	b = 3	c = 0	d = 6
5	a = 2	b = 3	c = 1	d = 5
6	a = 1	b = 3	c = 0	d = 8
7	a = 2	b = 3	c = 1	d = 6
8	a = 1	b = 3	c = 1	d = 6
9	a = 2	b = 3	c = 0	d = 5
10	a = 2	b = 3	c = 0	d = 6

Puntuación	Resultado
0–10	Eres hipócrita, orgulloso/a, tacaño/a, egoísta, y vas a acabar sin amigos y en la cárcel.
10–20	La amistad no va a durar mucho. Tienes que cambiar.
21–36	Eres un/a buen/a amigo/a.
36+	Eres un/a santo/a. Tu amigo/a está aprovechándose de tu bondad. Debes ser un poco más duro/a.

AYUDA

contarle (ue) algo a alguien	*to tell someone something*
mentir (ie)	*to lie*
enfadarse con	*to get annoyed with*
se me pasa	*I get over it*
intentar	*to try*
disculparse	*to excuse oneself, to say sorry*
arrodillarse	*to kneel down*
atrasar	*to put back*
morir (ue)	*to die*
acabar	*to end up*
durar	*to last*
aprovecharse de	*to take advantage of*
la vida	*life*
la bondad	*goodness*
a cobro revertido	*reverse charges*
igual	*the same*
juntos	*together*
por ahora	*for the moment*
débil	*weak*
un/una flojo/a	*weakling*
orgulloso/a	*proud*
tacaño/a	*mean*
duro/a	*hard*

Mi perro y yo

Ana Pérez Montoto

«Cuando estoy algunos días fuera de casa por cualquier motivo una de las cosas que más echo de menos, aparte de mi casa, es al perro. Tula es una perra que tiene seis años, que cogí recién nacida y que quiero muchísimo. En Inglaterra se entiende el amor a los animales y a mí me parece fundamental respetarlos, como se puede respetar a cualquier ser vivo. Mi perro me hace muchísima compañía; al vivir sola, cuando abro la puerta, me encanta que me venga a saludar y que nunca me cuente problemas y que siempre esté alegre cuando me ve. Pero los animales te exigen mucho tiempo. Si los vas a tener bien, creo que necesitas dedicarles al menos tres horas diarias de tu vida normal.

Cuando saco al perro, por ejemplo, después de estar toda la mañana trabajando y le doy un paseo por un parque desconecto un poco de todo: del ritmo de trabajo y de todos los problemas que tengo. Es algo que, cuando vives en una ciudad, es imprescindible a causa de las prisas, los autobuses, el metro, y la tensión.»

AYUDA

echar de menos	*to miss*
saludar	*to greet*
imprescindible	*indispensable*

M   Lee lo que nos cuenta Ana de su perra Tula y contesta las siguientes preguntas

1   What two things does Ana miss when she is away?
2   How does she describe Tula?
3   What does she think about attitudes towards animals?
4   Why is Tula so important to Ana?
5   Why does Ana think that keeping a dog is demanding?
6   What does she manage to do when she takes Tula out?

LIBRO DE EJERCICIOS ⟩ G 📼 H 📼 I J

JAVIER TALKING ABOUT SANJA

«Hoy, 10 de julio, está lloviendo en Madrid. Por rara casualidad eso me recuerda a Inglaterra, más concretamente a Londres cuando hace dos años fui allí durante un mes, más o menos, aprovechando que mi hermana se encontraba allí estudiando y dando clases en un colegio. Fue una experiencia muy agradable, puesto que conocí a mucha gente de muchas nacionalidades, con diferentes costumbres. Allí contacté con italianos, holandeses, yugoslavos, bueno casi de todo, excepto ingleses y es allí donde conocí a Sanja, una chica yugoslava con la que hice amistad en seguida porque es una chica muy simpática y comunicativa. Sanja lleva unos tres años viviendo ya en Londres con su familia, por razones de trabajo de su padre. Mientras tanto, claro, ha seguido yendo al colegio y estudiando allí en el colegio donde conoció a mi hermana puesto que era alumna suya de español. Además, ella ha estudiado otros idiomas como alemán y también inglés y su lengua materna, servocroata.

También conocí allí a su familia, y mi hermana y yo fuimos varias veces a comer a su casa donde descubrimos la cocina yugoslava. Por cierto, que su madre es una estupenda cocinera y siempre que hemos ido, nos ha deleitado con diferentes platos, a cual mejor.

¿Cómo describir a Sanja? Bueno, aparte de ser una persona abierta y muy espontánea, es una chica a quien le gusta conocer las culturas de todos los países. Le gusta viajar, le atraen también mucho los deportes, le encanta la pintura, el arte, la historia del arte. Ella misma es una gran dibujante también, y le encantan los idiomas. En suma, es una chica muy inteligente con la que es muy fácil encontrarse a gusto y hablar de cualquier tema.»

AYUDA

por rara casualidad	*quite by chance*
más concretamente	*more especially*
aprovechar	*to take advantage of*
puesto que	*since*
yendo	*going*
materna	*'mother'*
por cierto	*by the way*
deleitar	*to delight*
a cual mejor	*all outstanding*
el/la dibujante	*designer*
en suma	*in short*
a gusto	*at ease*

SANJA TALKING ABOUT JAVIER

«Conocí a Javier hace dos años cuando estuvo en Londres visitando a su hermana Maribel. Conozco a Maribel muy bien y fue natural que quisiera conocer a su hermano.

Javier tiene 22 años y está estudiando Económicas en Madrid. Es alto y moreno y tiene unos ojos muy bonitos. Después de una visita a Madrid que hicimos en la primavera de 1986, empezamos a escribirnos cartas muy largas y así nos fuimos conociendo mejor con cada carta. Cuando volví a Madrid el año pasado pasé mucho tiempo con él. Me mostró muchos sitios interesantes de Madrid, me ayudó a elegir unas cintas de música típica española, fuimos juntos a ver el Casón del Buen Retiro donde está el «Guernica» de Picasso, paseamos por el parque del Retiro y en general lo pasamos muy bien.

Javier es una persona muy amable y comunicativa, le gusta hablar con la gente. También le gusta ayudar a la gente para que aprenda español bien. Me parece que podría ser un buen profesor como lo es su hermana.»

O CONTESTA EN ESPAÑOL

1 ¿Para qué fue Javier a Londres?
2 ¿Por qué quería Sanja conocer a Javier?
3 ¿Cómo es Javier?
4 ¿Cuántas veces fue Sanja a Madrid?
5 ¿Adónde fueron los dos en Madrid?
6 ¿Por qué cree Sanja que Javier podría ser un buen profesor?

N Lee lo que nos cuentan Javier y Sanja y elige la afirmación adecuada:

1
a La fecha
b El mal tiempo en Madrid
c Su hermana le hace pensar en Londres a Javier

2 Javier estuvo en Inglaterra
a mucho más de un mes.
b unas cuatro semanas.
c dos años.

3 En Londres Javier conoció a
a muchos ingleses.
b poca gente.
c gente de varias nacionalidades.

4 Hizo amistad con Sanja porque
a él es muy simpático y comunicativo.
b solamente habló con yugoslavos.
c es fácil hablar con ella.

5 Sanja llevaba más de tres años en Londres porque
a su padre trabaja allí.
b quería estudiar en Inglaterra.
c es una chica muy comunicativa.

6 Sanja había hecho amistad
a con muchos alumnos del colegio.
b con su profesora de español.
c con alemanes e ingleses.

7 En casa de Sanja, Javier
a vio una cocina yugoslava.
b comió muy bien.
c comió mucha cantidad.

8 Sanja es una chica
a a quien sólo le gusta viajar.
b que habla de sólo un tema.
c que tiene muchos intereses.

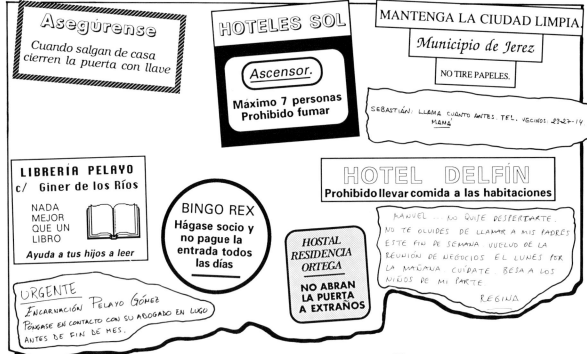

Asegúrense
Cuando salgan de casa cierren la puerta con llave

HOTELES SOL
Ascensor.
Máximo 7 personas
Prohibido fumar

MANTENGA LA CIUDAD LIMPIA.
Municipio de Jerez
NO TIRE PAPELES.

SEBASTIÁN: LLAMA CUANTO ANTES. TEL. VECINOS: 23-27-14
MAMÁ

LIBRERÍA PELAYO
c/ Giner de los Ríos
NADA
MEJOR
QUE UN
LIBRO
Ayuda a tus hijos a leer

BINGO REX
Hágase socio y no pague la entrada todos las días

HOTEL DELFÍN
Prohibido llevar comida a las habitaciones

MANUEL ... NO QUISE DESPERTARTE.
NO TE OLVIDES DE LLAMAR A MIS PADRES
ESTE FIN DE SEMANA. VUELVO DE LA
REUNIÓN DE NEGOCIOS EL LUNES POR
LA MAÑANA. CUÍDATE. BESA A LOS
NIÑOS DE MI PARTE.
REGINA

HOSTAL
RESIDENCIA
ORTEGA
**NO ABRAN
LA PUERTA
A EXTRAÑOS**

URGENTE
ENCARNACIÓN PELAYO GÓMEZ
PÓNGASE EN CONTACTO CON SU ABOGADO EN LUGO
ANTES DE FIN DE MES.

Aprende 89

IMPERATIVES   (COMMANDS)

Regular Verbs	**-AR**	**-ER**	**-IR**
Familiar tú	entra	come	decide
	no entres	no comas	no decidas
vosotros	entrad	comed	decidid
	no entréis	no comáis	no decidáis
Formal Vd.	entre	coma	decida
	no entre	no coma	no decida
Vds.	entren	coman	decidan
	no entren	no coman	no decidan

Irregular verbs	**Salir**	
Familiar tú	sal	no salgas
vosotros	salid	no salgáis
Formal Vd.	salga	no salga
Vds.	salgan	no salgan

For other irregular verbs see *GRAMMAR* page **217.**
decir. . .hacer. . .ir. . .oír. . .poner. . .tener. . .venir.

P Lee y contesta las siguientes preguntas

1   Who is asked to get in touch with her lawyer?
2   Who is being told to check whom they are letting in?
3   Where would you save the daily entrance fee if you became a member?
4   Where can guests not take food away from the restaurant?
5   Who is being asked to ring the next door neighbour?
6   Why is Manuel being asked to look after the children and what else does he have to do?
7   Where are people told that they may not smoke?
8   What are parents being encouraged to do?
9   Where is there an anti-litter campaign?
10 What are you encouraged to do as you go out?

LIBRO DE EJERCICIOS K L M N

Maite,

Friega los platos inmediatamente después de comer.
Cierra la puerta de la calle con llave.
Llama a tu abuela por las tardes.
Apaga todas las luces menos la del salón antes de
acostarte.
Termina de hacer los deberes.
Llama al mecánico y dile que no necesitamos el
coche hasta el lunes.
Recoge las legumbres de la tienda.
Escribe a tu tía.

No dejes las ventanas de la planta baja abiertas.
No olvides el cumpleaños de tu sobrino.
No abras la puerta a ningún extraño.
De noche no vuelvas después de las diez.

Cuídate, come y pásalo bien

Besos *Mamá y Papá*

Llama a una de tus hermanas si hay problemas.

AYUDA

acostarse	*to go to bed*
cuídate	*look after yourself*
dile	*tell him*
el extraño	*stranger*

Q LEE Y COMPLETA

María Teresa will be looking after the house while her parents are away for the weekend. Read the list they leave and complete the instructions.
She is asked

1	to write to. . .	**7**	to ring up. . .
2	to pick up. . .	**8**	to wash up. . .
3	to ring up. . .	**9**	not to forget. . .
4	to finish. . .	**10**	not to return. . .
5	to put out. . .	**11**	not to open. . .
6	to lock. . .	**12**	if. . .

R Y AHORA TÚ

Write a list of instructions to a younger brother or sister. Use the verbs and the pictures given.

Ejemplo: Prepar**ar**

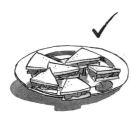

Prepar**a** los bocadillos

escribir	beber
abrir	comer
mirar	terminar
apagar	llamar a

LIBRO DE EJERCICIOS 〉 O   P

Amina Rachi, una chica musulmana de diecisiete años que vive en Londres y está estudiando español y francés nos habla de sus ideas sobre el tema de la religión.

«La religión es una creencia muy fuerte, que existe entre toda clase de personas en el mundo, en algo superior, poderoso y consciente de todo, que ha creado la tierra y al ser humano.

Muchas religiones son muy parecidas, como el Judaísmo, el Islam y el Cristianismo pero aunque predican cosas similares, sus practicantes todos declaran creer en la única verdadera religión. Hay gente de unas religiones que odia a la gente que pertenece a otras y condena a las personas que se casan o que se enamoran de gente que no pertenece a la misma religión. Somos todos hijos de Dios y nadie es mejor que el otro porque todos somos iguales ante sus ojos.

Yo creo que no necesitamos ni mezquitas, ni iglesias, ni sinagogas para apreciar a Dios porque si le quieres tú en el corazón y si tienes confianza en Él, Él lo sabe, y Él está en todas partes, no solamente dentro de un edificio.

Hay mucha gente que reza, que va a la casa de Dios con regularidad, pero que sale de su casa por la mañana y está pecando todo el día. Cuando vuelve a casa por la noche se pone a rezar de nuevo y cree que verdaderamente esto le excusa.

Volvemos ahora a la necesidad de creer en algo. ¿Es porque la gente tiene que pertenecer a algo, o porque necesita una fuerza extraña que le domine? La respuesta no la sabemos pero la religión debe mostrar la bondad y el amor en un mundo al que el ser humano ha maltratado.

— PRO CLAUSTROS NECESITADOS —

Sinagoga de Sta. María la Blanca
DEL SIGLO XII

Nº   30501

50 ptas.

También creo que en muchos casos la gente, y especialmente los hombres, no han interpretado correctamente la religión y malos intérpretes aprovechan las escrituras sagradas para que la mujer esté bajo la autoridad del hombre y muchos nos tratan mal y como personas de segunda clase.

Yo respeto la religión, aunque no soy ortodoxa, y creo que tiene sus ventajas. Por ejemplo, un gran porcentaje del mundo obedece las reglas de la religión y trata de no hacer daño a nadie porque somos todos hermanos y el castigo no sirve siempre para mejorar a las personas que han elegido malos caminos.

Yo estoy totalmente en desacuerdo con la creencia de que las personas de diferentes religiones no deben mezclarse, porque por lo regular el individuo no escoge su religión sino nace en la de sus padres. El amor a Dios debe asegurar el amor entre uno y su prójimo, a pesar de la diferencia de religión. »

S Amina states that:

1 Religion is a belief in a powerful superior force which has created . . .
2 Although different religions preach similar things their adherents. . .
3 Some people 'condemn' others for . . .
4 God teaches us to . . . because . . .
5 We do not need places of prayer because. . .
6 Some people regularly pray yet. . .
7 Men have deliberately misinterpreted religion and . . .
8 Religion does have its advantages, . . .
9 People who have chosen the wrong paths are not reformed. . .
10 She strongly disagrees . . .

Gerona, 16 de agosto 1988

Querida Carmen:

Tengo que confesarte que fue una idea fenomenal por parte de mis padres mandarme aquí a Gerona a casa de mis tíos. Nunca lo hubiera creído cuando me lo propusieron pero ahora te digo que hicieron bien porque lo estoy pasando de lo mejor. ¡Claro que no he escrito todavía a mis padres contándoselo! Y no sé si lo haré aunque, como ves, estoy aprovechando la máquina de escribir de mi tía.

Me llevo muy bien con mis primos y te juro que hacemos algo interesante todos los días. Aparte de pasarlo bien, también descanso mucho. Me parece que duermo mucho mejor aquí que en casa; quizás tiene algo que ver con el aire, o sea, que ya no fumo. Sí, sí señora. ¿No me crees? Es verdad. Yo no lo hubiera creído tampoco. Bueno, duermo bien, me levanto bastante tarde y por lo general desayuno y salgo al jardín con un libro y mi radio-cassette. Allí paso un par de horas leyendo o dormitando tendida al sol o bajo la sombra de los árboles que tienen mis tíos en la huerta. José y María se levantan a las ocho porque los dos tienen exámenes dentro de tres semanas; así que estudian toda la mañana. ¡Pobrecitos!

Antes de comer bajamos al río donde nos encontramos con la pandilla. Son todas simpáticas las amigas de María, aparte de la novia de Rafael. El es simpati- quísimo y no entiendo por qué sale con una chavala tan orgullosa y "snob".

Te voy a contar unas de las cosas que más me han gustado (aparte de Rafael). El martes pasado fuimos a una barbacoa en un pueblecito cercano. La habían organi- zado unos amigos de José. Rafael vino con su novia. Compramos la comida y todas las bebidas por la mañana y cargamos el coche de José. ¿Te acuerdas de lo viejo que es su coche? Bueno, tuvimos un pinchazo en la carretera y durante todo el trayecto tuve que aguantar la puerta para que no se abriera. Por fin llegamos, preparamos las ensaladas y unas tortillas enormes y empezamos a asar la carne. Después bailamos y charlamos hasta las cuatro de la mañana. No llegamos a casa hasta la hora de desayunar porque José no logró arrancar el coche y tuvo que venir a recogernos mi tío Pedro y ¡no se enfadó!

El sábado los tíos me llevaron a una fiesta aquí cerca. Estuvo muy divertida y nos reímos muchísimo. Empezó con un partido de fútbol entre solteros y casados, y una carrera de bicicletas pero con los participantes disfrazados de personajes de la literatura española: Don Quijote y Sancho Panza, el Cid etc.

Hubo también el tiro de cuerda de mujeres con muchos premios. Mi prima, la más pequeña, participó y ganó una botella de champán y una cesta de manzanas. Por la noche hubo una procesión con velas y antorchas y repartieron bollos y café alrededor de una hoguera grande.

Bueno, te dejo porque estamos a punto de salir para ir al mercado. Muchos recuerdos a tus padres y a tu hermano.

Un fuerte abrazo,

Mercedes

AYUDA

nunca lo hubiera creído	*I would never have believed it*
proponer	*to propose/ suggest*
de lo mejor	*really well*
jurar	*to promise/ swear*
dormitar	*to doze*
la huerta	*orchard*
la chavala	*girl (slang)*
cargar	*to load*
el trayecto	*trip*
asar	*to roast*
arrancar	*to start the engine*
disfrazado/a de	*dressed up as*
el tiro de cuerda	*tug-of-war*
la vela	*candle*
la hoguera	*bonfire*

T Lee la carta de Mercedes a su amiga y contesta las siguientes preguntas con todos los detalles que puedas:

1 Why has Mercedes not written to her parents?
2 Why is it turning out to be in some ways a restful holiday?
3 Who is she really fond of?
4 What does she think of the people she has met?
5 What happened on the day of the barbecue?
6 What was organized for the day of the fiesta?

U Escribe una carta

You are staying with a Spanish family. Using Mercedes' letter to help you, write a letter to your Spanish teacher giving the following information:
(i) You are having a wonderful time.
(ii) You get on well with your hosts.
(iii) You do something interesting every day. Give some examples.
(iv) You are getting some rest. Explain how.
(v) You have met Spaniards of your own age.
(vi) You have gone with them to different events and places. Explain what and where.

Aprende 90

PLUPERFECT

había	comprado		I had bought	
habías		venido	you had come	
había	llegado		he/she had arrived	
habíamos		vivido	we had lived	
¿habíais		comido?	had you eaten?	
habían	entregado		they had handed in	

V UNE

1 Habían salido todos así que
2 Como no había terminado los deberes
3 Carmen no le había regalado nada
4 Se lo habíamos dicho muchas veces
5 ¿Qué habías hecho?
6 ¿La habíais visto antes?
7 Había estado llorando toda la noche
8 Había prometido ir temprano

a pero no nos hizo caso.
b pero al final no llegué a tiempo.
c se enojó el profesor conmigo.
d Ese día, nada.
e no había nadie en casa.
f porque ella no quería bailar con él.
g Sí, dos veces.
h por eso él no fue.

¡La vida es dura!

!Cuidado con el alcohol!

Las mujeres, también tenemos derecho a vivir.

NO MOLESTEN

DO NOT DISTURB
BITTE NICHT
PRIERE DE NE PAS
DERANGER

ES DIFÍCIL DESCANSAR

Cuando Max llegó al hotel ya eran las cuatro de la madrugada. El pobre viejo que estaba de guardia en la recepción estaba durmiendo, pero el toser de Max le despertó. Max cogió la llave, dejó el pasaporte y como no tenía ganas de hablar, subió rápidamente en el ascensor al quinto piso. Le dolía la cabeza, así que lo primero que hizo cuando entró en la habitación fue abrir la maleta y sacar las aspirinas. También tenía hambre. El vuelo había sido terrible y ni siquiera probó la cena que la azafata le había traído, pero a estas horas no iba a conseguir nada para comer.

Cuando se vio en el espejo se horrorizó. Estaba pálido y sin afeitar. Cayó en la cama, medio desmayado, pensando en su mujer y su hijo. Ya llevaba cinco meses buscándolos por toda Europa y esta última carta de su cuñado le decía que los habían visto en Málaga. Pero el sueño pudo más que él y pronto roncaba como alguien que no había dormido en un año. Y así, vestido hasta con corbata y el abrigo puesto pero desabrochado, durmió hasta que la criada le despertó con el desayuno a las nueve y media.

La criada se extrañó de verle completamente vestido en la cama, pero solamente dio los buenos días, dejó el desayuno sobre la mesa y salió. Mientras bebía el café, llamó a la puerta un botones y le entregó un telegrama. Lo leyó. Sólo decía «Hotel Reina Cristina, Algeciras»

Al mismo tiempo recibió Greta, su mujer, otro telegrama que decía «Max sabe dónde estáis. Acaba de llegar a Málaga.» Greta pensó que lo más lógico sería trasladarse en seguida para Málaga porque sin duda Max se desplazaría hacia Algeciras, así se cruzarían y ella y su hijo podrían perderse de nuevo.

Max hizo lo lógico. Salió del hotel y cogió el primer autobús que salía para Algeciras. Greta y el niño hicieron lo mismo pero en dirección contraria,

Algeciras–Málaga. Pero lo que no sabía ninguno de los dos era que los autobuses paraban en San Roque durante unos quince minutos en los que los chóferes solían tomar una copa juntos. A las once y diez los dos 'Portillos' llegaron a San Roque.

Los dos chóferes avisaron a los pasajeros que estarían solamente un cuarto de hora en San Roque. Los dos autocares aparcaron fuera del café. Max, que ya tenía costumbre de estar siempre alerta, reconoció a su hijo, Hans, en el otro autocar. Greta y Hans no bajaron y no se dieron cuenta de que Max les había visto. Max bajó y se bebió dos copas de coñac. Luego fue a la oficina de 'Portillo' y sacó un billete – San Roque – Málaga y cuando subía toda la gente al autobús, subió él detrás de una señora gruesa y se sentó en el primer asiento libre que vio. Greta y Hans estaban sentados detrás del todo. Cuando el autocar se puso en marcha, Max se levantó y anduvo despacio hacia donde estaban su mujer y su hijo. Hans le vio en seguida y gritó «Papá» pero Greta le sujetó del brazo y no dijo nada. Greta cambió de color y se puso muy nerviosa. Hans le preguntó a su padre si tenía una tableta de chocolate. Max se la dio y sin más llegaron a Málaga.

Greta y Hans se bajaron del autobús en la Plaza de España. Max los siguió. Anduvieron hasta el Paseo de España, donde, como ya eran las dos, y era semana de feria, empezaban a llegar los niños con sus padres para pasar la tarde. Había mucho público. Greta se detuvo fuera de un café al aire libre, se volvió hacia Max y le dijo:

«¿Qué quieres de mi vida? ¿No tienes bastante ya? Me has robado los mejores años de mi juventud y aún insistes. Una mujer no puede vivir encerrada en una casa, cuidando de su hijo mientras que su marido disfruta de la vida por todo el mundo. El dinero y las comodidades no bastan. Hans necesita un padre y yo necesito un hombre, no una fotografía en mi habitación y dos cartas al mes. Tengo solamente veintiséis años y no soy una monja. Si querías una cocinera y una niñera, no debías haberte casado. Yo tengo mi carrera y no voy a abandonarla completamente sin ningún sacrificio por tu parte.»

«Muy bien» contestó Max. «Reconozco que he cometido grandes errores. Cuando volví a casa y vi que habíais desaparecido, me di cuenta de que aunque me había casado había querido seguir mi vida de soltero. He decidido cambiar. Ahora quiero disfrutar de la vida contigo y con Hans solamente. Mi vida es mi familia. Mi mujer es mi amor. Te pido que volváis conmigo a Alemania. Dame un mes. Si en un mes no cambio y ves que no puedes seguir conmigo, te vas, tú y Hans contigo, y podéis olvidarme. Pero te aseguro que haré todo lo posible para que seas la mujer más feliz del mundo.»

Greta y Max pasaron dos meses juntos sin ningún problema. Max volvía todas las tardes a las cinco de su trabajo y pasaba una hora jugando con Hans. Despúes ayudaba a preparar la cena, fregaba los platos y dos días por semana llevaba la ropa a la lavandería. Los sábados por la noche salían los dos juntos a cenar y a veces iban al teatro. Greta continuó practicando su carrera de cirujano. Una noche fueron a un restaurante. Max había bebido un poco y salió a la pista a bailar solo. Greta se levantó en seguida, salió del restaurante y cogió un taxi. Llegó a casa, despertó a Hans, le ayudó a vestirse, cogió el talonario de cheques y tomaron un taxi. Llegaron en seguida al aeropuerto. No tenían equipaje. Compró dos billetes para Málaga y durmieron toda la noche en las butacas de la sala de espera. A las ocho de la mañana salió el avión. Max no llegó a casa hasta las nueve. Estaba borracho y no se dio cuenta de que Greta y Hans no estaban en casa, porque cayó inconsciente en la cocina.

AYUDA

no. . . siquiera	*not even*
roncar	*to snore*
desabrochar	*to unbutton*
avisar	*to inform*
ponerse en marcha	*to set off (vehicles)*
sujetar	*to restrain*
al aire libre	*in the open air*
disfrutar	*to enjoy*
bastar	*to be enough*
borracho/a	*drunk*

Práctica: Conversación y Roleplay

1 *Tú y yo*

Conversación

Aprende

¡Hola!   *Hello*
Buenos días   *Good morning*
Buenas tardes   *Good afternoon*
¿Qué tal?   *Hello. How are you?*
Te presento a Carlos   *This is Carlos*
Encantado/a ⎫
Tanto gusto ⎭   *Pleased to meet you*
Adiós   *Goodbye*
Hasta pronto   *Goodbye for the minute*
Hasta luego   *See you soon*
    mañana   *tomorrow*
    las nueve   *at 9.00*
    el lunes   *on Monday*

Aprende

¿Cómo se llama Vd.?   *What's your name?*
¿Dónde vive Vd.?   *Where do you live?*
¿Quién es?   *Who is that?*
¿Cómo se llama?   *What is he/she called?*
Soy inglés/inglesa   *I'm English*
Soy estudiante   *I'm a student*
Estudio en el Instituto . . .   *I go to . . . school*

Roleplay:
Una visita a España

Aprende

¿A qué hora. . . ?   *At what time. . . ?*
¿Dónde está. . . ?   *Where is. . . ?*
¿Puedo + infinitive?   *May I. . . ?*

(No) me gustan(n)   *I (don't) like*
(No) me importa   *I (don't) mind*
(No) me molesta   *It (doesn't) bother me*
Vamos a + infinitive   *Let's go. . .*
¿Vamos a + infinitive?   *Shall we. . . ?*
    Are we going to. . . ?

La Primera Noche

No me importa compartir   *I don't mind sharing*
La comida está riquísima   *The food is delicious*
Me gusta mucho la comida   *I like the food a lot*
Me gusta/gustaría probar todo   *I like/would like to try everything*
Soy vegetariano/a   *I'm a vegetarian*
¿A qué hora   *At what time do we have*
    desayunamos?   *breakfast?*
    comemos?   *lunch?*
    cenamos?   *supper/dinner?*
¿Puedo llamar a mis padres?   *May I telephone my parents?*

Por la Mañana

He dormido bien   *I slept well*
Mi habitación es cómoda   *My bedroom is comfortable*
No me molesta el ruido   *The noise doesn't bother me*
Me ducho por la mañana   *I have a shower in the morning*
¿A qué hora tenemos que volver por la noche?
What time do we have to be back at night?

1

You are introduced to a girl while you are in Spain.

Say hello and that you are delighted to meet her.
Tanto gusto.
Say how old you are and what nationality you are.
Yo tengo 15 años y vivo en Alicante.
Say where you live and who with. Ask her how many people there are in her family.
Tengo dos hermanos y una hermana. ¿Cuánto tiempo vas a estar en España?
Say 2 weeks.
Bueno. Entonces nos veremos.
Say yes, of course. See you soon.
Hasta luego.

2

You are staying in Spain at the home of a Spanish friend. On the first day his/her mother asks you:

¿Dormiste bien o prefieres una habitación para tí solo/**a**?
Say you slept very well and thank her. Say that you don't mind sharing.
¿Cuándo deseas bañarte o ducharte?
Say you have a shower in the evening.
¿Te gusta la comida española?
Say that you do and that you like to try everything. Ask her what time lunch and supper are.
La comida es a las dos y media y la cena entre las nueve y media y las diez y media.
Say that you are going to the swimming pool and will come back at 2.00.

2 *Pasándolo bien*

Conversación: Para pasarlo bien (divertirme)

Learn thoroughly Aprende 62 and 66 and exercise J from Mundial.

Aprende

Suelo ir (a) (con)   *I usually go (to) (with)*
Voy frecuentemente (a) (con)   *I often go (to) (with)*
A veces (voy)   *I sometimes (go)*
Muchas veces (hago)   *I often (do)*
Me gusta(n)   *I like*
Me encanta(n)   *I adore*
Me interesa(n) mucho   *I'm very interested in*
Mi hobby/pasatiempo preferido es. . .
    My favourite hobby is. . .
Juego (a)   *I play. . .*
Practico el/la   *I play. . .*
Dedico mucho tiempo a   *I spend a lot of time at. . .*
Hablamos de. . .   *We talk about. . .*

¿Qué haces para divertirte? ⎫ *What do you enjoy*
                          ⎬   *doing?*
¿Qué haces para pasarlo bien? ⎭
¿Cuáles son tus hobbies/pasatiempos?
    What are your hobbies?

¿Practicas algún deporte?   *Do you do any sport?*
¿Dónde?   *Where?*
¿A qué dedicas mucho tiempo?   *What do you spend a lot of time doing?*
¿Adónde vas los fines de semana?   *Where do you go at weekends?*
¿Sales mucho con tus amigos?   *Do you go out a lot with your friends?*
¿Te gusta charlar?   *Do you like chatting?*

Roleplay: Vamos a salir

Aprende

¿Qué película/obra de teatro ponen?   *What film/play is on?*
¿Cuánto cuestan las entradas?   *How much are the tickets?*
¿A qué hora empieza/termina?   *When does it start/ finish?*
¿Hay/quedan entradas?   *Are there any tickets left?*
¿Por qué no vamos a. . .?   *Why don't we go to.?*
Quedamos . . .   *Let's meet. . .*
Voy a hacer una fiesta en casa.   *I'm going to have a party at home.*

1

While in Spain you ring up the local cinema.

Buenas tardes, Cine Amaya
Respond correctly and ask what film is being shown tonight.
'El Cuarto Protocolo'.
Ask what time it begins.
A las diez y cuarto.
Ask how much the tickets are.
Son 400 ptas.
Ask if there are any tickets for tonight.
Sí. No hay problemas.
Say thank you and goodbye.

2

You are in Spain and one afternoon meet a friend who suggests going out that evening.

Vamos al cine esta noche.
Say no and suggest going to the disco.
Es que tengo que volver a casa antes de las once.
Say that the disco starts at 9.30
¿A qué discoteca vamos?
Say to Dominique's and that it is in Ferraz Street near your friend's house.

¿Vamos a ir solos?
Suggest that you could go with Laura and Miguel.
Pero yo no tengo su número de teléfono.
Say that it is 247 28 37
Bueno. ¿A qué hora quedamos? ¿Y dónde?
Say you should meet at 9.15 in the disco. Say goodbye and see you later.

3

You ring up Ramón.

Say hello and ask him how he is.
Muy bien, gracias ¿y tú?
Say you are fine and that it is your birthday on Saturday.
Feliz cumpleaños. Cumples 16 ¿no?
Say yes and that you are going to have a party at home.
Estupendo. ¿A quiénes vas a invitar?
Say all the boys and girls in your class (A todos. . .)
Bueno. ¿A partir de qué hora?
Say from 9.30 until 11.00.
Dame tu dirección.
Say you live in Santiago Road on the first floor and that you will see him on Saturday.

3 *Infórmate, entérate*

Conversación

Learn thoroughly E, N, Q from MUNDIAL. Use these and the phrases you have learnt in Chapter 2 to make sure that you can talk about your tastes in books, television and the radio. Find out from a friend his/her likes and dislikes.

Roleplay

¡Por favor!   *Please/Excuse me.*
Perdón   *Excuse me.*
¿Qué hora es?   *What's the time?*
¿A qué hora abre el museo?   *When does the museum open?*
¿A qué hora cierra el banco?   *When does the bank shut?*
¿Hay un buzón por aquí?   *Is there a post box near here?*

¿Dónde está la comisaría?   *Where is the police station?*
la oficina de objetos perdidos?   *the lost property office?*
el parque de atracciones?   *the fun-fair?*
¿Correos está cerca de aquí?   *Is the Post Office near?*
¿Es ésta la carretera de Córdoba?   *Is this the road to Cordoba?*
Lo siento. No comprendo.   *I'm sorry. I don't understand.*
Hablo inglés.   *I speak English.*
No hablo español muy bien.   *I don't speak Spanish very well.*
Soy inglés/inglesa   *I am English.*
   británico/a   *British.*
Soy turista.   *I'm a tourist.*
¿Cómo se dice. . .en español?   *How do you say . . . in Spanish?*
¿Qué quiere decir. . .?   *What does . . . mean?*

¿Qué dice ese cartel?   *What does that poster say?*
¿Qué dice ese aviso?   *What does that notice say?*
Pérdon. ¿Puede repetir (la pregunta)?   *Can you repeat (the question) please?*
Otra cosa.   *Another thing/something else.*
¡Qué lástima!   *What a pity.*

1   En la calle
You stop a young passer-by in Spain.

Ask if there is a bank nearby.
No, cerca, no. Pero hay uno en la calle de San Miguel.
Ask how you can get there.
Pues, en autobús. El 48 va hasta allí.
Say that you don't understand Spanish very well and ask if he would repeat the instructions.
El autobús número 48 va allí. ¿Hablas francés?
Say you speak English and ask if he does.
Sí, un poco.
Ask how you say "traveller's cheque" in Spanish.
Cheque de viajes.
Say thank you and good-bye.
De nada. Adiós.

2   Una cartera perdida.
You go up to a policeman in the street because you have lost your wallet.

Say good morning, that you are a tourist and that you've lost your wallet.
Lo siento. ¿Dónde?
Say that it was in the park.
¿Cuánto dinero había en la cartera?
Say 3.000 pesetas and ask where the police station is.
Está cerca. La segunda a la derecha. ¿Tiene su pasaporte?
Say you have. Thank him and say good-bye.
De nada. Adiós y buena suerte.

3
You stop a passerby to ask some information about entertainment.

Ask if she knows what time the funfair opens.
Me parece que abre a las 6.30.
Ask if it is a good one.
Sí. Muy bueno.
Say you would like to ask something else and can she explain what 'coto privado' means.
Pues. . .es campo o montaña privado. No puedes entrar ni pasar.
Say what a pity because it is between the funfair and your hotel. Thank her and say good-bye.
De nada. Adiós.

4   *De ahora en adelante*

Conversación

Learn thoroughly Aprende 73 and 74 and Mundial B and K

Aprende

No sé   *I don't know.*
No estoy seguro/a   *I'm not sure.*
Depende de los resultados   *It depends on the results.*
Quisiera hacer 'A' levels   *I would like to take 'A' levels.*
       estudiar en la universidad   *to study at university.*
Me interesa el arte   *I'm interested in art.*
Me interesan las ciencias   *I'm interested in sciences.*
Quisiera ser médico/doctora   *I want to be a doctor*
       dentista   *dentist*
       comerciante   *salesman.*

Contesta

¿Qué vas a hacer después de los exámenes?
¿Vas a continuar con tus estudios?
¿Qué asignaturas te gustan?
¿Qué carrera te interesa?
¿Vas a trabajar en tu ciudad?
¿Vas a estudiar aquí?
¿Vas a buscar trabajo durante el verano?
¿Trabajas los fines de semana, o por las tardes?
¿Te gustaría trabajar en el extranjero?
¿Te gustaría ser profesor/a? ¿Por qué no?

Roleplay

Aprende

llamar a   *to ring*
el propietario/el dueño   *the owner*
el jefe   *the boss*

la propina   *tip*
estoy buscando   *I'm looking for*
todos los días   *every day*
¿Cuántos días a la semana?   *How many days a week?*
¿Cuántas horas al día?   *How many hours a day?*
¿Cuál es el salario?/¿Cuánto es la paga?/¿Cuánto voy a ganar?   *What will I get paid?*
¿Cuándo puedo empezar?   *When can I start?*

1   En el café
You are in Spain for an extended holiday and want to get work for a few hours a day. You call at the local café.

Say that you would like to speak to the owner.
Sí, yo soy el propietario. Yo soy el dueño.
Say that you are looking for a job.
Necesitamos un camarero/una camarera por las tardes.
Ask if it's every day.
Todos los días menos los domingos y los lunes.
Ask how many hours a day.
De tres a siete.
Ask how much is the pay.
Pues son mil pesetas diarias más las propinas. Las propinas son muy buenas.
Ask when you can start.
Pues hoy. Esta misma tarde.
Say thank you. Give your name and say you will see him at 3.00pm.

2   En la Academia
You want to enrol for Spanish classes while you are in Málaga and so go along to a language school.

Sí. ¿Qué deseas?
Say that you would like to attend Spanish classes.
¿Eres principiante?
Say that you speak a little Spanish.
¿A cuántas clases quieres asistir?
Say that you are going to be in Málaga for just a month.
¿Deseas un curso intensivo?
Say yes, but not more than four hours a day and not at the week-ends.
¿Por las mañanas o por las tardes?
Say that you want mornings and ask how much each class costs.
Son mil pesetas por clase y hay que pagar una semana por adelantado.
Say thank you and that you will think about it.

3   En la recepción:
You ring up a hotel hoping to obtain work.

Hotel Cervantes. Buenos días.
Say good morning. Say what nationality you are and that you would like to work in reception.
¿Qué idiomas hablas?
Say you speak Spanish, English and a little German.
Pues. . .es que tenemos muchos turistas franceses.
Say you are sorry but you don't speak French.
¿Te interesa trabajar en el restaurante o en la cocina?
Say you are not interested and that you prefer to ring other hotels.

5   *Problemas*

Conversación

Learn thoroughly Aprende 77

Aprende

no me gusta   *I don't like*
no me apetece + inf   *I don't feel like*
no me encuentro a gusto con mi tía   *I don't feel at ease with my auntie*
no me encuentro a gusto en Londres   *I'm not happy in London*
me molesta   *it worries/bothers me*

estoy cansad**o/a** de (me canso)   *I'm tired of/fed up with*
estoy enfadad**o/a** (me enfado con)   *I'm annoyed/angry*

No me apetece estudiar.
Me canso mucho cuando tengo muchos deberes.
No me encuentro a gusto en el colegio.
Me molesta tener que estudiar.
Las clases de español son muy aburridas.

Make sure that you can express your dislikes, say what activities bore you or annoy you and explain what you like and don't like about your town and your school. Find out your partner's likes and dislikes.

Roleplays

Learn thoroughly Mundial H with the conversations in the chemist's.

Aprende

No me encuentro bien/No me siento bien   *I don't feel well*

Me encuentro muy incómodo/a   *I'm very uncomfortable*

Me encuentro mejor   *I feel better*
Tengo catarro/estoy constipado/a   *I've got a cold*
    fiebre   *temperature*
    dolor de cabeza   *headache*
    dolor de muelas   *toothache*

Me duelen los pies   *My feet hurt*
No puedo dormir   *I can't sleep*
Quisiera devolver. . .   *I want to return. . .*
No funciona   *It doesn't work*
He perdido (no encuentro)   *I have lost (I can't find)*
castigar   *to punish*
estar castigado/a   *To be punished*

1   (compré = *I bought*   el recibo = *receipt*   yo no = *not me*)
You go back to a shop where you bought a watch.

Buenos días.
Say good morning and that the watch you bought yesterday is not working.
¿Lo compraste tú aquí?
Say that it was your mother and not you but that you have the receipt.
Bueno, déjalo aquí y vuelve mañana.
Ask at what time.
Por la tarde, después de la seis.
Say that you will come back tomorrow at 6.30pm with your mother and say good-bye.

2
You have mislaid your passport and you go to the hotel reception to enquire about it.

Say good afternoon and that you have lost your passport.
¿Es un pasaporte alemán? ¿Cuál es tu habitación?
Say that it is a British passport and that you are in room 220.
Aquí no hay nada. ¿Dónde están tus padres?
Say that you don't know but that they are not in the hotel.
¿No lo tienen tus padres?
Say that you are not sure and that in the morning it was at reception.
Esperaremos hasta que vuelvan tus padres.
Say that is fine and thank the lady.

3
You are ill in a hotel in Spain and are visited by the local doctor.

¡Hola! ¿Qué te pasa?
Say that you have a temperature and that you can't sleep.
¿Comes bien?
Say that you don't feel like eating.
¿Y de beber?
Say that you are drinking a lot of water.
¿Has estado mucho tiempo en el sol, bronceándote?
Say that you stayed out for two hours yesterday.
El sol es muy peligroso. Un día más en la cama. Y estas pastillas te darán apetito. No te preocupes.
Thank him. Say you are feeling better than this morning and ask him if you can go out to the garden.
Un ratito en la sombra. Pero mejor estás en la cama.
Adiós. Volveré mañana por la tarde.

6 *Deportes, fiestas y costumbres*

Conversación

Learn thoroughly Aprende 78 and Mundial M

Aprende

Suelo pasar la Navidad con. . .   *I usually spend Christmas with. . .*

A mi padre le regalo. . .   *I give (to) my father (as a present). . .*

le regalé. . .   *I gave my father. . .*

Voy a regalarle un jersey   *I am going to give him a sweater*

El Viernes Santo   *Good Friday*

El Domingo de Gloria   *Easter Sunday*

Voy a la iglesia/a misa   *I go to church/to Mass*

Make sure you can talk about festivals that you celebrate, present giving and receiving, and find out what your partner does as well.

¿Con quién pasas las Navidades?

¿Adónde fuiste la última Noche Vieja?

¿Qué regalos recibiste para Reyes?

¿Qué le regalaste a tu hermano/a?

¿Qué haces durante las vacaciones de Semana Santa?

¿Qué te gustaría hacer estas próximas Navidades?

¿Qué te gustaría recibir para tu cumpleaños?

Aprende

Voy al gimnasio   *I go to the gym*

No practico ningún deporte   *I don't do any sport*

Soy espectador(a), nunca practico   *I'm only a spectator, I never take part*

El 'cricket' es muy aburrido   *Cricket is very boring*

(No) estoy muy en forma   *I'm (not) fit*

Mi madre juega a las quinielas   *My mother does the pools*

A mi hermana le gusta el ajedrez   *My sister likes chess*

Be prepared to describe the sports you take part in or enjoy watching and ask your partner about their interest in sport.

¿Qué deporte practicas?   *What sport do you play/take part in?*

¿Dedicas mucho tiempo al/a la. . .?   *Do you spend a lot of time on. . .?*

¿Te gusta hacer 'jogging'?   *Do you like 'jogging'?*

Roleplay

Learn thoroughly Mundial S

1   (creo que iré = *I think I will go*)
You are staying with Spanish friends during their 'fiestas' and want to see what a Corrida is like.

Ask if there is a good corrida.

Sí, hay una buena corrida el martes.

Say that you would like to go and ask your friend if they like bullfighting.

No, a mí no me gustan. Nunca voy.

Ask where the bullring is.

Está en las afueras del pueblo.

Ask where you can buy tickets.

En el Café Central venden entradas.

Ask how much they usually cost.

¿De sol o de sombra?

Say that you don't know but that you don't have much money.

Las de sol son las más baratas. Unas 700 pesetas.

Say it is too much and that you are not interested in going.

2

It is your Spanish friend's birthday and you would like to buy her something; you ask her mother for advice.

Ask if Maria's birthday is on Tuesday.

Sí. Cumple 16 el 28 de julio, que es martes.

Ask if she has many records.

Sí, le gusta mucho la música.

Ask if she likes U2 records. (de)

No sé. Yo no sé nada de eso. ¿Qué es U2?

Say it's a group from Ireland.

Bueno, si a tí te gusta U2, ¿por qué no?

Say that you are going to give her a record.

3

Your Spanish-speaking friend likes sport and wants to find out how interested you are.

¿Qué deportes te gustan?

Say that you like tennis and football.

¿Los practicas mucho en Inglaterra?

Say that you play tennis but that you only go to watch football. Add that Glasgow is in Scotland, not England.

Claro, lo siento. El fútbol es muy popular en Escocia ¿verdad?

Say that he's right and especially in Glasgow.

¿Los partidos son los domingos?

Say that they are normally played on Saturdays and ask if that is also true of Spain.

No sé. Buenos Aires está en Argentina, no en España.

Say that you are sorry.

7 El transporte y los viajes

Conversación

Learn thoroughly Aprende 82 and make sure that you can talk about your journey to school, your preferences in modes of transport and any travelling you have done on holiday.

Aprende

¿Vives cerca del colegio?	*Do you live near school?*
¿Tienes dificultad con el transporte?	*Do you have any transport problems?*
¿Vas al colegio a pie/andando?	*Do you walk to school?*
¿Cuánto pagas de transporte?	*How much do you pay?*
¿Te gustaría conducir?	*Would you like to drive?*
¿Has viajado mucho?	*Have you travelled a lot?*
¿Qué países has visitado?	*What countries have you visited?*
¿Fuiste en avión o en tren?	*Did you go by plane or train?*

Roleplay: En la gasolinera

Aprende

¿Dónde hay un garaje/una estación de servicio?	*Where is there a garage?*
¿Dónde hay un mecánico?	*Where is there a mechanic?*
Llene el depósito, por favor	*Fill it up, please*
Limpie el parabrisas, por favor	*Please wash the windscreen.*
¿Se puede pagar con tarjeta de crédito?	*Can I pay by credit card?*
¿Tiene Vd. un mapa de la región?	*Have you got a map of the region?*
¿Es ésta la carretera para . . . . ?	*Is this the road to. . . . ?*
Un pinchazo	*A puncture*

1

You are driving across La Mancha and stop at a filling station.

Buenas tardes. ¿Súper o normal?
Say that normal is fine and that you want the car filled up.
Bueno, lo tenía casi por la mitad, así que le han cabido 16 litros. Son 1.850.
Ask if you can pay by credit card.
Sí, no hay problema.
Ask him if he will clean the windscreen and if you are on the right road for Albacete.
Sí, ésta es la carretera. Hay que seguir todo recto.
Thank him and ask if he has a map.
No sé. Solemos tener unos muy buenos, pero me parece que vendimos el último esta mañana.
Thank him and say you will go and pay and ask in the kiosk about the map.

En la taquilla

Make sure that you can use the 24 hour clock confidently and find out about and express prices.

Aprende

¿Para ir a Sevilla, por favor?	*How do I get to Sevilla, please?*
Quisiera un billete para . . .	*I want a ticket to . . .*
Un billete de ida	*A single ticket*
de ida y vuelta	*A return ticket*
de primera clase	*A first class ticket*
de segunda clase	*A second class ticket*
¿A qué hora sale el tren para Sevilla?	*When does the train to Sevilla leave?*
¿A qué hora llega el tren de Madrid?	*When does the train from Madrid arrive?*
¿Hay retraso?	*Is there a delay?*
¿De qué andén sale?	*Which platform does it go from?*
¿A qué andén llega?	*Which platform does it arrive at?*
¿Cuánto dura el viaje?	*How long is the journey?*
¿Cuándo sale el próximo tren?	*When is the next train?*
último tren?	*last train?*

¿Hay un tren antes de las dos? *Is there a train before 2.00pm?*

. . . . por la tarde? *. . . . in the afternoon?*

¿Hay precios especiales para estudiantes? *Are there reductions for students?*

¿Hay coche cama? *Are there couchettes?*

¿Hay coche restaurante? *Is there a restaurant car?*

¿Es éste el tren para Alicante? *Is this the right train for Alicante?*

Días festivos *Public holidays*

El lunes que viene *Next Monday*

¿Donde está la sala de espera? *Where is the waiting room?*

la consigna? *the left luggage office?*

la taquilla? *the ticket office?*

En la agencia de viajes

Aprende

Quisiera salir el 30 de junio/uno de agosto *I want to leave on. . .*

Prefiero viajar en avión *I prefer to travel by plane*

¿Cuánto tiempo dura el viaje? *How long is the journey?*

¿Se puede viajar de noche? *Can I go overnight?*

¿A qué hora llegamos? *When do we arrive?*

¿Se puede pagar con tarjeta de crédito? *Can I pay by credit card?*

¿A qúe hora tengo/hay que estar en el aeropuerto? *At what time must I be in the airport?*

2

You are in Spain and need to make a train reservation so go to the ticket office in the local station.

Say good-morning and ask the clerk for a return ticket to Tortosa.

Muy bien. ¿De qué clase?

Say you would like a second class ticket but want to know if there are any reductions for students.

Depende del tren. ¿Cuándo quiere ir?

Say you want to go next Sunday morning.

Lo siento. No hay trenes para Tortosa los domingos por la mañana. Un momento. . . . .Sí, hay uno a las dos y media con descuento del 15%

Say that is fine and ask how much it costs and how long the journey is.

Bueno. . . .960 ptas. . . .con descuento del 15%. . . . .816 ptas. El viaje dura una hora y pico. El tren llega a Tortosa a las cuatro menos veinticinco. *Thank him and say goodbye.*

En la calle

Aprende

¿Dónde está el banco? *Where is the bank?*

Está a la derecha *It's on the right*

a la izquierda *the left*

en la calle mayor *in the main street*

cerca de la catedral *near the cathedral*

al otro lado de la cuidad *on the other side of town*

a cinco minutos en coche *five minutes by car*

en la esquina *on the corner*

allí en frente *over there*

aquí al lado/a unos pasos *right here*

Siga todo recto *Go straight on.*

Baje esta calle hasta el final *Go down to the end of the street.*

Coja el metro *Catch the underground.*

¿Tengo que hacer algún transbordo? *Do I have to change?*

¿De dónde sale el autobús para. . . . ? *Where does the bus for. . . . leave from?*

¿Dónde hay un aparcamiento? *Where is there a car park?*

¿Se puede estacionar aquí? *Can I park here?*

3

You are with your parents in Spain and get out of the car to ask some directions of a passerby.

Say good afternoon and ask if he knows where the castle is.

Está al otro lado de la ciudad. Siga todo recto y al final de la calle hay que tomar la primera a la derecha y después la segunda a la izquierda.

Ask if it is far away and if it is possible to park near the castle.

No, no muy lejos. A cinco minutos en coche, pero es dificilísimo aparcar por allí.

Ask if you can park here.

Claro que sí. Aquí no hay problema.

Say you will go on foot, thank him and say goodbye.

Adiós.

8 *De vacaciones*

Conversación

Learn thoroughly MUNDIAL E so that you can talk about where you would like to go for your next holidays. Make sure you can also talk about your last holidays and use LIBRO DE EJERCICIOS L to help you. Be able to explain what you like doing when you are on holiday.

Me gustaría. . .
El año pasado fui a. . .
Cuando estoy de vacaciones me gusta. . .

Roleplay

Remember to begin and end all conversations politely:

Buenos días	Por favor
Buenas tardes	Gracias
¡Hola! Buenos días	Adiós
¿Tiene (Vd.)usted. . . .?	*Have you got. . .?*
Quisiera. . .	*I would like. . . .*
¿Sabe usted. . .?	*Do you know. . .?*

En la oficina de turismo

Aprende

Voy a pasar	*I'm going to spend*
dos días	*two days*
una semana	*a week*
quince días	*a fortnight*
en la ciudad	*in the city*
en la región	*in the area*
No tengo alojamiento	*I have nowhere to stay*
Quisiera . . .	*I would like*
una lista de hoteles	*a list of hotels*
un hotel barato	*a cheap hotel*
una pensión barata	*a cheap pension*
una mapa de la región	*a map of the area*
un plano de la ciudad	*a plan of the city*
¿Tiene usted . . .	*Have you got*
información sobre la ciudad?	*information about the city?*
una guía de los monumentos históricos?	*a guide book to the historic monuments?*

un horario de trenes de autobuses?	*a train timetable? a bus timetable?*
¿Está cerca (lejos) el museo?	*Is the museum near? (far away?)*
¿A qué hora abre el museo?	*When does the museum open?*
¿Hay discotecas? piscina municipal?	*Are there any discos?/ Public swimming pools?*
¿Cuánto cuesta/n. . . ?	*How much does it/do they cost?*
¿Se puede alquilar bicicletas? un coche? un barco de remo?	*Can you hire bicycles? a car? a rowing boat?*
¿Dónde se puede cambiar dinero?	*Where can I change money?*
¿Hay trenes para. . .?	*Are there any trains to . . .?*

1

You go into the local tourist office in Spain with a long list of information you want to find out about the area.

Say you are spending 4 days in the city.
Ask for a list of hotels.
Ask if there is a cheap hotel nearby.
Ask for a map of the area.
Ask for a list of discotheques.
Ask if you can hire bicycles nearby and find out how much they cost.
Ask what time the museum opens.
Ask if there are trains to Barcelona.
Ask at what time the next coach to Tortosa leaves.
Say goodbye and thank the man who has helped you.

En la agencia de viajes

You are planning your holiday and need to book a hotel or place in a campsite and make your travel arrangements. Make sure you can book your travel confidently by revising MUNDIAL CHAPTER 7 and that you can ask for lists, maps and basic information about the area that would help you decide where to go.

Aprende

Quiero ir a Italia a los Estados Unidos	*I want to go to Italy to to the States*

en Semana Santa	*for Easter*
en agosto	*in August*
en verano	*in the summer*
¿Para cuánto tiempo?	*For how long?*
Para una semana	*For a week*
quince días	*a fortnight*
un mes.	*a month*
Quiero una pensión barata	*I want a cheap pension*
pensión completa	*full board*
media pensión	*half board*
¿Está todo incluído?	*Is everything included in the price?*
Quisiera una habitación individual	*I want a single room*
doble	*I want a double room*
con baño	*with a bath*
ducha	*a shower*
terraza y vista al mar	*a balcony and sea-view*
calefacción	*central heating*
Para dos noches	*For two nights*
quince días	*two weeks*
¿Hay piscina en el hotel?	*Is there a swimming pool?*
bar?	*a bar?*
discoteca?	*a disco?*
¿Está el hotel cerca de la playa?	*Is the hotel near the beach?*
en el centro de la ciudad?	*in the centre of town?*
Quisiera alquilar un apartamento para tres personas	*I want to rent a flat for 3 people*
Quisiera alquilar una tienda de campaña	*I want to hire a tent*

¿Hay agua caliente en el camping?	*Is there hot water. . .*
tienda	*a shop*
restaurante	*a restaurant . . . in the campsite?*

2
You call at a hotel

Ask if they have any single rooms.
Say that you want a room for three nights.
Ask what the price is per night.
Find out if it includes breakfast.
Ask if the room has a bath or shower.
Ask if the hotel has a swimming pool.
Take the room and ask where you can hire a bicycle.
Ask where you can change money.

3
You telephone a campsite

Give your name and say that you don't have a reservation.
Ask if you can hire tents.
Say that you are 4 people and that you want to stay for a week.
Say that you want to arrive on the 4th August.
Ask the price per night.
Ask if there is hot water, a restaurant and a shop.
Thank the man and say that you want to consult your friends.

9 *Comida, compras y cosas así*

Conversación

Learn thoroughly Mundial C, G and Q so that you can talk about your tastes in food, clothes and fashion and your daily routine. Be prepared to answer the following questions:

¿Qué hiciste ayer?
¿Qué vas a hacer el fin de semana?
¿Qué haces por la mañana?

Roleplay

Aprende

Quisiera una mesa	*I would like a table*
en el rincón	*in the corner*
en el fondo	*at the back*
en la terraza	*on the terrace*
Quisiera reservar una mesa/	*I would like to reserve a table/*
la carta, por favor	*the menu, please*

¿Qué vas a pedir	*What are you going to have*
de primero?	*as a first course?*
de segundo plato?	*as a main course?*
de postre?	*for dessert?*
Para mí	*For me*
Para la señora	*For the lady*
Para los tres	*For the three of us*
Para beber, una botella de Rioja	*To drink I'll have a bottle of Rioja*
agua mineral	*mineral water*
¿Qué recomienda?	*What do you recommend?*
¿Qué hay de pescado?	*What sort of fish have you?*
Fruta del tiempo	*Fruit in season*
La cuenta, por favor	*The bill, please.*

1

You go with your father to a restaurant in Spain and you are ready to order

¿Qué les pongo de primero?
Say that you want the soup and order a salad for your father
¿Y de segundo plato?
Ask what kinds of fish they have
Pues. . .de pescado tenemos merluza, besugo y boquerones.
Say you both want fried hake with chips
Muy bien ¿Y para beber?
Order half a bottle of red wine and a lemonade.
¿Y de postre?
Ask for fruit for your father and say that you don't want dessert but will have a coffee. Ask if you can have the bill quickly because you have to be at the airport very soon and can you pay by credit card.
Sí, claro. No hay problema.

Aprende

¿Dónde está la sección para mujeres?	*Where is the women's department?*
hombres?	*men's department?*
Está en la planta baja	*It's on the ground floor*
el primer piso	*first floor.*
¿Dónde están los probadores?	*Where are the changing rooms?*
Quisiera	*I would like*
una camisa de cuadros	*a checked shirt*
de rayas	*a striped*
de verano	*a summer*
de algodón	*a cotton*
en verde	*a green*
Quisiera probármela	*I would like to try it on*
¿Se puede limpiar en seco?	*Can it be dry cleaned?*
¿Puede envolvérmela?	*Can you wrap it up for me?*

Me lo llevo (el abrigo)	*I will take it*
la (la falda)	
los (los zapatos)	*them.*
las (las gafas negras)	

¿Qué talla quiere? una 36	*What size do you want?*
¿Qué número calza? 38	*What shoe size. . . . . .?*
Es demasiado grande	*It's too big*
pequeño/a	*small*
corto/a	*short*
largo/a	*long*
caro/a	*expensive*
¿Puede mostrarme otro/a?	*Can you show me another?*

2

You go to a shop in Spain to buy trousers.

Buenos días. ¿Qué desea?
Say that you would like a pair of trousers.
Los pantalones de verano están rebajados.
Say that you want winter trousers.
Tenemos una selección muy buena. ¿De qué color?
Say that you want them either grey or black.
Y ¿qué talla?
Say that you are not sure. Perhaps a 38.
En gris tenemos un cuarenta solamente pero en negro hay del 38.
Say that you would like to try both.
Aquí los tiene.
Ask where the changing rooms are.
Al fondo a la derecha
Ask how much the black ones are.
Los negros son 4.200 ptas.
Say you will take them.

Aprende

Quiero comprar regalos para mi hermanito *I want to buy presents for my little brother*
¿Tiene algo para un niño de 10 años? *Have you got anything for a child of 10?*

No me queda suficiente dinero — *I haven't got enough money*
No tengo
Soy menor de edad — *I am under 18*
Está prohibido — *It is not allowed*

3
The day before you leave Spain you ask your host where to do your last-minute shopping.

Say that you want to go out to get some presents.
¿A qué tiendas quieres ir?

Say that you want to buy perfume for your mother.
Mejor comprarlo en el aeropuerto, en la tienda libre de impuestos. ¿Qué más?
Say that you want to take 'turrón' for your brothers and that you want to buy toys for your baby sister.
Y ¿para tu padre?
Say that you do not have enough money because you want to take your jacket to be dry-cleaned.
Creo que lo mejor es ir a unos grandes almacenes. A El Corte Inglés, porque al lado hay una lavandería donde hacen limpieza en seco. ¿Quieres una botella de Rioja para tu padre?
Say that you are not allowed to take it and thank her.

10 *Me llevo bien, no me llevo bien*

Conversación

Learn thoroughly Aprende 87 and 88 and Mundial C, I, J, and L so that you can describe yourself and members of your family and friends and talk about your relationships with them.

Aprende

¿Qué tal es José/María? — *What is José/María like?*
Es simpático/a — *He's/she's nice*
  antipático/a — *not very nice*
  muy maleducado/a — *very rude*
  agradable — *pleasant*
  desagradable — *unpleasant*
(no) me llevo bien con. . . — *I (don't) get on with. . .*
(no) nos llevamos bien — *We (don't) get on.*
nos vemos. . . — *We see each other . . .*
pienso que es — *I think he's/she's*
  interesante — *very interesting*
  un poco aburrido/a — *a bit boring*
  algo tímido/a — *a bit shy*
Conozco a su hermano — *I know his/her/their brother*

Roleplay

Aprende

¿Con quién sales? — *Who are you going out with?*
¿Quiénes vienen? — *Who is coming?*
¿Quién es/Quiénes son? — *Who is he/she? Who are they?*
No me molesta — *It doesn't bother me.*

1
You are describing a friend to your exchange partner in Spain.

¿Qué tal os lleváis?
Say that you get on very well together.
¿Os veis mucho?
Say that you see each other at weekends.
Y ¿adónde vais?
Say that you usually go to the cinema but that last Saturday you went to a party.
¿Bailasteis en la fiesta?
Say that you are very shy and that Susan doesn't like dancing either.
¿De qué habláis?
Say that she only likes sports but that you do not and that you think she is a bit boring.
Entonces ¿por qué os veis?
Say that you live very near her and you know her family.

2
Your friend in Spain is asking whether you would like to go out on Saturday night.

Ask who else is going
Antonio, tú y yo.
Say that you don't want to go out.
Pero, ¿por qué no?
Say that you think Antonio is very rude.
Bueno, es que es un poco idiota.
Say that it bothers you and suggest going out with a few more people.

Pero ¿cómo? ¿sin Antonio?
Say that you don't mind and that you don't want to talk
to him because he doesn't like English people
No, no es cierto. Su novia es inglesa.
Say that nevertheless you think he is very unpleasant.

3

You are talking about the family you are staying with to
another friend.

¿Quiénes son?
Say that they are called Méndez Pelayo and that they
live in Mendoza Street.
Y ¿cuántos son?
Say that they are five: the parents and three sons.
¿Qué tal son?
Say that they are very wealthy, generous and pleasant.
¿Te llevas bien con los hijos?
Say that you like all of them but you get on particularly
well with the eldest son and the parents.
¿Cuándo van a ir a tu casa en Inglaterra?
Say that the eldest is going back with you for three
weeks.

Grammar section

1 Tú y yo

Aprende 56   No   Sino

The usual way of saying 'but' is 'pero'. However, if 'but' is denying or contradicting a previous statement, 'sino' is used. Therefore 'sino' always follows a statement which has a negative.
'Sino' is sometimes translated as 'rather'.

No hablé con mi tía **sino** con mi padre.
I didn't talk to my aunt but to my father.
Nunca llega cinco minutos tarde **sino** media hora.
He never arrives five minutes late, but half an hour.
'Sino' can mean 'except'; in this case it usually follows 'nadie'.

No lo sabe nadie **sino** mi padre.
Nobody knows about it except my father.

Aprende 57   El lunes El 20 de octubre

El lunes, **los** lunes   *on Monday, on Mondays*
el fin de semana, **los** fines de semana   *at the weekend, at weekends*
el 19 de julio   *on the 19th of July*
los veranos   *every summer*
But
en noviembre   *in November*
(see APRENDE 12b in Book 1)

Aprende 58   Mayor   Menor

Soy el(la) mayor	*I am the eldest*
Soy el(la) menor	*I am the youngest*
Soy el segundo la segunda	*I am the second*
Soy hijo/a único/a	*I am an only son/ daughter*
Soy **el/la** único/a hijo/a	*I am the only son/ daughter*
Tengo dos hermanas mayores	*I have two older sisters*
Tengo dos hermanos menores	*I have two younger brothers*

NB   'Mayor' can mean bigger or larger as does 'más grande.'
'Menor' can mean lesser or smaller as does 'más pequeño/a'
Un mayor número de gente asistió hoy.
A larger number of people came today.
Es menor cantidad.
It is a smaller number.

Aprende 59   Nombre   Edad Dirección

1   Always notice that Spanish forms have 'nombre' and 'apellido**s**'. Two surnames are used, that of one's father followed by that of one's mother. Women do not change surnames with marriage. A letter box in a block of flats may have four names:
Juan Gutiérrez Salinas — father
Adela Ramos Garrido — mother
Elena Gutiérrez Ramos — daughter
Sebastián Gutiérrez Ramos — son
'Nombre' therefore refers to first (Christian) name.
2   'Señas' also means address.
3   D.P. is the Postcode. (Distrito Postal)

Aprende 60   Dar

The verb 'dar' is irregular in the present (doy) and the preterite 'di' etc.
NB   **Le** di un libro   *I gave him a book*
   but
   Le di el regalo a mi madre   *I gave my mother the present*
The second sentence keeps the 'le' and you are therefore saying 'to her' twice – 'le' and 'a mi madre'. Similarly with 'decir'.
   Le dije a mi madre – I told my mother
There are many expressions with 'dar'. The following are important.

Dieron las seis *The clock struck six*
¿Ya **dieron** las dos? *Is it two o'clock?*
Nunca **da** los buenos días *He never says good
    morning*
Me **dio** las gracias *He thanked me*
La ventana **da** a la calle *The window looks out onto
    the street*

2 *Pasándolo bien*

Aprende 61   Al/de + infinitive

1 'Al' followed by an infinitive translates several
different ways in English:
    Al entrar Pepe, salió Timoteo.
    As Pepe entered, Timothy left.
    Al salir, verás una ventanilla.
    On leaving, you will see a small window.
2 If a verb follows 'de' it is always in the infinitive,
e.g.
    Me ducho antes de desayunar y después de cenar.
    I have a shower before breakfast and after dinner.
    Al terminar de comer, me baño.
    When I finish eating, I have a bath.

Aprende 62   *Soler*

'Soler' is very commonly used in Spain. It translates
as 'usually'.
1 'Soler' is radical changing (ue) and is followed by
the infinitive.
    Suelo **ir** a Valencia los veranos.
    I usually go to Valencia every summer.
    Solemos volver tarde.
    We usually come back late.
2 'Acostumbrar' (to be accustomed to)
    No acostumbro a beber
    No suelo beber   *I don't usually drink*

Aprende 63   AR   ER   IR
Regular verbs

(see verb page at end of grammar section)
There are quite a number of very commonly used
irregular verbs. It is important to recognise them in
the question form and use the proper tense to reply
(see table below).

(2nd person sing.)		(1st person)	
present	**past forms**	**present**	**past forms**
¿tienes?	¿tuviste? [have/had]	tengo	tuve/tenía*
¿vas?	¿fuiste? [go/went]	voy	fui
¿sales?	¿saliste? [go/went out]	salgo	salí
¿pones?	¿pusiste? [put/put]	pongo	puse
¿traes?	¿trajiste?[bring/brought]	traigo	traje
¿vienes?	¿viniste? [come/came]	vengo	vine
¿quieres?	¿quisiste? [want/wanted]	quiero	quise
	¿querías?	quisiera (requests)	quería*
			pude/podía
¿puedes?	¿pudiste? [can/could]	puedo	
¿sabes?	¿supiste? [know/knew]	sé	supe
	¿sabías?		sabía*
¿haces?	¿hiciste? [do/did]	hago	hice

The asterisked* form are the most common when using past tenses with these verbs and are usually correct. The form advised is the imperfect rather than the preterite, since the implication in their use is that the 'action' took place over an extended period rather than being a completed action, e.g.:

¿Tenías frío *Were you cold?*
Sí, tenía frío. *Yes, I was cold.*
¿Querías salir? *Did you want to go out?*
No, no quería. *No, I didn't (want to go out).*
(See APRENDE 67)

NB 'Hacer' is usually answered with another verb, e.g.:
¿Qué hiciste ayer? Fui al cine.
but
¿Qué hicise ayer? Hice los deberes.
Hice el trabajo.

Aprende 64 *Cuyo -a -os -as*

'Cuyo' means whose, but it agrees with the noun it qualifies and not with the person who 'owns', e.g.:
El señor cuy**as** hij**as** nunca salen.
The man whose daughters never go out.
La chica cuy**o** herman**o** está en el hospital.
The girl whose brother is in hospital.

Aprende 65 **Desde hace**

'Desde hace' means since, e.g.:
Trabajo aquí desde hace dos años.
I have been working here for two years.
NB The present tense of 'trabajo', e.g.:
Estudio español desde hace un año.
I have been studying Spanish for a year.
The above statement can also be said thus:
a Hace un año que estudio español.
b Llevo un año estudiando español.
NB 'Desde hace' in the past tense, e.g.:
Trabajaba (imp) allí desde hacía dos años.
He had been working there for two years.

Aprende 66 **(A mi) me gusta**

'Me gusta' means I like but it is often preceded by 'a mí' to give it emphasis. **I** like. Similarily with 'me interesa, me importa, me encanta'. LEARN the following:

a mí me gusta(n)	a nosotros nos gusta(n)
a ti te gusta(n)	a vosotros os gusta(n)
a él le gusta(n)	a ellos les gusta(n)
a ella le gusta(n)	a ellas les gusta(n)
a Vd. le gusta(n)	a Vds. les gusta(n)

Aprende 67 AR ER IR Verbs (preterite)

(See verb page at the end of the grammar section.)
NB Me gustaron, me encantaron, me interesaron – plus plurals, e.g.:
Me encantaron las playas. *I loved the beaches.*
No me gustaron los edificios. *I did not like the buildings.*

Aprende 68 **Expressions with the past tense**

LEARN:
'entonces' and 'luego' *then*
'en ese momento' *at that moment*
'esa mañana/tarde/noche' *that morning/afternoon/night*
'cuando tenía diez años' *when I was ten*
'cuando estaba en Londres' *when I was in London*

Aprende 69 **Weather *(past)***

NB Hubo una tormenta. *There was a storm.*
The expressions 'hace bueno' and 'hizo bueno', it is fine, the weather was good, are also commonly used.
LEARN
nuboso *cloudy*   nubosidad *cloudiness*
precipitaciones *showers (rain or snow)*
chaparrones, chubascos *showers*   granizo *hail*

---

3 *Infórmate, entérate*

Aprende 70 **Oír**

NB oír – to hear, or to be able to hear, e.g.:
No oigo. *I can't hear.*
LEARN:
oler (irr) *to smell*   huelo *I (can) smell*
probar (ue) *to taste*

ver *to see*
sentir (ie). *to feel*
1st person = oigo, huelo, pruebo, siento, veo
el sabor, el paladar *taste*

Aprende 71   The perfect tense

The perfect tense in Spanish is used when you say 'I have _____(ed)' in English, e.g.:

   He hablado   *I have spoken/talked*

AR verbs change to – ado – to form their past participle.

IR and ER verbs change to – ido-, e.g.:

He decidido   *I have decided*

He comido   *I have eaten*

Learn all irregular past participles given in the APRENDE, e.g.:

He ido a España dos veces.   *I've gone (been) to Spain twice.*

¿No han llegado?   *Haven't they arrived?*

Aprende 72   Ir radical (i) verbs

There are three types of radical changing verbs.

1   e changes to ie
2   o changes to ue
3   e changes to i

All radical verbs change in the present in the 1st, 2nd and 3rd persons singular and 3rd person plural.

All IR radical verbs change in the 3rd persons of the **Preterite**. The changes *must* be e – i
                                    o – u

eg:

mentir – mintió

dormir – durmio

---

mentir – mintió
dormir – durmió

mentir (e–ie)	*volver (o–ue)*	*vestirse (e–i)*	**Preterite**
miento	vuelvo	me visto	me vestí
mientes	vuelves	te vistes	te vestiste
miente	vuelve	se viste	se vistió
mentimos	volvemos	nos vestimos	nos vestimos
mentís	volvéis	os vestís	os vestisteis
mienten	vuelven	se visten	se vistieron

The present participle also changes e–i, o–u, e.g: vistiendo, durmiendo, mintiendo
Present participle: mintiendo   volviendo   me estoy vistiendo

---

4 *De ahora en adelante*

Aprende 73   The Future tense

1   See verb sheet (p. 222)
2   Learn all irregulars: querer = querré, saber = sabré.
3   Remember 'ir' = iré, dar = daré are regular.

Aprende 74   Future actions: cuando + subjunctive

This Aprende deals with different ways of stating future actions or intentions. Learn them all and use them regularly.

NB   If you want to say for example: 'when I work', suggesting in the future, you cannot use the present indicative, you need to use the present subjunctive, e.g.:
with an AR verb:
cuando trabaj**e** = *when I work (in the future)*
with an ER or IR verb:
cuando com**a** = *when I eat (later on)*

The rest of the present subjunctive is simple with regular verbs.
1   Change AR endings for the rest of the verb to 'e' where there is an 'a'.
Thus: (hable) hables, hable, hablemos, habléis, hablen.
2   Change ER and IR endings to an 'a' where there is an 'e' or an 'i'.
Thus: (coma) comas, coma, comamos, comáis, coman.

5 *Problemas*

Aprende 75   The Imperfect tense

It is important to remember that the imperfect is used to translate '(*verb*)ing' or 'used to (*verb*)', in other words, a repeated action or an action that took place over an extended period rather than one which was completed immediately, e.g.

> *The car crashed against the post.* (preterite)
> *I used to go to the pool every day.* (imperfect)

NB   *I* **played** *basketball for my school team* is the *imperfect* unless you only played once.

1   Learn the endings especially as the 'er/ir' ones will help you later with the conditional tense.
2   Remember that you still have to follow the rules of 'ser' and 'estar', e.g.

> Cuando Rodolfo **estaba** en Valladolid **era** piloto.

3   The imperfect continuous (estar + ando/iendo), may be used for 'was _____ing' and not for 'used to'. However, it is better to use it only when something was taking place at a particular moment, e.g.

> Cuando entré mi hermano estaba estudiando.
> *When I went in my brother was studying.*

4   Remember 'hay' (present), 'hubo' (preterite) and 'había' (imperfect).

> 'Había' is more commonly used:
> Hubo un accidente.   *There was an accident.*
> Había mucho público.   *There were a lot of people.*

Aprende 76   Present to Imperfect

This *Aprende* is here as an aid. There are a few verbs that when used in the 'past' tense are nearly always correct if used in the imperfect. These are their 3rd person preterite forms which are used when an action is/has been completed.

hay	— hubo	(*see last* Aprende)
está	— estuvo	Juan estuvo en mi casa ayer.
es	— fue	Fue un día estupendo.
		(see Aprende 79)
son	— fueron	Fueron ellos quienes robaron la moto.
hace	— hizo	Hizo calor por la tarde.
tiene	— tuvo	Tuvo un niño. (*She had a boy*)
puede	— pudo	No pudo hacer el crucigrama.
sabe	— supo	No supo venir solo a mi casa.

The last two examples state that the people were unable to do something and consequently gave up. Had they perservered and been successful, you would use 'podía' and 'sabía'.

Aprende 77   Mi pueblo *(descriptions)*

This *Aprende* is a list of expressions to help you state opinions of cities or places you have visited or for descriptions of your town. Young Spaniards use the following expressions nowadays, e.g.

> Hay mucha marcha/movida.
> *There are a lot of things going on./It is very lively.*

6 *Deportes, fiestas y costumbres*

Aprende 78   Interests and hobbies

LEARN:

> (No) dedico mucho tiempo a . . .
> *I don't give a lot of time to . . .*
> Me encanta el ajedrez.
> *I love chess.*

Aprende 79   Ser: Present + Preterite

The preterite of 'ser' is an important tense, irregular, but identical to the preterite of 'ir', to go, e.g.

> Fui el primero en llegar.
> *I was the first to arrive.*

No fuimos nosotros, fueron ellos.
It wasn't us, it was them.
Ayer fue el aniversario de mi boda.
Yesterday was my wedding anniversary.

Aprende 80   Everyone   One

The rule here is:
> Se come uvas.
> *One eats grapes.*
> Se com**en** (las) uvas.
> *(The) grapes are eaten.*

Aprende 81   The Conditional Tense

1 Notice that the endings are identical to 'er/ir' in the imperfect except that here they keep the whole infinitive before the endings are added.
2 Future and conditional irregular 'stems' are identical. The endings are always regular.

3 You are likely to need to use the conditional in reply to a question, in which case it is better to avoid the 'if clause' as it needs to be written in the subjunctive, e.g.
–¿Qué **harías** si **hubiera** un incendio en tu colegio?
–Llamaría a los bomberos. (Si hubiera un incendio, me iría a casa.)

7 *El transporte, los viajes*

Aprende 82   ¿A qué distancia?

A self-explanatory *Aprende*. 'A' can be followed by distance, time or stops, to express distance away from, e.g.
Estamos a un minuto de casa.
We are a minute away from my house.

NB All the expressions can be used with 'queda', or 'se halla', instead of 'está' for 'it is situated' or 'it is'.
Queda a unos kilómetros de aquí.
Se halla cerca del museo.

8 *De vacaciones*

Aprende 83   'Estar' in the preterite

The use of the preterite of 'estar' has to be studied together with the use of the imperfect (see *Aprende* 75), and the notes of guidance given in *Aprende* 76, in which verbs use their imperfect more commonly than their preterite form.
With 'estar' the preterite is used when a specific period of time is defined or implied, e.g.
Estaba en España.
He was in Spain.
Estuvo en España todo el verano.
He was in Spain all summer.
¿Tú también estabas en la discoteca?
Were you at the disco too?
¿Estuviste en casa de tus padres?
Were you (did you go to) at your parents?

Aprende 84   Verbs + gerund; verbs + infinitive

1 To have been doing something for a particular period of time can be expressed by 'llevar' in the present or the imperfect plus the gerund, e.g.
Llevo veinte minutos **esperando** en la cola.
I have been waiting for 20 minutes in the queue.

Llevaba dos años **estudiando** inglés
He had been studying English for two years.
2 'Es preciso' (it is necessary), 'esperar' (to hope) and 'procurar' (to attempt) are all followed by the infinitive.

Aprende 85   Acabar de; volver a

1 'Acabar de' means to "to have just" and is followed by the infinitive, e.g.
Acabo de ver a tu madre.
I have just seen your mother.
Acabábamos de llegar cuando empezó a llover.
We had just arrived when it started to rain.
2 'Volver a' + infinitive means to do something again, e.g.
Volví a entrar.
I went in again.
No volverás a verme.
You will never see me again.

9 Comida, compras y cosas así

Aprende 86 Direct object pronouns

1 'Lo/la/los/las' (it/them) always precede the verb although they may be attached to the end of the infinitive and the present pasticiple and must be added to the end of the verb if it is a command, e.g.

Lo vendí.⁻ *I sold it.*
Lo voy a vender/voy a vender**lo**. – *I am going to sell it.*
¡Vénde**lo** ya! – *Sell it once and for all!*

2 The indirect object pronouns are:
to him/to her = 'le'; to them = 'les'; e.g.
Le dije. *I told him/I said to him.*
Les di un beso. *I gave them a kiss.*
The verbs 'ayudar', 'mandar', 'avisar', 'dar', 'prohibir', and 'permitir' all take indirect object pronouns.

10 Me llevo bien, no me llevo bien

Aprende 87 Descripciones

1 Learn the expressions that are used with 'tengo' and 'soy' with their corresponding adjectives. Always make sure the agreements have been made. You may use other parts of the verbs 'tener' and 'ser'.
2 Remember that you have to decide very carefully whether to use 'ser' or 'estar' with an adjective, e.g.

Es guapo. *He is handsome.* (always)
Está guapo. *He is (looks) handsome.* (today)
The latter is not that much of a compliment!

Aprende 88 Comparative and superlative adjectives

1 'Más' means more: el/la más (adj.) means the most (adj.);
'Menos' means less: el/la menos (adj.) means the least (adj.). e.g.

Es la chica **más** inteligente de la clase.
She is the most intelligent in the class.
Es el lugar **menos** interesante.
It is the least interesting place.
2 Learn the irregular forms.
3 Refer to *Aprende* 34 in Mundial book 1 for 'más que/más de', 'menos que/de'.
  a Hay más de diez. – *There are more than 10.*
    ('Más de' + numbers)
  b Sabe más que su hermano. *She knows more than her brother.*
    ('Más que' + nouns)
  c Es más inteligente que su marido.
    She is more intelligent than her husband.
    ('Más (adj.) que = more . . . . . . than)
    (Similarly with 'menos que/de')

Aprende 89 Imperatives

Irregular imperatives are best learnt through usage. Regular imperatives follow an easy rule.

Positive commands
1 The familiar singular form uses the 3rd person singular ending. The plural forms are –ad, –ed, –id e.g.

hablar	habla	hablad
comer	come	comed
decidir	decide	decidid

2 The polite forms in the singular and plural are:
hablar: hable; hablen
comer: coma; coman
decidir: decida; decidan

Negative commands
For negative commands refer back to the *Aprende* in the text and try to find the rule yourself, but remember to learn the irregulars.

Aprende 90 The pluperfect tense

This tense 'had arrived/had done' is very straightforward. Learn the irregular past participles, 'hecho, puesto', etc. and then use the correct parts of 'haber' with the past participle.
Remember: AR verbs take 'ado'; ER/IR verbs take 'ido' (reg. verbs). e.g.
Mi hija había salido, no había apagado las luces y no había hecho el trabajo.

Verb Sheet

Present (I play)

lleg(ar)	com(er)	viv(ir)
o	o	o
as	es	es
a	e	e
amos	emos	imos
áis	éis	ís
an	en	en

Present Continuous (I am playing)
ar – ando   er, ir – iendo
estoy hab**lando**
estás viv**iendo**
está com**iendo**
estamos lle**gando**
estáis trabaj**ando**
están decid**iendo**

Future (I will play)
ar, er, ir +
é
ás
á
emos
éis
án

Immediate Future (I am going to play)
ir a + infinitive
voy a comer
vas a cenar
va a beber
vamos a almorzar
vais a merendar
van a desayunar

Preterite (I played)

(ar)	(er+ir)
é	í
aste	iste
ó	ió
amos	imos
asteis	isteis
aron	ieron

Perfect (I have played)
haber + ado (ar) + ido (er, ir)
he habl**ado**
has com**ido**
ha beb**ido**
hemos empez**ado**
habéis decid**ido**
han ped**ido**

Imperfect Continuous
estar + ando (ar) + iendo (er, ir)
estaba hab**lando**
estabas com**iendo**
estaba beb**iendo**
estábamos lle**gando**
estabais salt**ando**
estaban compr**ando**

Imperfect (I was playing/used to play)

(ar)	(er, ir)
. . .aba	. . .ía
. . .abas	. . .ías
. . .aba	. . .ía
. . .ábamos	. . .íamos
. . .abais	. . .íais
. . .aban	. . .ían

Pluperfect (I had played)
haber + ado (ar)   + ido (er, ir)
había lle**gado**
habías **ido**
había com**ido**
habíamos sent**ido**
habías o**ído**
habían pens**ado**

Conditional (I would play)
ar, er, ir +
. . . ía
. . . ías
. . . ía
. . . íamos
. . . íais
. . . ían

NB. See Aprende 74 for Present Subjunctive

Classroom vocabulary

la asignatura/materia – *subject*
la cartera/el portafolios/la carpeta – *folder*
la bolsa – *bag*
el estuche – *pencil case*
el bolígrafo – *biro, pen*
el lápiz/los lápices – *pencil/pencils*
el rotulador – *felt-tip pen*
la goma – *rubber*
los lápices de colores – *coloured pencils*
el cuaderno – *exercise book*
la carpeta de anillas – *ring binder*
la pizarra – *blackboard*
el tablón de anuncios – *noticeboard*
el poster – *poster*
la estantería/librería – *bookcase*
el armario – *cupboard*
la percha – *coat hook, coat hanger*
la mesa del profesor – *teacher's table*
el libro (de texto) – *book, (coursebook)*
la regla – *ruler*
la tiza – *chalk*
la silla – *chair*
la mesa – *table*
el pupitre – *pupil's desk*
el horario de clases – *timetable*
el/la director/a – *headmaster/headmistress*
el/la delegado/a – *class representative*
el/la profesor/a de . . . – *the (subject) teacher*
ausentarse – *to play truant*
las notas – *grades*
sobresaliente – *excellent*
notable – *very good*
bien – *good*
suficiente – *fairly good*
insuficiente – *poor*
muy deficiente – *very poor*

Classroom Instructions

¡abre/abrid la ventana/la puerta! – *open the window/door*
¡cierra/cerrad la ventana/la puerta! – *shut the window/door*
¡enciende la luz! – *put on the light (singular)*
¡apaga la luz! – *switch off the light (singular)*
¡ven aquí/venid aquí! – *come here*
¡siéntate/sentaos! – *sit down*
¡levántate/levantaos! – *stand up*
¡levanta/d la mano! – *raise your hand*
¡baja/d la mano! – *put your hand down*
¡entra/d! – *come in*
¡escucha/d atentamente! – *listen carefully*
¡repite/repetid! – *repeat*
¡otra vez! – *again*
¡todos juntos! – *all together*
¡mira/d hacia adelante! – *face the front*
¡mira/d la pizarra! – *watch the board*
¡quieto/s! – *be still*
¡silencio! – *be quiet*
¡presta/d atención – *pay attention*
correcto/acertado – *correct*
muy/bien – *very/good*
¿Qué pasa? – *what's going on?*

Classroom expressions

pasar lista – *to call the register*

¿quién falta? – *who is not here?*

falta . . . – *. . . is not here*

presente – *present*

no está – *. . . is not here*

¿por qué has llegado tarde? – *why have you arrived late?*

¿por qué no viniste ayer? – *why did you not come yesterday?*

¡no hagas/hagáis ruido! – *stop making a noise*

¡cállate/callaos! – *shut up!*

¿por qué no te/**os** callas/call**áis**? – *why don't you shut up?*

¡no hables/habléis con tu/vuestro compañero! – *don't speak to the person beside you*

¡saca/d los libros! – *take out your books*

¡levanta/d la mano si tienes/tenéis alguna pregunta! – *raise your hand if you have a question*

¡levantad la mano los que no tengáis papel! – *raise your hands those who have no paper*

¿quién no ha hecho los deberes? – *who has not done his/her homework?*

¡para mañana tenéis que hacer el ejercicio . . . de la página . . .! – *for tomorrow you must do exercise . . . on page . . .!*

de deberes tenéis que hacer . . . . – *for homework you must . . .*

vamos a escuchar la cinta/el cassette – *we are going to listen to the tape*

ahora voy a repartir . . . – *now I'm going to give out . . .*

¡pon/ed el nombre! – *put down your first name*

¡escribe/escribid el apellido! – *put down your surname*

¡rellena los datos! – *fill in the details*

en mayúsculas – *in capital letters*

¡abre/abrid los libros por la página . . .! – *open your books on page   . .*

¡mira/d las instrucciones de la página . . .! – *look at the instructions on page . . .!*

¡lee/leed atentamente! – *read carefully*

¡haz/haced el ejercicio en silencio! – *do the exercise in silence*

podéis hacer el ejercicio/con vuestro compañero/en grupos – *you can do the exercise/with your partner/in groups*

vamos a trabajar en grupos de . . . personas – *we are going to work in groups of . . .*

de dos en dos/en parejas – *in pairs*

de tres en tres – *in threes*

¡contesta/d las preguntas! – *answer the questions!*

¡contesta/d la pregunta n⁰ . . .! – *answer question number . . .*

¡sal/salid a la pizarra! – *come up to the blackboard!*

¡lee/leed el primer párrafo! – *read the first paragraph*

hacer el papel de médico – *play the part of a doctor*

hacer de policía – *play the part of a policeman*

los role-plays – *role-plays*

tener un examen – *to have an examination*

fijar la fecha del examen – *to set the date for an examination*

aprobar el examen – *to pass the examination*

suspender el examen – *to fail the examination*

hacer bien/mal el examen de . . . – *to do well/badly in the . . . exam*

examinarse – *to take an examination*

portarse bien/mal – *to behave well/badly*

¿quién sabe la respuesta? – *who knows the answer?*

¿quién quiere contestar? – *who wants to answer?*

¿en qué curso estás? – *what year are you in?*

estoy en 1⁰ de . . . – *I'm in the first year of . . .*

¿dónde tenemos la clase de . . .? – *where is the . . . class?*

en la clase pequeña del 2⁰ piso – *in the small room on the second floor*

en el aula 203 – *in room 203 (NB las aulas)*

¿qué clase tenemos ahora? – *which class do we have now?*

¿qué clase toca ahora? – *which class do we have now? (slang)*

tenemos . . . – *we have . . .*

Vocabulary

el abogado   *lawyer*
abrazar(se)   *to hug (each other)*
el abrazo   *hug*
abrigado/a   *wrapped up, sheltered*
el abrigo   *overcoat*
abrir   *to open*
el/la abuelo/a   *grandfather/grandmother*
abundar   *to abound, be a lot of*
aburrido/a   *bored, boring*
aburrirse   *to get bored*
acabar   *to finish*
acabar de . . .   *to have just . . .*
acariciar   *to caress, stroke*
accesible   *accesible*
la acción   *action*
el aceite   *oil*
la acera   *pavement*
acompañado/a   *accompanied*
aconsejar   *to advise*
el acontecimiento   *happening, event*
acordarse(ue) de   *to remember*
acostado/a   *lying down*
acostarse (ue)   *to go to bed*
acostumbrado/a   *accustomed,
      used (to)*
acostumbrar   *to be in the habit of*
activo/a   *active*
el actor   *actor*
la actriz   *actress*
actual   *present day (adj)*
las actualidades   *news*
acudir   *to turn up (help or witness)*
de acuerdo   *in agreement*
¡De acuerdo!   *OK!, That's fine!*
en adelante   *from that time on*
¡adelante!   *Come in!*
adelante   *ahead, forward,
      further on*
de adelanto   *in advance*
además   *moreover*
aderezar   *to season*
admitir   *to admit, allow*
adquirir(ie)   *to acquire, get*
la aduana   *customs*
advertir(ie)   *to warn*
afeitar(se)   *to shave*
la afición a   *love, liking for*
aficionado/a   *keen on*
afortunadamente   *luckily,
      fortunately*
las afueras   *outskirts*
la agencia   *agency*
agotado/a   *exhausted*
agradable   *pleasant, agreeable*
el agregado militar   *military attaché*
el(f) agua   *water*
el aguacate   *avocado*
aguantar   *to hold on, put up with*
ahora   *now*
el aire comprimido   *compressed air*

al aire libre   *in the open air*
aislado/a   *isolated*
el ajedrez   *chess*
alado/a   *winged*
el albañil   *bricklayer*
la albóndiga   *meatball*
el alcalde   *Mayor*
alcanzar   *to reach*
las alcaparras   *capers*
alegrarse   *to be glad*
alerta   *alert*
la alfombra   *carpet*
algo   *something*
el algodón   *cotton, cotton wool*
alguien   *someone*
algunos/as   *some*
la alimentación   *nutrition, feeding*
aliviar   *alleviate, help, relieve*
allí   *there*
el(f) alma   *soul*
los almacenes   *department store*
el almuerzo   *lunch*
el alojamiento   *lodging*
alojarse   *to board, find lodgings*
alquilar   *to hire, rent*
el alquiler   *rent*
alrededor   *around*
los alrededores   *surroundings*
el altiplano   *plateau, tableland*
las alubias   *beans*
el/la alumno/a   *pupil*
el(f) ama de casa   *housewife*
el/la amante   *lover*
ambicioso/a   *ambitious*
el ambiente   *atmosphere*
ambos/as   *both*
amenazar   *to threaten, menace*
el amo/a   *owner*
el amor   *love*
amplio/a   *loose, large, vast*
amueblado/a   *furnished*
añadir   *to add*
andar(irreg.)   *to walk*
las anginas   *tonsils*
la angustia   *anguish, pang*
la animación   *liveliness*
animado/a   *lively*
anoche   *last night*
el año de excedencia   *year's leave*
anotar   *to take notes*
el ante   *suede*
anteayer   *day before yesterday*
de antelación   *early*
anterior   *previous*
antes(de)   *before*
anticuado/a   *old-fashioned*
las antigüedades   *antiques*
antiguo/a   *old*
antillano/a   *West Indian*
la antorcha   *torch*
anunciar   *to announce*

el anuncio   *advert*
apagar   *to put out, turn off*
el aparato   *apparatus, appliance, machine*
aparcar   *to park*
la aparición   *appearance*
el apartado de correos   *PO Box*
apartado/a   *apart, further away*
aparte (de)   *apart (from)*
apenas   *hardly*
la apertura   *opening*
me apetece   *I fancy*
el apetito   *appetite*
aplastar   *to flatten, crush*
apreciable   *appreciable, significant*
apreciar   *to appreciate, value*
aprender   *to learn*
el/la aprendiz/a   *apprentice*
apretado/a   *full, crowded, tight*
aprobar(ue)   *to pass (exam)*
apropiado/a   *appropriate, fit*
aprovechar   *to make good use of*
apuñalar   *to stab*
aquí   *here*
aragonés/aragonesa   *from Aragon*
el arbitraje   *refereeing*
el árbitro   *referee*
el árbol   *tree*
el(f) arca   *ark*
el archipiélago   *archipelago*
la arena   *sand*
el armario ropero   *wardrobe*
el arquitecto   *architect*
arrancar   *to pull out, start engine*
arreglar   *to arrange*
arriba   *above, upstairs*
arriesgado/a   *risky, dangerous*
arrodillarse   *to kneel down*
arrojar   *to throw (away)*
el arroz   *rice*
arrugar   *to wrinkle, crumple up,
      crease*
el arte   *art*
el artículo   *article*
asaltar   *to assault*
asar   *to roast*
el ascensor   *lift*
asegurar   *to assure*
asegurarse (de)   *to make sure (of)*
el aseo   *toilet*
el asesinato   *assassination, murder*
así que   *so*
el asiento   *seat*
la asignatura   *school subject*
asistir a   *to be present at*
la aspiradora   *vacuum cleaner*
el ataque   *attack*
atar   *to tie*
atardecer   *to get dark (dusk)*
el atasco   *traffic hold-up*
el ataúd   *coffin*

atender (ie) *to attend to, be attentive*
aterrizar *to land*
el atletismo *athletics*
el/la atracador/a *attacker*
atraer *to attract*
atrasar *to put back*
atravesar (ie) *to cross*
atreverse *to dare*
atrevido/a *daring*
el atún *tuna*
audaz *brave, audacious*
aumentar *to increase*
aunque *although*
la ausencia *absence*
el autocar *coach*
el automóvil *car*
la autopista *motorway*
el/la autor/a *author*
la autoridad *authority*
el/la auxiliar de clínica *clinic assistant*
el auxiliar de vuelo *air steward*
el ave (f) *bird*
la avellana *hazel nut*
la aventura *adventure*
la avería *break-down, malfunction*
el avión *aeroplane*
avisar *to inform, to announce,*
  to warn
el aviso *notice*
ayer *yesterday*
ayudar *to help*
el ayuntamiento *town hall, council*
la azafata *hostess (on transport)*
de azar *of chance, luck*
el azúcar *sugar*
el azulejo *tile*

el bacalao *salted dried cod*
el bache *pothole*
el baile *dance*
bajar *to go down, to take down*
el baloncesto *basketball*
el balonmano *handball*
el bañador *swimsuit, trunks*
bañarse *to have a bath,*
  to go swimming
el banco *bank, bench*
la banda *wavelength, band*
la bandera *flag*
el baño *bath, bathroom*
barato/a *cheap*
la barbacoa *barbecue*
¡Qué barbaridad! *How awful!, incredible!*
la barca *boat*
el barco *ship*
la barra *bar-counter*
el barrio *district*
basado/a *based*
básico/a *basic*
bastante *quite, fairly, enough*
bastar *to be enough*
la basura *rubbish*

la batalla *battle*
la batería *battery, drums*
el batido *(milk) shake*
batir *to beat*
bautizar *to baptise*
el bebé *baby*
beber *to drink*
el béisbol *baseball*
Belén *Bethlehem*
el belén *Christmas crib*
la belleza *beauty*
beneficiar *to benefit*
besar *to kiss*
el besugo *sea bream*
la bici *bike*
el billar *billiards, snooker*
el billete *ticket (transport), banknote*
la biología *biology*
el/la bisnieto/a *great grandson/daughter*
la bisutería *imitation jewellery*
blando/a *soft*
el bloque *block*
el bocadillo *sandwich*
la boda *wedding*
la bodega *wine-vault, cellar*
la boina *beret*
el boleto *coupon*
el bolígrafo *biro*
el bollo *bun*
los bolos *bowls, skittles*
la bolsa *bag*
el bolsillo *pocket*
la bomba *bomb*
el bombardeo *bombardment*
el bombero *fireman*
la bondad *goodness*
bondadoso/a *kind, generous*
el bono *voucher*
los boquerones *anchovies*
borracho/a *drunk*
la botella *bottle*
el botones *page-boy*
el boxeo *boxing*
el brazo *arm*
el bronceador *suntan lotion/oil etc.*
broncearse *to get a tan*
bullicioso/a *noisy, boisterous*
buscar *to look for*
la búsqueda *search*
la butaca *armchair, stalls (theatre)*
el buzón *postbox*

la cabalgata *mounted procession*
el caballo *horse*
la cabeza *head*
la cabina telefónica *telephone box*
los cacahuetes *peanuts*
el cadáver *body (corpse)*
la cadena *chain/channel (TV)*
caer (irreg.) *to fall*
la cafetera *coffee-pot*
la caja *box, till*
la caja fuerte *safe*

el calamar *squid*
el caldo gallego *stew from Galicia*
la calefacción *heating*
el calentador *heater*
la calidad *quality*
caliente *hot*
callarse *to be silent, quiet*
la calle *street*
la callecita *little street*
el callejón *alleyway*
la calzada *carriage-way*
el calzado *footwear*
la cama *bed*
la cama de matrimonio *double bed*
la cama individual *single bed*
el/la camarero/a *waiter/waitress*
las camas literas *bunk beds*
cambiar *to change*
el cambio *change, loose change*
el camello *camel*
el camino *road, way*
el/la camionero/a *lorry-driver*
la camioneta *van*
la camiseta *T-shirt*
el campamento *camp*
la campana *bell*
la campanada *peal of bells*
el/la campeón/campeona *champion*
el campeonato *championship*
el campo *country, field*
la caña *glass of beer*
el canal *channel*
la cancha de tenis *tennis court*
cansado/a *tired*
cansarse (de) *to get tired (of)*
cantar *to sing*
la cantidad *quantity*
una cantidad de *a lot of*
el capítulo *chapter, episode*
la capucha *hood*
el carácter *character*
el caramelo *sweet*
el carbón *coal*
la cárcel *prison*
cargar *to load, charge*
a cargo suyo *at his expense,*
  in his charge
la caricatura *caricature*
la caridad *charity*
cariñoso/a *loving, affectionate*
la carne *meat*
el carné(t) *licence*
el/la carnicero/a *butcher*
caro/a *expensive*
el/la carpintero/a *carpenter*
la carrera *career, race*
la carretera *road*
el carril *lane (road, motorway)*
el carrito *little cart, trolley*
la carta *letter*
el cartel *poster*
el/la cartero/a *postman/woman*
casado/a *married*
casarse (con) *to get married (to)*

casi *almost, nearly*
hacer caso *to take notice of*
castaño/a *chestnut, brown*
el castellano *Spanish (as spoken in Spain)*
castigar *to punish*
el catalán *language of Catalonia*
catalán/catalana *from Catalonia*
a causa de *because of, owing to*
la cebolla *onion*
celebrar *to celebrate*
tener celos *to be jealous*
cenar *to have supper/evening meal*
un centenar *hundred*
cepillar(se) *to brush*
la cerámica *china*
cerca *near*
las cercanías *surrounding areas*
cercano/a *nearby*
la ceremonia *ceremony*
el cero *zero*
cerrar(ie) *to close, to shut*
la cerveza *beer*
la cesta *basket*
el chorizo *spicy Spanish sausage*
el ciclismo *cycling*
el cielo *sky*
cierto/a *(a) certain*
la cifra *number, total*
el cigarrillo *cigarette*
la cilindrada *cc. (cars, motorbikes)*
el cinturón *belt*
la circulación *traffic*
el cirujano *surgeon*
la cita *date*
citarse *to make a date*
la ciudad *city*
clandestinamente *secretly*
¡claro! *of course!*
claro/a *clear, light (colour)*
la clase *class, type, kind*
clásico/a *classic*
el clima *climate*
climatizado/a *heated*
el/la cobrador/a *conductor, ticket collector*
a cobro revertido *reversed charges*
cocer *to cook*
el coche *car*
cocinar *to cook*
el/la cocinero/a *cook, chef*
coger (irreg.) *to take, grab, catch (transport)*
coincidir *to coincide*
la cola *queue*
coleccionar *to collect*
colgado/a *hanging*
la coliflor *cauliflower*
el collar *necklace*
colocar *to place*
la colonia *cologne*
la columna *column, pillar*
el combustible *aircraft fuel*
el comedor *dining-room*

comer *to eat*
el comerciante *trader*
los comestibles *foodstuffs*
cometer *to commit*
la comida *food*
la comisaría *police station*
las comodidades *comforts*
cómodo/a *comfortable*
el/la compañero/a *companion, partner*
la compañía *company*
comparar *to compare*
compartir *to share*
completar *to complete*
completo/a *full*
complicado/a *complicated*
el comportamiento *behaviour*
comprar *to buy*
ir de compras *to go shopping*
comprender *to understand*
la comprensión *understanding, sympathy*
comprobar(ue) *to prove, to confirm*
la comunicación *telephone call*
estar comunicando *to be engaged (telephone)*
la comunidad *community*
el concierto *concert*
el concurso *competition*
conducir(irreg.) *to drive*
el/la conductor/a *driver*
confiar *to hope, to trust*
el congelamiento *freezing, frost-bite*
el congreso *congress, conference*
en conjunto *as a whole, altogether*
conmigo *with me*
conocer(se) *to know (get to know each other)*
conseguir(i) *to manage, to obtain, to get*
el consejo *advice*
la consigna *left-luggage office*
estar constipado/a *to have a cold*
el consuelo *consolation*
la consulta *consulting room, surgery*
consultar *to consult*
la contabilidad *accounting, accountancy*
el/la contable *accountant*
en contacto *in contact*
contar(ue) *to tell, to count*
contigo *with you*
el continente *continent*
continuar *to continue*
en contra *against, in opposition*
por contrario *on the contrary/other hand*
el contrato *contract*
contribuir *to contribute*
la contusión *bruise*
convenir(ie) (irreg.) *to agree, suit, be fitting*
convocar *to call together, to assemble*
la copa *cup, drink*
el corazón *heart*
la corbata *tie*

el cordero *lamb*
la corona *crown, top*
correos *Post-Office*
correr *to run*
la corrida *bull-fight*
la corriente *draught, current*
corto/a *short*
la cosa *thing*
el costado *side, flank*
la costilla *rib*
la costumbre *custom, habit, fashion*
el coto privado *private hunting ground*
crear *to create*
la creencia *belief*
creer *to believe, to think*
criar *to bring up*
el crimen *crime*
el cristal *glass, pane of glass*
criticar *to criticise*
cruzar *to cross*
el cuaderno *exercise-book*
el cuadro *picture, square*
a cual mejor *all outstanding*
cualquier *whichever*
en cuanto a *with regard to*
¿cuánto/a? *how much?*
¿cuántos/as? *how many?*
el cuarto *room*
el cuarto de estar *living-room*
cuarto/a *fourth*
cubrir (irreg.) *to cover*
la cucharita *tea-spoon, coffee-spoon*
el cuello *neck*
por tu cuenta *on your own account*
la cuenta *bill*
el cuero *leather*
el cuerpo *body*
¡cuidado! *careful!, look out!*
en cuidados intensivos *in intensive care*
cuidar *to look after*
culminante *culminating, supreme*
la culpa *fault*
el cumpleaños *birthday*
cumplir . . . años *to reach one's birthday*
la cuna *cot*
el/la cuñado/a *brother/sister-in-law*
el cura *priest*
curar *to cure*
el curso *course*
cuyo/a *whose*
el champán *champagne*
los chanquetes *whitebait*
la chaqueta *jacket*
charlar *to chat*
el/la chaval/chavala *boy/girl (slang)*
el cheque *cheque*
el chicle *chewing gum*
la chirimoya *custard apple*
chocar (con) *to bump, to crash (into)*
el chófer *chauffeur*
el choque *shock, crash*
el chubasco *squall, heavy shower*

la chuchería *titbit*
el chupachús *lollipop*
el churro *fritter*
   chutar *to kick (ball)*

el dado *cube, dice*
   dañado/a *hurt, damaged*
el daño *hurt, damage*
   dar a *to look into*
   dar a luz *to give birth to*
   dar más que hacer *to give more trouble*
   dar un paseo *to go for a walk*
   dar(irreg.) *to give*
el dardo *dart*
   darse cuenta de *to realize*
los datos *facts, details*
los deberes *homework*
   débil *weak*
la decena *about ten*
   decepcionar *to disappoint, disillusion*
   decidir *to decide*
   decir(irreg.) *to say, to tell*
   declarar *to declare*
   dedicarse a *to apply, to devote oneself to*
   defenderse en *to get by in (language)*
   dejar *to allow, leave (behind)*
   deleitar *to delight*
   delgado/a *thin*
el/la delincuente *delinquent, wrong doer*
los/las demás *the rest*
   demasiado *too, too much*
el/la dentista *dentist*
   dentro de *inside, in . . . time*
   depende de *(it) depends on*
el/la dependiente/a *shop assistant*
el/la deportista *sportsman/woman*
el depósito *deposit, store, tank*
   deprimirse *to get depress*
la derecha *right*
(el) Derecho *Law*
   derivar *to derive, to trace back*
   derrotar *to beat, to overthrow*
   desabrochar *to unbutton*
   desahogado/a *at ease, unencumbered*
el desastre *disaster*
   desayunar *to have breakfast*
   descansar(se) *to rest*
el descenso *descent, fall*
   desconectar *to disconnect, to remove from*
   desconocido/a *unknown*
   descorchar *to uncork*
   desde *since*
   desde hace *since, for*
   desde luego *of course*
   desembocar (a) *to flow out (into)*
   desigual *unequal*
la desigualdad *inequality*

la desilusión *disappointment, disillusion*
   desmayar(se) *to faint*
   desordenado/a *untidy, disorganized*
el despacho *office, shipment*
   despegar *to take off (plane)*
   despejado/a *clear, open*
el despertador *alarm clock*
   despertar (se)(ie) *to wake (up)*
   desplazarse *to move, to set off*
   desplomar (se) *to collapse, to fall down*
   después (de) *after*
   destacar *to stand out*
con destino a *going to*
la destreza *skill*
   destrozar *to destroy*
el detalle *detail*
   detener (irreg) *to stop, to detain*
   determinar *to determine, to limit, to distinguish*
la deuda *debt*
   devolver (ue) *to give back*
el día festivo *public holiday*
el diamante *diamond*
el diario *daily paper*
el/la dibujante *draughtsman/woman*
el dibujo *drawing*
los dibujos animados *cartoons*
la dificultad *difficulty*
   dígame *hello (telephone)*
   ¡No me digas! *You don't say!*
el dinero *money*
   Dios *God*
la dirección *address, direction*
en directo *live*
   dirigido/a *directed*
   dirigir *to direct*
el disco *record*
   disculpar *to excuse, to forgive*
   disculparse *to excuse oneself, to apologize*
   discutible *disputable*
el/la diseñador/a *designer*
   diseñar *to design*
el diseño *design, sketch*
   disfrazado/a *dressed up, disguised*
   disfrutar *to enjoy*
   disparar *to shoot*
   disponer (irreg.) *to arrange, to lay out*
   dispuesto/a *prepared*
   disputar *to argue*
el disturbio *disturbance*
   divertido/a *amusing, enjoyable*
   divertirse(ie) *to have a good time*
   doblar *to dub*
la documentación *official papers*
el documental *documentary*
   doler(ue) *to hurt*
a domicilio *home (deliveries)*
   donde *where*
   dorado/a *golden, gilded*
   dormir(ue) *to sleep*

   dormitar *to doze*
el dormitorio *bedroom*
la droga *drug*
la ducha *shower*
el/la dueño/a *owner*
   durante *during*
   durar *to last*
el duro *5 pesetas*
   duro/a *hard*

la ebriedad *drunkenness*
   echar de menos *to miss*
   económico/a *economic, cheap*
   ecuestre *equestrian*
la edad *age*
el edificio *building*
el edredón *eiderdown, duvet*
   educar *to educate*
   efectuar *to make*
   egoísta *egotistic, selfish*
el ejército *army*
el/la electricista *electrician*
el electrodoméstico *electric appliance (home)*
   elegir *to choose*
   elevar *to elevate, to lift up*
la embarcación *vessel, boat*
el embarcadero *quay, pier, wharf*
el embotellamiento *hold-up, traffic jam*
la emisora *radio station*
   emocionante *touching, thrilling*
el/la empapelador/a *paper hanger, decorator*
el empate *draw*
   empeorar *to get worse*
   empezar(ie) *to begin*
el/la empleado/a *employee*
el empleo *job, employment*
   emprender *to undertake*
la empresa *firm, company*
el empresario *impressario, backer*
   enamorarse (de) *to fall in love (with)*
   encantado/a *enchanted, pleased (to meet you)*
   encantador/a *enchanting, charming*
   encantar *to enchant, delight*
   encarecidamente *highly, earnestly*
   encargar *to ask someone to do . . .*
   encargarse de *to take charge of*
   encerrar(ie) *to shut up*
   encima de *above, over*
   encontrar(ue) *to find, meet*
   encontrarse(ue) *to meet*
el encuentro *meeting*
la encuesta *enquiry, poll, survey*
la energía *energy*
   enfadarse *to get angry*
la enfermedad *illness*
el/la enfermero/a *nurse*
   enfermo/a *ill*
   enfrente *opposite*
   enmascarado/a *masked*
la ensalada *salad*

la enseñanza *teaching*
entender(ie) *to understand*
entenderse(ie) con *to get on with*
el entendimiento *understanding*
enterarse *to find out,
to understand*
entero/a *whole, entire*
la entrada *entrance*
la entrada *ticket (performance)*
entrañable *memorable*
entrar en *to go into, to enter*
entregar *to hand over, to entrust*
el/la entrenador/a *trainer*
entrenarse *to train*
entretenido/a *entertaining,
amusing*
la entrevista *interview*
el envase *bottle, cask, packaging*
enviar *to send*
envolver(ue) *to wrap up*
la época *time, era*
equilibrar *to balance*
el equipaje *luggage*
el equipo *team*
la equitación *riding*
equivocarse *to make a mistake*
la escala técnica *refuelling stop*
el/la escalador/a *climber*
las escaleras *stairs*
el escaparate *shop window*
la escena *scene*
escoger *to choose*
esconder *to hide*
escribir *to write*
escuchar *to listen to*
la escuela *school (primary)*
esencial *essential*
el esfuerzo *effort*
a eso de *at about (time)*
el/la especialista *specialist*
especialmente *especially*
la especie *kind*
el/la espectador/a *spectator*
el espejo *mirror*
la esperanza *hope*
espeso/a *thick, dense*
espontáneo/a *spontaneous*
el esquí *skiing*
el esquí acuatico *water-skiing*
esquiar *to ski*
la esquina *(outside) corner*
el establo *stable*
estacionar *to park*
el estadio *stadium*
el estado *state*
estadounidense *American (USA)*
la estancia *stay*
el estanco *tobacconists*
la estantería *set of shelves*
estar de pie *to be standing*
el estilo *style*
estimado/a *Dear (in formal letters)*
el estómago *stomach*
estrellarse *to crash*

el/la estudiante *student*
estudiar *to study*
estupendo/a *great, fantastic*
la estupidez *stupidity*
estúpido/a *stupid*
el/la etarra *a member of E.T.A*
Euskadi *the Basque country*
evitar *to avoid*
evolucionar *to evolve, to change*
evolucionar favorablemente
to recover
la exhibición *exhibition*
exigir *to demand, to require*
exorbitante *exorbitant, excessive*
explicar *to explain*
la explosión *explosion*
expulsar *to expel, to send off*
extensivo/a *extensive*
en el extranjero *abroad*
el/la extranjero/a *foreigner*
extraño/a *strange*
extremeño/a *from Extremadura*
extremo/a *extreme*

la fábrica *factory*
fabuloso/a *fabulous, terrific*
la factura *bill, invoice*
la falda *skirt*
hacer falta *to need*
el fanatismo *fanaticism*
fantástico/a *fantastic, great*
el farmacéutico *chemist*
la farmacia *chemist*
fascinante *fascinating*
favorito/a *favourite*
la fecha *date*
felicitar *to congratulate, to wish well*
feliz *happy*
la feria *fair*
feroz *fierce, ferocious*
la ferretería *ironmongers*
la fidelidad *faithfulness*
el fideo *vermicelli, thin pasta*
la fiebre *fever, temperature*
la fiesta *party*
figurarse *to fancy, imagine*
fijo/a *fixed*
la fila *row*
la filatelia *stamp collecting*
filipino/a *Philippino*
el fin de semana *weekend*
el final *end*
la final *final (sports)*
la finca *farm, property*
fino/a *refined, delicate, slim*
firmar *to sign*
la física *physics*
el/la flojo/a *weakling*
el folleto *leaflet*
en el fondo *fundamentally*
al fondo *at the back*
el/la fontanero/a *plumber*
en forma *on form, fit*

formal *serious, reliable, steady*
forzoso/a *necessary, obligatory*
la foto *photo*
el/la fotógrafo/a *photographer*
fracasar *to fail, to fall through*
la frecuencia modulada *F.M.*
frecuente *frequent*
fregar(ie) *to wash up, to mop up*
fresco/a *cool*
los fuegos artificiales *fireworks*
la fuente *fountain*
las fuentes *sources*
fuera (de) *outside*
fuerte *strong*
la fuerza *strength, force, energy*
las Fuerzas Armadas *Armed Forces*
fumar *to smoke*
funcionar *to work, to function*
el furgón *goods wagon*
el fusil *gun*
el fútbol *football*

las gafas *glasses*
la gaita *bagpipes*
gallego/a *Galician, from Galicia*
las gambas *prawns*
de mala gana *unwillingly*
ganar *to win, to earn*
tener ganas de *to feel like, to want to*
el garaje *garage*
los garbanzos *chick peas*
la garganta *throat*
la gasolinera *petrol station*
gastar *to spend (money)*
los gastos *expenses*
el gazpacho *cold Spanish soup*
el/la gemelo/a *twin*
de mal genio *in a bad mood*
la gente *people*
el giro *money transfer*
(el/la) gitano/a *gypsy*
el globo *balloon*
la glorieta *roundabout*
el gobierno *government*
el gol *goal*
golear *to beat, to thrash (football)*
de golpe *suddenly*
el (gordo) *first prize (lottery)*
la gorra *cap*
grabar *to record, to engrave*
gracias *thank-you*
el/la granjero/a *farmer*
gratis *free*
grave *serious*
la gripe *flu*
gris *grey*
grueso/a *fat, big*
el grupo *group*
el guante *glove*
guapo/a *beautiful, handsome*
la guerra *war*
el/la guía *guide*
la guía *guidebook*

la guitarra *guitar*
a gusto *at ease, to (your) liking*
el gusto *taste*

las habas *broad beans*
había *there was/were*
la habitación *room, bedroom*
habrá *there will be*
hace (un mes) *(a month) ago*
hacer amistad *to make friends*
hacer(irreg.) *to do, to make*
el(f) hacha *axe*
hallar *to find*
el(f) hambre *hunger*
la harina *flour*
hartarse *to have enough of*
hasta *until*
hay *there is/are*
hay de todo *there's a bit of everything*
no hay manera *there is no way round it*
hay que *one must*
el hectárea *hectare*
el helado *ice cream*
el helicóptero *helicopter*
la hembra *female*
herido/a *wounded, hurt*
hervir(ie) *to boil*
el/la hijo/a *son/daughter*
el hincha *fan*
la hípica *horse riding*
el hipismo *relating to horses*
el hobby *hobby*
la hoguera *bonfire*
el hombre *man*
honesto/a *honest*
honrado/a *honourable, reliable*
la hora punta *rush hour*
el horario *timetable*
el horno *oven*
horrorizado/a *horrified, terrified*
hubo *there was/were*
la huelga *strike*
cl hucso *bone*
el/la huésped *guest*
el huevo *egg*
huir *to flee, to run away from*
húmedo/a *damp, wet*
el humo *smoke*
de buen/
mal humor *in a good/bad mood*

ideal *ideal, perfect*
el idioma *language*
la iglesia *church*
ignorar *not to know*
igual *same, equal*
ileso/a *unhurt*
ilusionarse *to look forward to, to be keen on*
impar *odd (numbers)*

impedir(i) *to prevent*
importar *to matter*
imprescindible *indispensable*
impresionante *impressive*
improvisar *to improvise*
el impuesto *tax*
inaugurar *to inaugurate, to start*
el incendio *fire*
el incidente *incident, happening*
incluir *to include*
incluso *including*
la incomodidad *inconvenience, nuisance*
incómodo/a *uncomfortable*
incorporar *to sail together*
increíble *incredible, unbelievable*
infantil *childish, children's*
infernal *hellish*
infligir *to inflict*
informarse *to find out about*
la informática *information technology*
la ingeniería *engineering*
el ingeniero *engineer*
iniciar(se) *to begin*
los inicios *beginnings*
inscribir(se) (en) *to register (for)*
insoportable *unbearable*
instalar(se) *to install, to settle in*
el instrumento *instrument*
intelectual *intellectual*
la intención *intention*
intensivo/a *intensive*
intenso/a *intense*
intentar *to try*
el intercambio *exchange*
el interés *interest*
el/la intérprete *interpreter*
invernal *winter, wintery*
el invierno *winter*
invitar *to invite*
ir(se) (irreg.) *to go (away)*
irrompible *unbreakable*
la izquierda *left*

el jabalí *wild boar*
jamás *never*
el jamón *ham*
el jarabe *syrup*
el jardín *garden*
el/la jardinero/a *gardener*
el jefe *chief, boss*
el/la jinete *horse rider*
la jirafa *giraffe*
la jornada *day*
el/la joven *young person*
joven *young*
la joya *jewel*
el/la joyero/a *jeweller*
jubilado/a *retired*
el/la jugador/a *player*
jugar(ue) *to play (sport, games)*
el jugo *juice*
el juguete *toy*
juntarse *to get together*
jurar *to swear*

el lado *side*
el/la ladrón/ladrona *thief*
lamentable *awful, wretched*
la lancha *launch*
a lo largo *along*
largo/a *long*
de largometraje *full length feature*
¡Qué lástima! *What a pity!*
la lata *tin*
lateral *side*
la lavadora *washing machine*
lavar(se) *to wash*
la lección *class, lesson*
la leche *milk*
el lechero *milkman*
la lechuga *lettuce*
la lectura *reading*
leer *to read*
la legumbre *vegetable*
lejos (de) *far (from)*
la lengua *language, tongue*
los lentes *(contact) lenses*
lento/a *slow*
la lesión *injury, wound*
levantar(se) *to get up*
leve *light, insignificant*
la ley *law*
la libertad *liberty, freedom*
libre *free*
la librería *bookshop*
el libro *book*
el libro de intriga *detective story*
licenciado/a *with a university degree*
ligero/a *light*
el limón *lemon*
limpiar *to clean*
la limpieza *cleaness, cleanliness*
limpio/a *clean*
la línea aérea *airline*
liso/a *smooth, flat*
lo que *what*
la localidad *place, seat (entertainment)*
localizar *to place, to locate*
loco/a *mad*
la locura *madness*
lograr *to manage, to succeed*
la lombarda *red cabbage*
londinense *from London*
la lotería *lottery*
luego *next, soon, immediately, then*
el lugar *place*
el lujo *luxury*
lujoso/a *luxurious*

macerar *to soak, to soften*
el machete *machete, chopping knife*
el machismo *aggressively male behaviour*
la madrugada *early morning*
maduro/a *ripe, mature*
el/la maestro/a *master/mistress*
la majestuosidad *majesty*
maleducado/a *badly brought up, rude*
la maleta *suitcase*

maltratar *to mistreat*
manejar *to manage, to wield*
la manera *way, manner*
la manifestación *demonstration*
la manga *sleeve*
la mano *hand*
el/la maño/a *person from Aragón*
mantener(se) (irreg.) *to remain*
la mantequilla *butter*
la manzana *apple*
el mapa *map*
el/la mar *sea*
marcar *to score (goals)*
el mareo *faintness, seasickness*
el marido *husband*
los mariscos *seafood*
marroquí *Moroccan*
más *more*
más bien *rather, especially*
la masa *mass, dough*
la máscara *mask*
matar *to kill*
materno/a *maternal*
matinal *(of the) morning*
la matrícula *licence (plate)*
el matrimonio *couple*
el/la mayor *elder, eldest*
la mayor parte *major part*
la mayoría *majority*
el mecánico *mechanic*
mecanografiar *to typewrite*
el/la mecanógrafo/a *typist*
la medalla *medal*
el/la mediano/a *the middle one*
las medias *stockings*
la medicina *medicine*
el médico *doctor*
medio/a *average, medium*
medir(i) *to measure*
los mejillones *mussels*
mejor *better*
a lo mejor *maybe*
mejorar *to get better, to improve*
de memoria *by heart*
el/la menor *younger, youngest*
menor de edad *underage, minor*
menos *less*
¡menos mal! *Thank heavens!*
el mensaje *message*
mensual *monthly*
mentir(ie) *to lie*
el menu gastronómico *gourmet menu*
el mercado *market*
el Mercado Común (CEE)
          Common Market (EEC)
merecer *to be worth, to merit,*
          to deserve
la merienda *picnic, tea, light lunch*
la merluza *hake*
la mermelada *jam*
el mero *type of halibut*
la mesilla de noche *bedside table*
el mesón *inn*
en metálico *in cash*

la meteorología *meteorology*
meter *to put (in)*
el método *method*
la mezcla *mixture*
mezclar *to mix*
el miedo *fear*
la miel *honey*
el miembro *member*
mientras *while*
un millón *million*
la mina *mine*
el minero *miner*
mínimo/a *minimal, least*
la Misa *Mass*
mismo/a *same*
a mitad *half way through*
la mitad *half*
la moda *fashion*
la molestia *nuisance, aggravation*
la monja *nun*
monótono/a *monotonous, boring*
la montaña *mountain*
el/la montañero/a *mountaineer*
el montañismo *mountaineering*
montar *to ride*
montar(se) *to hold/put on*
          (spectacle)
el monte *forest, wooded land, hill*
morder(ue) *to bite*
moreno/a *dark*
morir(se) (ue) *to die*
el/la moro/a *Moor, Arab*
la mostaza *mustard*
mostrar(ue) *to show*
el mostrador *counter*
el motivo *motive, reason*
con motivo *in order to, owing to*
la moto *motorbike*
mover(ue) *to move*
moverse todo alrededor de
          to live for
hay mucha marcha *there's a great*
          atmosphere (sl.)
la muchedumbre *crowd*
mucho *a lot*
los muebles *furniture*
el dolor
de muelas *toothache*
muerto/a *dead*
la mujer *woman, wife*
mundialmente *worldwide*
todo el mundo *everybody*
el mundo *world*
el murciélago *bat*
el mus *Spanish card game*
la música *music*
la música de ambiente *background*
          music
el/la músico/a *musician*
musulmán/musulmana *Moslem*

el nabo *turnip*
nacer *to be born*
nacido/a *born*

la nacionalidad *nationality*
nada *nothing*
nadar *to swim*
nadie *nobody*
la naranjada *orangeade*
la nariz *nose*
la natación *swimming*
natal *(place) of birth*
la naturaleza *nature*
la navaja *knife*
la nave *ship, vessel*
las Navidades *Christmas*
necesitar *to need*
el negocio *business deal, transaction*
los negocios *business (in general)*
nevar/(ie) *to snow*
la niebla *fog*
el/la nieto/a *grandson/granddaughter*
ningún/o/a *no, any, none*
no . . . . sino *not . . . . but*
la Nochebuena *Christmas Eve*
nocturno/a *nocturnal*
el nombre *name*
normalmente *normally, usually*
la nota *grade, mark*
las noticias *news*
la novela *novel*
la novela policiaca *detective story*
el/la novio/a *boy/girlfriend, bride/groom*
la nubosidad *cloudiness*
nuboso *cloudy*
Nueva Gales del Sur
          New South Wales
de nuevo *again*
nuevo/a *new*
la nuez *nut*
la numismática *coin collecting*
nunca *never*

obedecer *to obey*
por obligación *because one has to*
obligar *to force, to make*
la obra *work, play*
el obrero *workman, worker*
no obstante *nevertheless*
obtener(ie) (irreg.) *to obtain,*
          to get •
la ocasión *occasion, opportunity*
octavo/a *eighth*
ocultar *to hide*
ocurrir *to occur, to take place*
odiar *to hate*
la oficina *office*
ofrecer *to offer*
oír *to hear*
el ojo *eye*
el olor *smell*
olvidar *to forget*
la onda *wave (frequency/sea)*
opción *option*
opinar *to think, to have an*
          opinion •
el/la ordenador/a *computer*

organizar *to organize*
orgulloso/a *proud*
la orilla *bank*
a la orilla del mar *by the seaside*
el oro *gold*
la orquesta *orchestra, band*
ortodoxo/a *orthodox*
oscurecer *to get dark, darken*
oscuro/a *dark, dim*
la oveja *sheep*

la paciencia *patience*
la paella *Spanish rice and seafood dish*
pagar *to pay*
la página *page*
el país *country*
el paisaje *countryside*
el pájaro *bird*
la palabra *word*
el pan *bread*
el/la panadero/a *baker*
la pandilla *band, gang of friends*
la pantalla *screen*
los pantalones *trousers*
la papelería *stationer's*
el par *pair*
para *for, to, in order to*
el parabrisas *windscreen*
el paracaídas *parachute*
la parada *stop (transport)*
el paraguas *umbrella*
parecer *to seem*
parecerse a *to look like*
la pared *wall*
la pareja *pair, couple*
los parientes *relations*
en paro *unemployed*
la parte *part*
el/la participante *participant*
participar *to take part*
particular *private*
el/la partido/a *game, match*
a partir de *(starting) from*
pasado mañana *day after tomorrow*
pasado/a *last, past*
el/la pasajero/a *passenger*
pasar *to pass by, to spend (time)*
pasarlo bien *to have a good time*
pasarlo mal *to have a bad time*
las pasas *raisins*
el pasatiempo *hobby*
Pascuas *Easter*
pasear(se) *to go for a walk*
el paseo *walk*
la pastelería *shop selling cakes/pastries*
la pastilla *pill, tablet, pastille*
el/la pastor/a *shepherd/shepherdess*
la patada *kick*
los patines *skates*
el patio *patio, yard*
el pato *duck*
patrón/patrona *patron (saint)*
la paz *peace*

el peatón *pedestrian*
pecar *to sin*
pedir(i) *to ask for*
peinar(se) *to comb*
pelar *to peel*
la película *film*
el peligro *danger*
pelirrojo/a *red-headed*
el pelo *hair*
la peluquería *hairdresser*
una pena *pity, shame*
los pendientes *earrings*
pensar(ie) *to think*
la pensión *small hotel*
pensión completa *full board*
peor *worse*
la pera *pear*
perder(ie) *to lose*
perderse(ie) *to get lost, to miss*
la pérdida *loss*
perecer *perish*
el perejil *parsley*
perezoso/a *lazy*
perfeccionar *to perfect*
perfectamente *perfectly*
el periódico *newspaper*
el/la periodista *reporter*
permanecer *to remain/ to continue*
pero *but*
la persona *person*
el personaje *personage, character*
                          (theatre)
a pesar de *in spite of*
la pesca *fishing*
el/la pescador/a *fisherman/woman*
el peso *weight*
de pie *standing*
la piel *skin*
la píldora *pill*
la pimienta *pepper*
el pinar *pine forest*
pinchar *to burst*
el pinchazo *puncture*
los pinchos morunos *small kebabs (tapas)*
pintoresco/a *picturesque*
el pirómano *arsonist*
la piscina *swimming pool*
el piso *flat, floor*
la pista *runway, dance floor*
el plan *plan*
planear *to plan*
planificar *to plan (building)*
la planta *plant*
la planta baja *ground floor*
la plata *silver*
a plazos *in instalments*
en plena mar *in the open sea*
pobre *poor*
un poco *a little*
poderoso/a *powerful*
el podio *podium, rostrum*
la poesía *poetry*
la política *politics*
político/a *political*

la pólvora *gunpowder*
poner(irreg.) *to put*
por *for*
por eso *that's why*
¿por qué? *Why?*
el porcentaje *percentage*
porque *because*
el portal *doorway*
el/la portavoz *spokesman/woman*
poseer *to possess, to own*
el póster *poster*
el postre *dessert*
el potaje *thick soup*
practicar *to practise, to take part in*
práctico/a *practical*
el Prado *Spain's main art gallery*
precario/a *precarious, uncertain*
precipitarse *to dash, to rush*
predicar *to preach*
preferir(ie) *to prefer*
preguntar *to ask*
el premio *prize*
la prensa *Press*
preocuparse *to bother, to worry*
preparar *to prepare*
presenciar *to witness*
prevenir(ie) (irreg.) *to warn*
la previsión *forecast*
previsto/a *foreseen, prepared*
la primavera *spring*
primer/o/a *first*
el/la primo/a *cousin*
principal *main*
el/la principiante *beginner*
al principio *at the beginning*
privado/a *private*
el probador *changing-room*
probar(ue) *to taste, to try*
probarse(ue) *to try on*
procedente de *coming from*
la procesión *procession*
productivo/a *productive*
el/la profesor/a *teacher*
profundo/a *deep, profound*
el programa *programme*
el/la programador/a *computer programmer*
prohibir *to ban, to forbid*
el prójimo *fellow creature, neighbour*
prometer *to promise*
pronto *soon*
el/la propietario/a *owner*
la propina *tip*
propio/a *own*
proponer (irreg.) *to propose, to put
                          forward*
los pros y los contras *pros and cons*
proteger *to protect*
provenir(ie) *to come from*
provocado/a *provoked*
provocar *to provoke*
próximo/a *next*
proyectar *to design, to plan*
el proyecto *plan, project*
prudente *prudent, careful*

psiquiátrico/a *psychiatric*
el público *public, audience, people*
el puente *bridge*
el puerto *port*
puesto que *since*
la pulpa *pulp*
el puñetazo *punch*
en punto *exactly (time)*

quedar *to remain, to stay*
quedar con *to arrange to meet*
los quehaceres *housework*
la queja *complaint*
quejarse *to complain*
quemar(se) *to burn*
querer(ie) *(irreg.)* *to love, to want*
¿quién/quiénes? *who?*
la química *chemistry*
las quinielas *football pools*
quinientos/as *500*
quinto/a *fifth*
quisiera *I would like*
quitar (la mesa) *to clear away*
quizá(s) *perhaps*

la ración *ration, plateful*
la radio *radio*
el radio-cassette *radio-cassette player*
a raíz de *resulting from*
el ramo *bunch (of flowers)*
el rápido *type of train*
raro/a *rare, strange*
un rato *a while*
de rayas *striped*
el rayo *ray, shaft of lightning*
la razón *reason*
real *real, royal*
realizar *to realise, to make happen*
realmente *really*
el rebaño *flock*
rebelarse *to rebel*
la recepción *reception*
el/la recepcionista *receptionist*
recetar *to prescribe*
recibir *to receive*
recién *recently, newly*
reciente *recent*
la reclamación *claim, complaint*
reclinable *reclining*
recomendar(ie) *to recommend*
recordar(ue) *to remind*
el recorrido *trip, distance*
todo recto *straight on*
recuperable *recoverable*
recuperar(se) *to recuperate, to get better*
la red *net, network*
redondo/a *round*
reducir *to reduce*
el refresco *refreshment, cool drink*
el refugio *refuge*
regalar *to give (presents)*

registrar(se) *to enrol*
la regla *rule, ruler*
regresar *to return*
regular *so so, scheduled (flight)*
el reino *realm, kingdom*
reír(se)(i) *to laugh*
relajar(se) *to relax*
relegar *to relegate, to banish*
la religión *religion*
rellenar *to stuff, to fill in*
el reloj *clock, watch*
no hay remedio *there's no way out of it*
de remo *rowing*
las reparaciones *repairs*
repartir *to share out*
de repente *suddenly*
repetir(i) *to repeat*
el repollo *cabbage*
el reposo *rest*
requerir(ie) *(irreg.)* *to require, to need*
rescatar *to rescue*
residencial *residential*
con respecto a *as far as . . . is concerned*
respetar *to respect*
el resultado *result*
el resumen *résumé, summing up*
la retención *hold-up (traffic)*
de retraso *late, delayed*
la reunión *meeting, get together*
la revista *magazine*
los Reyes Magos *3 Wise Men, Epiphany*
rezar *to pray*
rico/a *rich*
el riesgo *risk*
el rincón *corner (inside)*
la riqueza *riches*
el rito *rite, ceremony*
rizado/a *curly*
el robo *robbery, theft*
rociar *to sprinkle*
rogar(ue) *to ask*
romper *to break*
roncar *to snore*
la ropa *clothes*
rubio/a *blond*
el ruido *noise*
la ruta *route*

saber *(irreg.)* *to know how to*
sacar *to take out, to take (photos)*
sacar *to buy tickets (entertainment)*
sacar buenas notas *to get good marks*
el saco *bag, sack*
sagrado/a *sacred, holy*
la sal *salt*
la sala *hall, sitting-room*
la sala de espera *waiting room*
la sala de estar *living-room*
la salida *exit*
salir *to leave, to go out*

salir con *to go out with*
el salón *sitting-room*
la salsa *sauce*
la salud *health*
saludar *to greet*
salvaje *wild*
salvar *to save*
salvo *apart from*
la sangre *blood*
el/la santo/a *saint*
seco/a *dry*
el/la secretario/a *secretary*
el secreto *secret*
en seguida *straight away, immediately*
seguir(i) *to follow, to continue*
(de) segunda mano *second hand*
segundo/a *second*
la seguridad *security*
el seguro *insurance*
seguro/a *sure*
el sello *stamp*
el semáforo *traffic light*
la semana *week*
Semana Santa *Easter Week*
la señal *signal, sign*
sencillo/a *simple, easy, single*
sensible *sensitive*
el sentido *sense*
sentir(ie) *to feel, to be sorry*
el ser *being*
ser de *to be, to come from*
ser *(irreg.)* *to be*
el sereno *night watchman*
la serie *series, serial*
serio/a *serious, steady, dependable*
servir(ie) *to be used for, to serve*
la servocroata *Serbocroat*
los sesos *brains (food)*
severo/a *severe, strict*
sexto/a *sixth*
siempre *always*
la sierra *mountain range*
siguiente *following*
simpático/a *nice, pleasant*
simultáneo/a *simultaneous, at the same time*
sin *without*
sin embargo *however*
sino *but, except, besides*
el síntoma *symptom*
sintonizar *to tune (into)*
ni siquiera *not even*
el sistema *system*
por sistema *as a matter of policy*
el sitio *place*
sobre *on, about (time)*
el sobre *envelope*
sobre todo *above all*
el/la sobrino/a *nephew, niece*
el/la socio/a *member*
el sol *sun*
el soldado *soldier*
la soledad *solitude, loneliness*
soler(ue) + verb *to usually + verb*

solicitar   *to apply for*
sólo   *only, just*
solo/a   *alone*
soltero/a   *bachelor, spinster, unmarried*
solucionar   *solve, resolve*
la sombra   *shade*
soñar(ue)   *to dream*
el sonido   *sound*
sonreír(i)   *to smile*
soportar   *to bear, to put up with*
sorprender   *to suprise*
la sortija   *ring*
subir   *to go up, to get into (transport)*
subvencionado/a   *subsidised*
sucio/a   *dirty*
sueco/a   *Swedish*
el/la suegro/a   *father/mother-in law*
sueldo   *salary, pay*
suelto/a   *loose*
el sueño   *dream*
la suerte   *luck*
el suéter   *sweater*
sufrir   *to suffer*
en suma   *in short*
el/la superviviente   *survivor*
suponer (irreg.)   *to suppose*
susodicho/a   *aforementioned*
la sustracción   *removal, extraction*

tablas   *a draw (chess or draughts)*
el tablón de anuncios   *notice board*
tacaño/a   *mean, miserly*
el tacón   *heel*
el talgo   *fast Spanish train*
la talla   *size (clothes)*
el taller   *workshop*
el talonario   *cheque book*
también   *also*
tampoco   *neither, nor*
tanto/a   *so much*
tantos/as   *so many*
las tapas   *bar snacks*
la taquilla   *ticket office*
tardar   *to be long/late, to take time*
la tarjeta de crédito   *credit card*
la tasca   *pub, bar*
el/la taxista   *taxi driver*
el teatro   *theatre*
el tejado   *roof*
el Telediario   *television news*
la telefónica   *telephone exchange*
el/la telespectador/a   *television viewer*
el televisor   *television set*
el tema   *theme, subject*
temido/a   *feared*
la temporada   *while, short time, season*
temporal   *temporary*
el temporal   *storm*
temprano   *early*
tener (irreg.)   *to have*
tener gracia   *to be amusing/funny*
tener hambre   *to be hungry*

tener lugar   *to take place*
tener miedo   *to be frightened*
tener prisa   *to be in a hurry*
tener que   *to have to*
tener razón   *to be right*
tener suerte   *to be lucky*
el tenis   *tennis*
tercer/o/a   *third*
terminar   *to finish*
la ternera   *veal*
la terraza   *terrace, balcony*
el terreno   *land, ground, soil*
el terrón de azúcar   *sugarlump*
el testimonio   *testimony*
tibio/a   *tepid, lukewarm*
el tiempo   *time, weather*
a tiempo   *on time*
la tienda   *shop*
la tienda de campaña   *tent*
la tienda de ultramarinos   *grocers*
tierno/a   *tender*
la tierra   *earth, world*
tímido/a   *timid, shy*
el/la tío/a   *uncle/aunt*
típico/a   *typical*
el tipo   *type*
tirar   *to throw (away)*
el tiro   *shot*
el tiro al arco   *archery*
el tiro de cuerda   *tug of war*
el título   *title, degree*
la toalla   *towel*
el tobillo   *ankle*
si me toca   *if I win*
el tocadiscos   *record player*
tocar   *to play (instruments)*
todavía   *still*
todavía no   *not yet*
todo el día   *all day*
todo recto   *straight on*
todos los días   *every day*
tomar algo   *to have a drink*
tomar el sol   *to sunbathe*
una tontería   *nonsense, stupidity*
el tope   *limit, "ceiling"*
torcer(ue)   *to twist*
el torero   *bull-fighter*
la tormenta   *storm*
el torneo   *tournament*
el toro   *bull*
los toros   *bull-fighting*
la torre   *tower*
la tortilla   *omelette (Spanish)*
toser   *to cough*
trabajar   *to work*
el trabajo   *work*
tradicional   *traditional*
la traducción   *translation*
el/la traductor/a   *translator*
traer (irreg.)   *to bring, to carry, to fetch*
tranquilo/a   *quiet, peaceful*
transcurrir   *to pass, to elapse, to happen*

el/la transeúnte   *passer-by*
el tránsito   *transit, passage*
transmitir   *to broadcast*
el transporte   *transport*
tras   *after*
trasladar   *to move, to transport, to translate*
el trasplante   *transplant*
el trayecto   *trip*
el tren   *train*
la tripulación   *crew*
triste   *sad*
la tristeza   *sadness*
la trompeta   *trumpet*
el trozo   *piece, slice*
el turrón   *Spanish nougat*

único/a   *only, unique*
hijo/a único/a   *only child*
universitario/a   *of the/at the university*
unos/as   *some, about (number)*
la urbanización   *housing development*
usted(es)   *you (formal)*
utilizar   *to use*
la uva   *grape*

(de) vacaciones   *on holilday*
vacío/a   *empty, vacant*
¡vale!   *fine, great, OK*
válido/a   *valid*
al vapor   *steamed*
los vaqueros   *jeans*
la variedad   *variety*
el varón   *male*
el vaso   *glass*
a veces   *sometimes*
el/la vecino/a   *neighbour*
el/la vegetariano/a   *vegetarian*
el vehículo   *vehicle*
la vela   *sail, candle*
la velocidad   *speed*
vencer   *to beat, to overcome, to conquer*
el/la vendedor/a   *seller, salesperson*
venir(irreg.)   *to come*
en venta   *on sale*
la ventaja   *advantage*
la ventana   *window*
ver   *to see*
veranear   *to spend the summer*
el verano   *summer*
la verdad   *truth*
¡verdad!   *really!*
el/la verdulero/a   *greengrocer*
las verduras   *green vegetables*
la vergüenza   *shame*
dar vergüenza   *to be ashamed*
vertebral   *vertebral, of the back*
el vestíbulo   *hall*
vestirse(i)   *to get dressed*
de vez en cuando   *from time to time*
viajar   *to travel*
el viaje   *trip, journey*
la víctima   *victim*

la vida   *life*
viejo/a   *old*
el viento   *wind*
vigésimo/a   *20th*
vigilar   *to watch (over), to keep guard*
el vinagre   *vinegar*
el (vino de) Jerez   *sherry*
la violencia   *violence*
la visita   *visit*
la víspera   *eve*
el/la viudo/a   *widower/widow*
vivir   *to live*
vivo/a   *alive, lively*
el vóleibol   *volley ball*
el volumen   *volume*
volver a . . .   *to do . . .again*
volver(ue)   *to return*
volverse loco/a por   *to be mad about*
vomitar   *to vomit, to be sick*
el vuelo   *flight*

ya   *already*
¡ya está!   *that's all!, enough!*
ya que   *since, because*
el yate   *yacht*
yendo   *going*
el yogur   *yoghurt*

la zanahoria   *carrot*
la zapatería   *shoe shop*
el/la zapatero/a   *shoemaker, mender*
el zapato   *shoe*
la zona   *zone, area*